野田 進
Noda Susumu

規範の逆転
フランス労働法改革と日本

日本評論社

On a toujours le chagrin. ― 人にゃ何時でも苦労が絶えぬ

永井荷風『ふらんす物語』より

はしがき

　2016年から2018年にかけて、フランスでは、社会党政権とそれに引き続くマクロン政権が、労働法典を基本構造から書き換えて「再建築」し、労働者に適用される規範を「逆転」させる挙に出た。本書は、この労働法改革について全体像を紹介し、「規範の逆転」の内容と意義、それが生み出された背景と経緯、さらにはそれが労働者の職業生活全般に及ぼすインパクトの大きさを検討しようとしている。

　このような外国の立法動向の紹介や研究については、普通ならば書物にするまでもなく、法律の専門雑誌や大学の紀要に投稿すればよいのかもしれない。専門家の間で情報交換や議論の材料になれば十分とも考えられるからである。ところが、本書のとりあげる「規範の逆転」の重要性は、研究者仲間だけで情報を共有するだけですませられない、あまりに強いインパクトをもつものであった。書物にすることで、専門「業界」の中だけでなく、わが国の労働法以外の分野の研究者、あるいは労働現場の人事労務や組合運動の実務に関与される方々、さらには広く一般の方々にも知っていただきたいと考えたのである。

　それほどに、このフランス労働法改革のもたらした「規範の逆転」は、単に制度をアップデートさせる法改正ではない「世界史的」な意義をもち、また単にフランス一国ではすまされない「普遍的(ユニバーサル)」な意義を有する。少し説明しておこう。

　詳しくは本書の各章で述べているが、世界の先進諸国で19世紀後半頃に生まれた、労使関係システムとそれを支える労働法は、労働者の雇用保護、解雇規制、労働条件保護、労働組合による労働条件規制の助成……といった保護的規準を打ち立てた。しかし、21世紀に入る頃には、それらは急速に色あせるようになり、存在意義を失いつつあったところ、本書で説明するように、「規範の逆転」は、明確な形でこれらの保護的規準を取り壊す仕組みを作り出した。労働法が世界史の中に刻んできた保護的規制の仕組みは、ここに明示的に解体さ

れ百数十年の歴史を閉じようとしている。

　他方で、この解体の動きを駆動してきたのは、後に説明するように企業活動のグローバリゼーションと高度技術革新であり、先進的な企業活動の推進こそがこれを支えている。そのためには企業活動の世界的な競争基盤を整備することが第一義的な課題となり、労働や労使関係についての国家的規制は後退を余儀なくされる。それが「規範の逆転」をもたらすことになる。その意味で、規範の逆転はフランスだけでなく先進諸国での「普遍的(ユニバーサル)」な現象であり、日本の労働法の近時の動向もこれと通底している。

　したがって、いまフランスで起きている保護的労働法の解体に向けての動きは、決して一時的な現象ではないし、また、この国だけの固有の現象でもない。それは、日本の私たちの前で生じるに違いないし、すでに始まっているようにも見える。私たちは、このフランスの「規範の逆転」の動きを、知らないで済ませることはできない。

　私は、2016年秋の九州大学の大学院の授業の教材として、同年8月に成立したばかりのエル・コームリ法に関する原著論文を取り上げて読み始め、この改革のもつ問題の重要性に驚き、衝撃を受けた。そして、「規範の逆転」の実相を描くために本書を執筆する気持ちを固めて、同年末にフランス現地での文献収集や調査などを開始し、帰国後に各章を構成する論文を書き始めた。ところが、その翌年の2017年9月、新大統領マクロンは就任早々、この改革の動きを大がかりに加速させる立法を行い、そのため本書の執筆もこれを後追いして、新たに書き直す必要が生じた。こうした事情で完成がやや遅れたが、第Ⅴ章で紹介している社会経済委員会の完全施行は2020年1月だから、出版はぎりぎり間に合ったというところだろうか。

　本書は、上記のように労働法の専門家だけでなくそれ以外の方々も読者として予定している。そのために、まずは「逆転」されたこの国で独自に発展したそれ自体個性的な規範について、発展をさかのぼって平明に解説するようにした。

　また、労働法の領域で、フランスは特殊な「超法典国」であり、労働法典には1万カ条以上といわれるおびただしい数の条文が並び立ち、それも頻繁に改

正される。しかし、そのためにかえって、フランス労働法の説明の拠り所として、労働法典のその時点での条数を掲げることこそが正確を期すと考えられ、本書でも煩雑を承知の上で各記述に根拠条数を掲げるようにした。労働法典は、インデックス方式の条数で編成されており（改正しやすいように？）、条数の頭に「L.」が付されているのが法律に基づく規定（Législative）を意味し、「R.」がコンセイユ・デタ（国務院）の事前諮問を経た命令（Décret en Conseil d'État）を、「D.」が一般的な首相署名による命令（Décret）を意味する。ただ、これらの条数については、フランス労働法の専攻者以外の方々には、気にされることなく無視していただきたい。

　こうして、ほぼ2年をかけて、本書の元になった一連の論考を執筆し続けた。初出論考は、次のとおりである（①〜③は、一部のみ組み入れ。本書の序章と終章は書き下ろし）。

①野田進・渋田美羽・阿部理香「フランス『労働改革法』の成立——労働法の『再構築』始まる」季刊労働法256号（2017年）126頁（野田執筆部分）
②野田進「フランス労使関係法の展開過程——二元的代表システムの確立とその後の変容」季刊労働法257号（2017年）19頁
③同「フランス『雇用保持発展協定』のインパクト——労働改革法の実験場」法政研究84巻3号（2018年）246頁
④同「マクロン・オルドナンスによる団体交渉システムの改革（1）——企業協定の優越、多数派・非典型協定の一般化」法政研究85巻1号（2018年）404頁
⑤同「マクロン・オルドナンスによる団体交渉システムの改革（2・完）——集団的成果協定、企業交渉を支える制度枠組み」法政研究85巻2号（2018年）372頁
⑥同「マクロン・オルドナンスによる労働契約法の改革——不当解雇の金銭補償、工事・作業契約、集団的約定解約」季刊労働法260号（2018年）127頁
⑦同「労働法規範における公序の失墜——デロゲーションから補足性原理へ」季刊労働法262号（2018年）150頁
⑧同「フランスにおける社会経済委員会の設置——二元代表システムの新展開」季刊労働法263号（2018年）90頁

私は、元来インタビュー好きである。本書の準備のために、それぞれ短期間だが３度にわたりフランスを訪問して、労働法改革についてヒアリング調査を行い、お話を伺うことができた。大学研究者では、Antoine Lyon-Caen、Gérard Couturier、Gilles Auzero、および笠木映里の各先生方、実務家では、FTM-CGT の Patrick Correa 氏、CEG-AXA グループ・ヨーロッパ企業委員会の Olivier Pelras 氏、FO の Michel Beaugas 氏、CPME の Georges Tissié 氏、Renault 社の Tristan Lormeau 氏、ならびにお名前は挙げないがこれらの方々に同席された才能豊かなアシスタントの皆さんには、法律の激変の真っ最中のお忙しい中に時間を割いて、質問に丹念に回答して議論に応じて下さり、心より感謝申し上げたい。また、実務家へのインタビュー機会を調整して下さり的確な情報をいただいた在フランス日本大使館(当時)の國代尚章氏、早稲田大学名誉教授の鈴木宏昌先生、JILPT 研究員(当時)の細川良氏、これらの場面の多くで通訳と情報提供をして下さったパリで某社の幹部職員として勤務する旧知の綾部智差さん、同じく有益な情報を提供して下さった私の元ゼミ生・院生でスイス企業の法務部門で活躍中の深江陽子さん、インタビューに同席していただいた日本の先生方等、皆さまのお陰で、ヒアリング調査はいずれも予想以上の成果を挙げることができた。さらに、本書の執筆に当たっては、近畿大学の奥田香子先生に初校の段階から目を通していただき、鋭いご指摘やご注文をいただくことができた。

　以上のように、本書の完成は、私の「フレンチ・コネクション」の皆さまの多くの支えに依っている。重ねて心よりお礼を申し上げたい。そして最後になったが、日本評論社法律編集部の鎌谷将司氏には、内容にわたる細かな部分にまで懇切きわまりない校正の手を入れていただき、本書をまともな本にしていただいた。深く感謝申し上げる次第である。

　本書は、令和元年度科学研究費補助金・基盤研究(B)(課題番号19H01419)および平成29年度基盤研究(C)(課題番号17K03409)の研究成果の一部である。

　　2019年７月14日　かの国の革命記念の日に孫の誕生の知らせを聞きつつ

野　田　　進

規範の逆転
——フランス労働法改革と日本

目次

はしがき　i

序章　フランス労働法改革への注目——————3

第1節　フランス労働法改革から何を学ぶか——————3

 1　規範の序列……… 3
 2　フランスの労働法改革を学ぶ視点……… 4
 3　規制緩和と「規範の逆転」……… 5

第2節　労働法改革の成立経緯——————7

 1　エル・コームリ法の成立経緯……… 7
 （1）コンブレクセル報告書　8
 （2）エル・コームリ法案　10
 （3）エル・コームリ法の成立　11
 2　マクロン・オルドナンスの成立経緯……… 13
 （1）マクロン大統領の就任と労働政策　13
 （2）マクロン・オルドナンスとその反響　15

第Ⅰ章　改革の始まり——2016年エル・コームリ法——————21

第1節　規範の逆転と新たな規範構造——————21

 1　社会的対話または社会的民主主義……… 21
 （1）労使関係法の機能不全　21
 （2）「社会的民主主義」の欠落　23

vi

   2　2016年エル・コームリ法………24

第2節　労働法の「新しい建築様式」 ——————————25

   1　労働法規範の序列………25
   （1）新しい「建築様式」25
   （2）労働法における公序と企業協定——予備的説明　26
   2　規範序列の逆転………31
   （1）規範階層の「三層構造」31
   （2）［Ⅰ］の領域＝公序　33
   （3）［Ⅱ］の領域＝協約規範の優位と協約規範内部での逆転　35
   （4）［Ⅲ］の領域＝「補充規定」36

第3節　新たな「建築様式」の実相 ——————————37

   1　総説………37
   2　労働時間関係………39
   （1）実働時間　39
   （2）法定労働時間と超過勤務時間　40
   （3）労働時間の上限　42
   3　休息関係………43
   4　休暇関係（年次有給休暇のみ）………45
   （1）年休の権利（＝日数）46
   （2）年休の取得可能時期と順番　47
   （3）年休の分割に関する原則　47
   （4）年休手当に関する原則　49
   5　小括………49

第4節　企業協定の優先適用の方策 ——————————50

   1　はじめに………50
   2　エル・コームリ法による企業交渉の重点………51
   （1）企業協定の正統性　51
   （2）組合代表委員が指名されている企業　52
   （3）組合代表委員が指名されていない企業　53
   3　雇用保持発展協定の「実験」………54
   （1）はじめに　54
   （2）交渉の発意者と目的　54

目次　vii

　　(3)　交渉当事者・交渉事項　55
　　(4)　協定締結の帰結　55
　　(5)　労働者の同意拒否と解雇　57
　　(6)　評価　57

第Ⅱ章　公序の失墜──デロゲーションから補充性原理へ── 59

第1節　公序規範の失墜─────────────── 59

　1　［Ⅰ　公序］への注目 ……… 59
　2　公序規範の「逆転」……… 60

第2節　予備的考察：日本労働法における公序の失墜───── 61

　1　日本労働法における公序……… 61
　　(1)　前提の確認──民法理論　61
　　(2)　労働法における公序の援用　63
　2　公序の失墜……… 66
　　(1)　地位低下をもたらそうとする動き　66
　　(2)　集団的合意による公序の切り崩し　68
　　(3)　個別合意による公序の切り崩し　69
　3　日本型デロゲーションの進行……… 72

第3節　フランス労働法改革による公序の失墜─────── 72

　1　フランス労働法における公序……… 72
　　(1)　公序に関する諸原則　73
　　(2)　社会的公序と特例協定　78
　2　労働法改革による公序の失墜……… 80
　　(1)　公序と労働協約・協定　80
　　(2)　公序の失墜①＝デロゲーションから補充原理へ　83
　　(3)　公序の失墜②＝個別意思による侵奪　85

第4節　考察：公序のグラデーション──────────── 89

　1　グラデーション化する公序……… 89
　2　道具化される公序……… 91

viii

第Ⅲ章　団体交渉システムの改革―――93

序節　継承か、断絶か？―――93

　　1　団体交渉システムにおける規範の逆転………93
　　2　継承か、断絶か？………96

第1節　予備的考察――フランス労働協約制度の発展と特質―――97

　　1　団体交渉・労働協約についての立法の展開（年次的な整理）………97
　　（1）　形成期　98
　　（2）　確立および修復の時期　98
　　（3）　転換期　100
　　2　論点的な整理………101
　　（1）　企業協定の重点化――部門協約から企業協定へ　101
　　（2）　部門協約と企業協定との連結――有利原則から連結問題へ　103
　　（3）　企業協定における労働側当事者――多数派協定と非典型協定　105
　　（4）　小括　108

第2節　労働協約の新しい序列とその連結―――109

　　1　緒説――エル・コームリ法からマクロン・オルドナンスへ………109
　　2　団体交渉の新たな連結………111
　　（1）　義務的な交渉事項における三層構造　111
　　（2）　新たな連結関係　113
　　（3）　「有利原則」から「同等性原則」へ　119
　　3　「部門からの解放」………122
　　（1）　部門への国家介入　122
　　（2）　部門からの解放？　124

第3節　企業交渉の新たな方式―――125

　　1　多数派協定と従業員投票の一般化………126
　　（1）　多数派協定の一般化　126
　　（2）　使用者の主導による従業員投票　127
　　2　労働者が50人未満の企業における団体交渉の奨励………129
　　（1）　中小零細企業における団体交渉の推進　129
　　（2）　小括――労働組合不在での団体交渉　135
　　3　従業員50人以上の企業における団体交渉の方式………136

目次　ix

  （1）　中規模以上の企業での団体交渉の促進　136
  （2）　小括——企業交渉の原則　139

第4節　企業交渉を支える制度枠組み ——————————— 140

 1　企業交渉の促進と統御の補助システム……… 140
 2　企業審議会……… 141
  （1）　企業審議会の設置　141
  （2）　設置協定の内容　142
  （3）　企業審議会の構成　143
  （4）　企業審議会の権限　143
  （5）　拒否権　144
 3　交渉観測所……… 144
 4　労働協約の確実化……… 145
  （1）　労働協約の確実化　145
  （2）　労働協約における適法性の推定　146
  （3）　労働協約または団体協定の無効訴訟の時効期間　147
  （4）　協約無効判断における遡及効の調整　148

第5節　むすびに代えて——企業法のサブシステム ——————— 149

 1　際立つ企業レベル交渉の優越性……… 149
 2　企業協定の機能のベクトル……… 150

第Ⅳ章　集団的成果協定 ————————————————— 153

第1節　制度改革の経過 ——————————————————— 153

 1　企業協定と労働契約の新たな連結方式……… 153
 2　雇用保持発展協定から集団的成果協定へ……… 154
 3　「集団的成果協定」という名称付与……… 156

第2節　集団的成果協定の意義 ——————————————— 158

 1　集団的成果協定の意義……… 158
  （1）　労働契約と労働協約の関係——労働契約の強制力　158
  （2）　各雇用関連規定の「調和」と廃止　161
 2　集団的成果協定の目的と締結……… 166

x

　　(1)　集団的成果協定の目的・目標および内容　166
　　(2)　協定の交渉と締結　169

第3節　集団的成果協定の効力――――――――――――――170

　1　協定に反する労働契約の条項への置き換え（substitution）………　170
　2　労働者の解雇………　171
　　(1)　労働者の変更の拒否　171
　　(2)　「労働契約の変更」の法理　171
　　(3)　「特有種の」解雇　173
　　(4)　労働者の再就職支援　174

第4節　小括――集団的成果協定の評価―――――――――――175

　1　労働法の理論サイクルの破綻………　175
　2　集団的成果協定の評価………　176
　　(1)　「労働契約の抵抗」の排除　176
　　(2)　至高の合意としての「企業協定」　177

第Ⅴ章　社会経済委員会の設置―――――――――――――179

第1節　はじめに――――――――――――――――――179

　1　社会経済委員会の創設………　179
　2　日本の従業員代表制論議との関わり………　181

第2節　従業員代表組織の生成および概要――――――――183

　1　総説――二元的代表システムの変容の構図………　183
　　(1)　二元的代表システムの確立　183
　　(2)　二元的代表システムの変容　184
　2　従業員代表委員………　185
　　(1)　成り立ち　185
　　(2)　設置　185
　　(3)　職業選挙　186
　　(4)　権限　187
　　(5)　権限行使の保障　187
　3　企業委員会………　188

 （1）　成り立ち　188
 （2）　設置　189
 （3）　選任　189
 （4）　委員会の構成（三者構成）　189
 （5）　委員会の運営と手段　190
 （6）　権限　191

4　安全衛生労働条件委員会………193
 （1）　成り立ち　193
 （2）　適用対象　193
 （3）　委員会の構成　193
 （4）　権限とその手段　195

第3節　社会経済委員会——————————————195

1　従業員代表制度の統合への動き………195
 （1）　使用者の一方的決定による統合　196
 （2）　企業協定に基づく統合（「アラカルト DUP」）　196

2　社会経済委員会（CSE）の制度概要………197
 （1）　緒説——新しい制度としての出発　197
 （2）　CSE の設置と委員の選出　198
 （3）　CSE の構成　199
 （4）　CSE の運営　200

3　社会経済委員会の権限………202
 （1）　11〜49人の企業における CSE の権限　202
 （2）　50人以上の企業における CSE の権限　203
 （3）　権限行使の態様　204

第4節　社会経済委員会への統合のもつ意味——————205

1　従業員代表システムのコンセプトの変化………206
 （1）　従業員代表制度の合理化　206
 （2）　「会社仕様」の制度設計　207

2　従業員代表制度の弱体化………208
 （1）　活動権限の喪失　208
 （2）　活動手段の後退　209

第5節　むすびに代えて——————————————210

第Ⅵ章　労働契約法の改革──労働関係の「確実化」————— 213

第1節　労働法改革の労働契約へのインパクト————— 213

　　1　労働法の改革と労働契約……… 213
　　2　労働契約をめぐるエル・コームリ法とマクロン・オルドナンス……… 215

第2節　「真実かつ重大な理由」を欠く解雇の補償手当————— 217

　　1　「表記」方式……… 217
　　　（1）　不当解雇の補償手当　217
　　　（2）　2017年オルドナンスによる「表記」方式　220
　　2　「表記」方式とその展開……… 223
　　　（1）　はじめに──「表記」方式の立法化への歩み　223
　　　（2）　調停的解決の「一括払い手当」と判決の「参考資料」　223
　　　（3）　補償手当の表記化と違憲判断（2015年）　226
　　　（4）　2016年エル・コームリ法案における「表記」とその破綻　232
　　　（5）　「表記」方式の完成　234
　　3　「表の誘惑」……… 235
　　4　無効な解雇の場合の補償手当……… 237
　　　（1）　解雇の無効　237
　　　（2）　無効な解雇の場合の補償手当　238

第3節　解雇の「確実化」のための諸方策————— 239

　　1　経済的解雇の定義の「確実化」……… 239
　　　（1）　経済的事由の定義に関する規定改正　239
　　　（2）　改正の意味　240
　　　（3）　経済的事由の客観化と確実化　242
　　2　解雇通知文書における「確実化」……… 243
　　　（1）　解雇通知文書における理由明示　243
　　　（2）　経済的解雇における考慮範囲　244

第4節　労働関係の確実化と多様な労働契約破棄————— 246

　　1　緒説──緩和的取り組みと代替的取り組み……… 246
　　2　工事・オペレーション契約……… 246
　　　（1）　工事・オペレーション契約の意義　246
　　　（2）　適用範囲の拡張　248

（3）　部門協約等の要件　249
　　（4）　工事・オペレーション契約における破棄　251
　　（5）　工事・オペレーション契約の評価　252
　3　集団的約定解約………252
　　（1）　約定解約の背景　252
　　（2）　集団的約定解約の導入と意義　253
　　（3）　集団的約定解約の手続　255
　　（4）　退職候補と契約終了　256
　　（5）　集団的約定解約の法制度の意義　257

第5節　むすびに代えて——競争的労働法か？——————258

　1　保護的労働契約法の解体………258
　2　労働市場改革と規制緩和………259

終章　規範の逆転の向こうに——————261

第1節　「規範の逆転」はなぜ必要だったか——————262

　1　政治的背景と労働立法の動き………262
　　（1）　グルネル協定の遺産＝企業への注目（1970年代）　262
　　（2）　ミッテラン政権とオルー法（1980年代）　263
　　（3）　欧州統合の進展と「労働法の過剰」（1990年代）　264
　　（4）　フランスの「欧州化」と失業の深刻化（2000年代）　265
　　（5）　欧州統合の危機と雇用確実化（2010年代）　266
　2　労働法改革への導因………267
　　（1）　欧州統合からの規定要因　267
　　（2）　労働市場政策からの規定要因　268
　　（3）　より根底的（ラジカル）な改革へ　269

第2節　労働法はどのように変わったのか——————270

　1　労働法と「契約の自由」………270
　　（1）　労働法のパラダイム変換　271
　　（2）　個別労働契約に関する新たなリスク分配　272
　　（3）　団体交渉システムにおけるリスク分配　273
　　（4）　小括　274
　2　労働法はどう適用されたか………274

xiv

(1) 労働法改革の実務への影響　274
(2) 労働法のゴーストタウン化？　276

第3節　労働法の「アイデンティティ危機」————278

1　フランス労働法改革の「世界史的」意義………278
2　フランス労働法改革の「普遍的(ユニバーサル)な」意義………279
3　日本を振り返ると………280

事項索引　283

規範の逆転

フランス労働法改革と日本

[図] 労働法の新たな建築様式

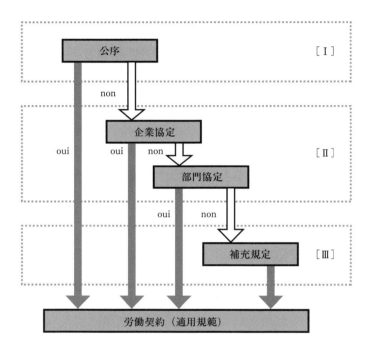

(第Ⅰ章 [図Ⅰ-3] 参照)

序章

フランス労働法改革への注目

第1節　フランス労働法改革から何を学ぶか

1　規範の序列

　法的な紛争解決というものの出発点が、「規範の確定」にあることに、疑いを抱くものはいないだろう。もめ事を解決するに当たって、何がルールであるかを確定しないことには話は始まらない。フランス語で「規範」を意味するrègle という言葉には、文房具の「定規」という意味もあるが、規範が一致していないということは、めいめいが目盛りの異なる定規を使って、物の長さを測ろうとするようなものである。

　もっとも、何が争点になっていて、それを解決するに最も適切な規範はなにか、という規範さがしの作業は、実は簡単なものではない。

　たとえば労働法の中心問題である、解雇紛争。民法には、「いつでも」労働契約を解約できるような定めがなされているのに(民法627条)、労働契約法では解雇権の濫用にあたる場合は無効と定めている(労契法16条)。一方で、解雇を禁止する法律の定めは数多くあるし(労基法3条、均等法6条、育介法10条、労組法7条1号…等々)、それだけでなく、会社のルール(就業規則)では、解雇基準として、業務の成績が悪くて改善の見込みがない場合であるとか、病気で休んで6カ月経過しても治癒しない場合等々の定めがある。労働協約の定めもあるかもしれない。

いったい、この溢れかえる規範のうち、何が今の解雇紛争に適用されるべきルールなのか。これを確定しないことには、紛争解決はらちがあかない。法律学の第一歩は、まず規範選択のノウハウを身につけることにあるといってもよいかもしれない。

もちろん、規範を確定するには、一般的な方法が存在する。規範には序列があり、私たちは紛争事案に応じて一定の優先順位にしたがって規範を確定する。つまり、規範A→規範B→規範C……という序列が了解されており、ある争点について、私たちは「規範の当てはめ」をしながら、AがダメならばB、Bが適合的でないならば次にC、というように、適切な規範を探し求めて確定する。つまり、「規範の序列」に従いながら、それを確定する。

では、その序列は何によって決まるだろうか。その疑問への解答は、曰く言い難い。それは、法規範の序列関係、強行規定と任意規定の関係、一般法規と特別法規の関係、適用対象の広さと狭さ（包含関係）、当事者の意思……そういったものが組み合わさって、一定のルールでできあがるというしかない。規範の確定は、それ自体が重要問題になることが、しばしばある。

ところが、あるとき、その序列が省略されたり、逆転したりするとどうだろうか。それまではA→B→Cだったものが、いきなりC→AになったりC→B→Aになったりして、優先順位が逆転してしまう。そうすると、依拠すべき規範はそれまでと大幅に異なり、問題解決も違ってくるだろう。大問題である。

2　フランスの労働法改革を学ぶ視点

これから本書で語るのは、フランスで2016年8月と2017年9月の立法で成立した、労働法改革の話である。その改革の広がりと深さは、「革命」とさえいわれるに値するものであり、労働法はこれにより規範構造そのものが覆されて、全体が一新された。「規範の逆転」がなされたのである。これまでの労働法のあり方が否定されてしまい、変わった後の姿はもはや労働法ではなくなったとさえ見る向きさえある。そのことを、順を追ってわかりやすく説明していくのが本書の目的である。

しかし、本書はフランスの労働法改革の全容を紹介することを最終目的としているわけではない。本書は日本で出版される、日本語で書かれた法律書であ

るから、日本法に関心の深い人たちを読者として想定している。そのような皆さんが、ヨーロッパの大国であるとはいえ、遠い国の労働法の立法動向を深く学ぶのは、そこに日本法とのつながりがあると考えるからに違いない。フランスで、2016年から起こった労働法改革は、どのような意味で、日本の労働法との関わりがあるといえるだろうか。

　私たちが外国法を学び、そこから情報を得ることの目的には、多様なものがあるといえよう。そこには、「進んだ」外国法をよく調べて、これとの比較で、「遅れている」日本の立法の現状に対して問題提起する研究のタイプがある。その逆に、問題の多い外国法の状況を学んで、その国の法整備支援に活かしたり、日本法の改善に活用したりすることもあるだろう。さらには、グローバルな視点から、多くの立法例を比較し、普遍的な立法動向を探ろうとする方法もある。

　以上に対して、本書がフランス労働法の「規範の逆転」を学ぶ視点は、もっと差し迫った切実な動機に突き動かされている。それは、現在の日本の労働法が直面している問題状況を意識することからの課題であり、フランス法との対比で、日本の労働法の現状を解明し、「位置確認」をしたいという動機である。

3　規制緩和と「規範の逆転」

　日本の労働立法は、戦後の構築期から70年余りを経ている。その間には、次々と生じた課題に対処するために、新たな立法を制定し、改正を繰り返すことを通じて、不十分さを残しながらも、全体としては発展の軌跡の中にあったといえるだろう。こうした発展は、日本国憲法が、国民の「健康で文化的な最低限度の生活」を営む権利を保障しており（憲法25条）、それを具体的に確保する手段として、勤労条件に関する基準の法定を保障し（同27条2項）、労働者の団結を組織する権利を認め、団体交渉や団体行動により労働条件を改善していくことを保障する（28条）ものである以上、自然な成り行きであったといえよう。こうした憲法上の支えを背景に、立法者や労働行政は、労働立法やその適用を通じて、労働者の雇用や職業生活（労働条件、労働環境など）を改善する方向で道筋をつけてきた。そうした労働条件保護の機能は、高度経済成長期だけでなくそれ以後の経済情勢の中でも、労働立法のもつ基本的な役割であった。

ところが、近年、特に2012年末の政権交代の後には、「成長戦略」の旗印のもとに、労働契約の期間制限の緩和、労働者派遣の期間制限の緩和、労働時間規制の適用除外の拡大、雇用特区の創設、解雇の金銭解決、限定正社員の拡大など、多岐にわたる場面で規制緩和の政策が次々と打ち出された。それらの多くはすでに立法等において実現されており、または実現されようとしている。こうした規制緩和の広がりは、それまでの日本労働法の戦後70年余の歴史の中で経験したことのないものであった。

　また、政府は引き続き、内需拡大やイノベーション促進、さらには人手不足に対処するために、「働き方改革」が必要であるとして、2017年3月に内閣府のもとで、「非正規雇用の処遇改善」や「長時間労働の是正」等を柱とする、「働き方改革実行計画」を策定した。そして、これを受けて、政府は同年9月「働き方改革推進整備法案」を議会に提出し、同法は紆余曲折の末に2018年6月に成立した（2019年4月から順次施行）。これにより、労基法やパート有期法など多くの労働立法に多岐にわたる重要な法改正がなされた。しかし、新たな改革は、部分的には保護的規制を含むかに見えるが、全体として見れば、規制緩和そのものであるか、または規制強化に見えてもその効果としては実質的な規制緩和を生み出すものが多いのである[1]。

　こうした状況は、フランスの労働法改革の動きと不思議なほど一致する。これから見てゆくように、フランス労働法改革は、全体として国家規制や産業別（部門別）協約の規制に対するラジカルな規制緩和立法であるが、単に規制緩和としてすまされるものではない。それは、規制のあり方を逆転させることで、労働法という体系を根底から組み替えようとする企てである。立法者はみずから、この改革が、これまで試みられてきた労働法の改正の延長上にあるのではなく、それらとは断絶した「新しい建築物」を構築することを標榜している。このようにフランスの改革は、急激でドラスティックなものである。しかし、日本の上記の規制緩和立法や「働き方改革」も、フランスの動きをやや緩慢に

1）　詳しくは、野田進「『働き方改革』という作文――長時間労働の規制」労働法律旬報1890号（2017年）12頁、同「『働き方改革推進整備法』法律案要綱をめぐる論点――『実行計画』からの距離を測る」ジュリスト1513号（2017年）52頁、同「労働時間規制改革における立法と判例の相関」（2019年）労働法律旬報1927・1928号6頁などを参照。

遂行しようとするものに他ならず、その背景事情や改革の本質は同じではない
だろうか。つまり、日本もまた、規制緩和の延長で「規範の逆転」への途を、
少しずつ歩み始めたのではないだろうか。

　こうした仮説のもとで、本書は、フランスの労働法改革と対比させることに
より、日本の労働法の立ち位置を確認したいと考えるのである。日本の労働法
における広い領域での規制緩和は、労働法の発展における一時的な停滞なのか、
それとも、これまでの保護的発展の継承という過去から断絶して、労働立法が
労働保護立法であることを終焉させるほどの途を歩み始めているのか。すなわ
ち、日本の労働法の立ち位置や発展可能性を、フランス労働法改革を羅針盤に
して確認したいのであり、これが、本書がフランス労働法改革の姿を説明する
目的である。そのために、本書では、各章でそれぞれの分野におけるフランス
労働法の改革を検討する際に、必ず日本における現在の立法状況を示すことと
し、そのような比較の視点を確認するようにしたい。

　私たちは、フランス労働法を論じるときに日本の労働立法の動向を考え、日
本の労働法を考えるときにフランスの労働立法の急激な展開を意識することに
しよう。

第2節　労働法改革の成立経緯

　先に述べたように、本書で「フランス労働法改革」というのは、2016年から
2017年にかけて、2段階にわたり制定された労働立法を指している。第1弾は、
社会党のオランド政権下で、2016年8月に成立した、「エル・コームリ法」で
あり、第2弾は、2017年の大統領選挙を経て、その後のマクロン大統領の政権
下で2017年9月に成立した「マクロン・オルドナンス」、およびその後の派生
立法をいうものである。これらの成立経緯を分けて示しておこう。

1　エル・コームリ法の成立経緯
　まずは、エル・コームリ法である。エル・コームリ法とは、2016年8月8日
に成立した、「労働、社会的対話の現代化、および職業行程の安全化に関する
2016年8月8日の法律第2016-1088号[2]」をいうものであり、フランス労働法典

を修正する形でその中に組み入れられた[3]。この法律は、成立後には、一般に、Loi El Kohmri、あるいは Loi «Travail» と略称されており、本書ではこれを「エル・コームリ法」と表記することにする[4]。

(1) コンブレクセル報告書

このエル・コームリ法の制定は、オランド大統領の社会党政権下で行われた。それは同政権のヴァルス (Manuel Valls) 首相の主導のもとで、エル・コームリ (Myriam El Kohmri) 労働担当大臣を推進役として成立したものである。そして、その前段階で立法への直接の契機となったのは、2015年9月9日に、コンセイユ・デタ社会部門長コンブレクセル (Jean-Denis Combrexelle) 氏の主宰する委員会が首相に提出した報告書、『団体交渉、労働および雇用』であった[5]。

すなわち、先立つ2015年4月1日、ヴァルス首相は同氏宛てに調査報告に関する「使命文書」を送付した。同文書によれば、そのミッションは「わが国労働法における企業協定の地位の拡大、および、社会法規範の構成に関する」ものであり、「特に、団体交渉にもっと大きな位置を与えることが重要であり、……なかでも、企業による必要性と労働者からの要望に対して規範がより適合的であるために、特に企業交渉により大きな位置を与えることが課題となる[6]」。このように使命文書では、第1に、労働法の規範体系を再構築して団体交渉（労働協約）を中心に置くべきであり、第2に、団体交渉のうちでも、企業交渉を交渉秩序の中で優先的な位置に据えるべきであるという2つの課題が、すでに輪郭として指示されている。この使命を受けて、コンブレクセル氏のもとで

---

2) Loi n°2016-1088 du 8 août 2016 relative au travail, à la modernisation du dialogue social et à la sécurisation des parcours professionnels.

3) フランスでは、日本や多くの国と異なり、1つにまとめられた労働法典 (Code du Travail) が設けられ、個別の立法は、この法典を修正する形で法典の中に組み入れられる。ただし、各立法の経過規定などは、非法典化規定として法典外に残る。

4) Loi El Kohmri あるいは Loi «Travail» (エル・コームリ法) という場合、この8月8日の立法だけでなく、この立法に派生して後日に制定された命令 (デクレ) なども含めて称する場合もある。

5) Jean-Denis COMBREXELLE, *La négociation, Le travail et l'emploi, Rapport au Premier ministre*, Septembre 2015.

6) この2015年4月1日付使命文書 (Lettre de Mission) は、コンブレクセル報告書の123頁に Annex として掲載されている。

作業チームが組織され、そこで作成されたのがこの報告書であった。

コンブレクセル報告書は4章構成である。第1章「2015年末フランスにおける団体交渉の位置」では、団体交渉の法制と実状についての現状分析、第2章「団体交渉のダイナミクスを創造する」では、団体交渉における課題を中心に語られている。報告書の中心部分となるのが、第3章「団体交渉の新しい領域」であり、第4章「改革の具体的な実現方法」では、実施手続や短期的措置と中期的措置が述べられている。

このうち、中心部である第3章に注目すると、同章はさらに9項目からなり、「1．労働法典の改造」では、フランス労働法における立法規制の過度の充溢（膨大な条数による詳細な規制[7]）から脱却して、4年以内に労働法典の「新たな建築物(architecture)」を建造することとし、そのために2016年には、「労働条件、労働時間、雇用および賃金に関する協定」（頭文字からACTESと称される）の改革を行うことが提言される。「2．企業協定の団体交渉の領域における優先権」では、団体交渉の領域のうちで、企業交渉に優先的位置を与えるべきであるとし、ACTESの交渉において企業交渉の領域を拡張すべきであるとする。他方で、「3．ACTESの領域における部門の役割」では、部門交渉（産業レベル交渉）を「合理化」し、3年以内に5000人未満規模の部門単位を合併する方式等が提案される。「4．企業協定による《企業近接の規制》」では、ACTESの交渉について、企業という、現場に近接的なレベルでの規制が推奨され、「5．部門協定と企業協定の間の関係」では、ACTESにおける企業協定と部門協定との規制関係の逆転（企業協定の優位）が提案される。「6．企業の多様性への適合（企業グループ、零細企業）」では、特に企業グループレベルでの協定の効力を企業協定と同列に置く原則等が提言される。さらに、「7．雇用交渉の新しい空間」では、団体交渉を企業の現場、注文・下請企業の関係さらには国際的な領域等の多様なレベル・範囲に広げることを奨励する。そして、「8．団体協定と労働契約」では、雇用についての労働者の一般的・集団的利益を重視することにより、「雇用保護に関する団体協定の効力を、個別労働契約よりも優越

---

7) フランス労働法典の条文数は、近年、急激に増殖しており、1973年には600カ条であったが、今日では10000カ条を超えている。Robert BADINTER et Antoine LYON-CAEN, *Le travail et la loi*, 2015, p. 12. その背景については、終章第1節1(3)を参照。

させる原則を制度化すること」を提案している。最後に、「9．多数派協定」
では、後掲のように、この国で発達してきた、従業員の支持多数により協定当
事者を決定する「多数派協定(accord majoritaire)原則」を2017年より「一般化
する」ことを提言している。

　以上のコンブレクセル報告書の提言を基本シナリオとして、2016年3月9日
に閣議に提出されたのが、労働担当大臣の名前を冠して称されるエル・コーム
リ法案であった。

(2)　エル・コームリ法案

　その正式名称は、「企業およびその推進者のための新しい自由と新しい保護
を設置することを目的とする法律案[8]」というものであり、同法案による労働法
典の改正は膨大で多岐にわたる[9]。また、同法案には、コンブレクセル委員会報
告書の趣旨だけでなく、その他の、特に労働市場論的な見地からの改革案も取
り入れられている。全部で5編からなり、第1編「労働法を再構築し団体交渉
にさらに重点を与える」（1頁以下）、第2編「対話と交渉の文化を促進する」
（79頁）、第3編「デジタル時代における新しい社会モデルへの行程を確保し基
礎を構築する」（97頁）、第4編「雇用を促進する」（104頁）、第5編「労働医制
度を現代化する」（119頁）、第6編「違法派遣に対する闘いを強化する」（124
頁）、第7編「雑則」（128頁)で構成されている。その主な特色として、次の点
を挙げることができよう。

　第1に、以上のうち、第1編と第2編が、コンブレクセル委員会報告をふま
えた部分であり、法案のコンセプトの中核である。第1編には、「第1章　労
働法典の前文」が置かれ、「労働法の本質的諸原則」と題する全61カ条が定め
られている。この「前文」は、2016年1月に、バダンテ(Robert Badinter)名誉
教授(元憲法院議長・司法大臣〔国璽尚書〕)が首相に提出した、「労働法の本質的諸

---

8)　Projet de loi visant à instituer de nouvelles libertés et de nouvelles protections pour les entreprises
　　et les actifs.
9)　この法案に対して、学界はただちに反応した。法律の成立前の、エル・コームリ法案の段階での、
　　労働法学からの学術的な論評としては、Michèle BONNECHÈRE, *Où va le droit du travail ?*, Droit
　　ouvrier n° 815, juin 2016 p.315.が有益である。

原則を定める任務を受けた委員会報告書」に依拠するものであり、バダンテ委員会報告書と法案第1編第1章とは、同じ内容である[10]。

　第2に、法案には、労働界等に最も反発を招いた案であった、違法な解雇に対する賠償金の額に上限を設ける規定が定められていた。すなわち、この規定案は、第4編「雇用を促進する」第1章「零細企業および中小企業の活力を高め採用を容易にする」という章立ての中に位置づけられ、「真実かつ重大な理由」を欠いた不当な解雇について、労使の一方または両方が復職を拒否した場合に裁判所が言い渡す賠償手当の額に、在職年数に応じて上限を設ける規定（法案30条1項2号、法案105頁）であった。しかし、同法案は、この30条を強調する形でマスコミにリークされるなどして激しい反対を招き、国民議会に提出される段階で削除された[11]。

　第3に、コンブレクセル委員会の報告書および法案では、本書第Ⅰ章第3節で説明する協約・協定を中核とする規範構造の対象範囲は、上記のように「労働条件、労働時間、雇用および賃金に関する協定」(ACTES)に及ぶものであった。しかし、エル・コームリ法案、さらには成立したエル・コームリ法の段階になると、その主な範囲はさしあたり労働時間・休息・休暇に関する領域に限定されてゆく。

(3)　エル・コームリ法の成立

　エル・コームリ法案は、議会の内外で強い反対や異議を招くことになったが、異例の難航の末に、2016年8月、憲法上の特別の可決方式で成立した[12]。

---

10)　この労働法の「本質的諸原則」は、フランス労働法の現状を知る上で重要な資料とみるべきであるが、ここではこれについての検討は差し控え、別の機会に譲りたい。なお、バダンテ名誉教授は A. リヨン−カーン名誉教授との共著で、「労働法の基本原則」を50ヵ条にまとめた著作『労働と法』を発刊しており (Robert BADINTER et Antoine LYON-CAEN, *Le travail et la loi*, op.cit.)、本報告書は同書の作業の延長上にあるといえよう。

11)　詳細は、第Ⅴ章第2節 2 (4)を参照。

12)　エル・コームリ法は、憲法49条3項第3文の規定を用いて可決された。同文は「首相は、さらに、会期に1つの政府提出法案または議員提出法案について、この手続を用いることができる。」と定めており、「この手続」とは、同項第1文・第2文に定める手続のことであって、首相が国民議会に対して、政府の責任を賭して法案を提出すると、24時間以内に議会で問責動議(motion de censure)が採択されなければ、同法案は可決したとみなされる、というものである。

同法は、法案段階とはやや構成を異にしており（全123カ条、官報で全181頁）、第1編「労働法を再編し団体交渉に重点を置く」（第1条、1頁以下）、第2編「対話と交渉の文化を促進する」（第15条、76頁）、第3編「職業行程を確実なものにし（第39条、109頁）、デジタル時代における新たな労使関係モデルの基礎を構築する（第55条、133頁）」、第4編「雇用を促進する」（第61条、137頁）、第5編「労働医制度を現代化する」（第102条、160頁）、第6編「違法派遣に対する闘いを強化する」（第105条、166頁）、第7編「雑則」（第113条、171頁）からなる。このようにエル・コームリ法は、まずはその対象範囲の広さとボリュームに特徴づけられよう。[13]

　以上のうち、法案段階で重要な位置を占めていた、上述のバダンテ報告に由来する労働法典前文の規定案は、成立したエル・コームリ法では定められていない。というのは、同法は第1条（「第1編第1章　労働法典の再編に向けて」非法典化）において、労働法典法律部の再編を提案するための労使関係に関する専門家および実務者からなる「再構築委員会」を設置すること、同委員会は法律の公布の日から2年後（2018年8月）までに政府にその見解を提出することを定めており、法典前文の設置もこの作業に還元されるものとされていたからである。

　しかし、エル・コームリ法は、法案からの部分的な修正を受けながらも、上記のコンブレクセル委員会の提言した基本路線、すなわち、①労働法の規制体系を、団体交渉（労働協約）を中心として再構築すること、および、②団体交渉のうちでも、企業レベルでの交渉を優先的位置に据えるという課題については、これを堅守している。また、その他の領域でも、従来の規制枠組みを転換する重要な改革をもたらしている。その意味で、フランス労働法における1982年オルー法以後の発展を集約し、普遍化する大改革といいえたのである。その内容については、本書の主に第I章で検討する。

　ところが、この改革は、マクロン大統領の出現により、さらなる展開を遂げることになる。

---

13)　A. リヨン-カーン名誉教授によれば、「その独創性は、もちろん、なによりそのボリュームである。」Antoine Lyon-Caen, *Loi Travail*, RDT 2016 p.739.

2　マクロン・オルドナンスの成立経緯

(1)　マクロン大統領の就任と労働政策

　2016年下半期から2017年前半にかけて、5年の任期を終えた後の新大統領選挙の季節を迎える。この選挙での政権闘争の動きは日本でもよく知られたとおりである。ごく概略を述べると、既成勢力のうち、中道右派の共和党では最有力候補であった党内右派のフィヨンが金銭スキャンダルで不人気となり、第1回選挙で3位に甘んじることとなる。社会党では、党内左派の候補者アモンは党内対立の混乱の中で敗北に至る。このように、既存の政党が不調であったのに対して、新興勢力である政治グループ「前進(En Marche!)」のエマニュエル・マクロン、国民戦線のマリーヌ・ル・ペン、「不服従」のジャン＝リュック・メランションなどが急速に勢力を伸ばした。このうち、党派的には、「前進」が中道、国民戦線が極右、メランションが左派であるが、対EU政策では、「前進」がEU支持である一方、後の2党派がEUに反対か距離を置くという構図であった。2017年4月23日の第1回投票の結果、マクロンが1位、ル・ペンが2位となり、引き続き5月7日に行われた第2回投票において、マクロンが66.1％の票を得て、大差で当選した。[14]

　1977年生まれで、歴代最も若くして大統領となったマクロン氏[15]は、直近ではヴァルス首相のもとで経済・産業・デジタル大臣の任にあり、2015年にいわゆる「マクロン法[16]」を主導した人物として知られていた。その政策的立場、特に社会政策や労働立法についての思想と政策は、どのようなものであっただろうか。これを知るには、多くの論評よりも、同氏の著書『革命[17]』を読む方が、的

---

14)　大統領選挙の経緯と分析については、尾上修悟『「社会分裂」に向かうフランス——政権交代と階層対立』(明石書店、2018年)が詳しい。

15)　マクロンの生い立ちやパーソナリティについては、アンヌ・フルダ(加藤かおり訳)『エマニュエル・マクロン——フランス大統領に上り詰めた完璧な青年』(プレジデント社、2018年)を参照。

16)　正式には、「経済の成長、活動及び機会の平等に関する2015年8月6日の法律」であり、全体として経済産業面での規制緩和を狙った立法であるが、労働法典の改正も含んでいた。そのうち、不当解雇の賠償手当に上限を設ける規定は憲法院で違憲判決を受けるが、それは後に見るように、形を変えてマクロン・オルドナンスで復活することになる。詳しくは、第Ⅴ章第2節2(3)で検討している。

17)　Emmanuel MACRON, *Révolution*, XOEDTIONS, novembre 2016. 邦訳書として、エマニュエル・マクロン(山本和子・松永りえ訳)『革命』(ポプラ社、2018年)がある。

確であるように思われる。同書は、大統領選挙のキャンペーンのさなか、2016年11月に出版されたものであり、さながら選挙向けの(やや格調高い)マニフェストの性格を帯びているからである。

そこで同書を開くと、第IX章「自分の労働で生きることができる」(119頁以下)の中に、立候補に向けた雇用・労働政策の方針が集約されている。その言説から、マクロン氏の、雇用労働問題の思想と政策方針を引き出そう。

(a) 労働市場政策

「安定した期間の定めのない労働契約を享受する人たちのかたわらに、何百万人もの半永久的に不安定な職を押しつけられる人たちがいる」、つまりアウトサイダーを犠牲にした、インサイダーの保護という不平等である。それは「身分をつくりだし、雇用の流動性を麻痺させて」いる。そこで、①若者などの「職業訓練のための実習制度」や起業の促進に重点を置くべきである。②解雇については、「労働審判所の手続は長く、複雑で、不透明」である。それは解雇された労働者にとっては高い代償であり、零細企業にとっても代わりを雇うことができない。そこで、「労働審判所の手続を改革」すべきである。また、③不当解雇の「賠償手当の上限と下限を設定する」。④労働者の生活への「尊厳と敬意」のために、給与から天引きされる社会保険料の負担を軽減する。

(b) 社会的対話

「今、これまでにないほど、あらゆるレベルにおいて敏捷さと柔軟さが求められている」。ところが、「フランスでは、経営環境の変化に対する労使の妥協について、あまりに多くの厳格な規則があり、法律で定義され、どんなタイプの企業にもどんなタイプの経済分野に対しても均質に適用されている」。そこで、例えば、週35時間労働制についても、発注に応じたり、解雇を避けるためには、一定の企業で週労働時間を35時間より長くできるように、労使の話し合いで決めることができるようにすべきである。

(c) 労働法改革

「私は、労働法の構成を根本的に変えることが望ましいと考えている。それにより、必要な案件については、職業部門の協定あるいは企業協定で、多数決の協定にもとづき、法律に抵触することができることを認めるべきではないだろうか。」また、労働法典には、「男女間の平等、労働時間、最低賃金など、私

たちが妥協することのできないような大原則」だけを定めるようにして、より具体的な定めについては、「適切な均衡と、有効な保護を定める責任を、職業部門の交渉、さらには企業交渉に委ねよう。」

(d) 雇用流動化策

イノベーションやテクノロジーの発展の中で、企業や経済分野は改廃が進んでおり、新しい職業や雇用も絶えず生まれている。誰もがそれをつかみ取ることができるようにしなければならない。「私たちは、"雇用保障"などとても約束できない」。私たちが保障できるのは、「一つは、労働者が自分の仕事を進化させること。もう一つは、失職から守られることである。」

(e) 職業教育推進

個人別の付添型支援が必要であるが、そのためには、受給者が真摯で熱心であることが求められる。また、再就職支援のシステムを透明化して、「すべての関係求職者が職業教育を受けるための資源を手にすることができ、制限なしに直接に教育機関に向かうことができるようにしなければならない」。ここでは「国家は、出資者である。」国は、失業者の能力の総括評価については民間の職業訓練施設に大幅に委託すべきであり、職業教育については、地域圏、職業部門、大学、学校に委託すべきである。

以上のとおりである。これらをキーワード的にまとめると、次のようになる。機会の平等（結果の平等ではなく）の追求、そして能力に応じた自由な競争の促進。そのための、雇用問題解決の予測可能化（確実化）の推進。労働条件に関する法的規制の緩和。労働法典の簡素化と労使の対話による状況に応じた問題解決の必要。労働組合を通じた対話と団体交渉の促進。しかし、企業レベルでの労働者との直接の対話の推進。そのための労働法の仕組みの根本的な変革。イノベーションに対応した雇用保障から職業移動政策への転換。個人別職業支援の透明化と充実……。

そして、マクロン大統領は、これらの政策を、ここに書かれたとおりに、着々と驚くほどのスピードで実現してゆくのである。

(2) マクロン・オルドナンスとその反響

2017年5月14日に就任したエマニュエル・マクロン大統領は、就任早々に取

り組むべき優先的な政策の一つとして労働法典の改革を取り上げた。そして、ただちに同月23日・24日には、その改革への道筋を示すために労使団体を招集している。マクロン政権は、その上で、国会の入念な審議を経ることなく迅速に改正を成立させるために、大統領令(オルドナンス、ordonnance)という方式[18]を用いることとし、政権内で改正案概要が準備された。そして、同年8月2日に労働法典改正のための「オルドナンス授権法律(loi d'habilitation)」を、国会で安定多数の議席を占めた与党勢力(共和国前進、LREM)の支持により成立させ[19]、これに基づき同月31日に、5つの大統領令(オルドナンス)案を提示した。そして、この案は同年9月22日の閣議において、一部修正の上裁可され[20]、その後に議会の一括承認によりその成立が確認された。

そして、2018年3月21日の憲法院決定[21]は、「オルドナンスに対する合憲性の観点からのコントロールを期待していた人々の、最後の希望を挫いて[22]」、部分的な留保を指摘した上で、合憲判断を下した。

成立した5つのオルドナンスは、詳細は各章で述べるが、①「団体交渉の強化に関するオルドナンス」、②「企業内において労働組合の責任の行使と価値評価を促進する社会的・経済的対話のための新組織に関するオルドナンス」、③「労働関係の予測可能性と確実化に関するオルドナンス」、④「団体交渉の枠組みについての各種措置に関するオルドナンス」、⑤「職業危険の予防勘定に関するオルドナンス」である。マクロンの選挙運動中の著書における上述の

---

18) オルドナンスとは、法律の制定の一方式である。すなわち、政府は、その基本政策(programme)を実施するために、通常は立法の所管に属する措置を、期間を限定して、オルドナンスにより定めることの承認を、国会に要求することができる。これが認められると、オルドナンスは国務院の意見を得た上で閣議により決定することができ、公布と同時に発効する。ただし、承認のための政府提出法律案が、授権法律に定める期日までに国会に提出されなければならず、これがなされない場合には無効となる(憲法38条)。

19) 大統領就任の後の6月11日・18日に実施された国民議会選挙で、マクロン大統領の与党である「共和国前進」は、国民議会577議席のうち306議席を得て、安定多数を獲得した。

20) 本書では、このオルドナンスを、「マクロン・オルドナンス」または「2017年オルドナンス」と称する。

21) Décision 2018-761 DC, 21 mars 2018.

22) この憲法院決定について、Droit Social 誌は、「2018年3月21日の憲法院決定」という特集を組んでいる。引用したのは、この中の、Christophe RADÉ, *Conseil constitutionelle et droits sociaux: plaidoyer pour un changement de modèle*, Droit social 2018 726.

「公約」に対応するのは、このうちの①～③のオルドナンスであり、これらについて、本書(特に第Ⅲ章から第Ⅵ章)で検討してゆくことになる。

このマクロン・オルドナンスは、社会でどのように受け入れられたであろうか。このオルドナンス案は、2017年8月末に労使のナショナルセンターに内容が開示されて話し合いがもたれ、一般にも知られるようになった。そして、労働組合の各団体は、一様にこれに反対する立場を示した。しかし、労働団体や市民運動の対応は、2016年のエル・コームリ法案への反対運動と比べると、きわめて控えめなものであった。筆者は、ちょうどこの時期、労働法改革に関する各界のインタビュー調査のためにパリに滞在していたのであるが、多くの労働組合の中央組織は反対表明はするものの街頭デモには参加せず、公共交通がストライキで混乱することもなかった。この時期は、まだ大統領選から3カ月、国民議会選挙から2カ月しか経っておらず、世論は蜜月期にあったのかもしれない。

もっとも、労働組合の全国組織のうちでは、CGT労組だけは街頭デモを組織して反対運動を展開した。筆者は、CGTのデモでの配布ビラを入手することができた。読んでみると、そこに書かれた文章は、マクロン・オルドナンスの本質に的確に迫っており、これに反対する労組の受け止め方をよく表現している。次頁にビラそのものを掲載するとともに、一部を訳出しておこう。

21世紀の労働法典をまもろう。

私たちの労働法典が、株主の利益のために、壊滅されようとしています。

数カ月の隠ぺいの後、マスコミで暴かれたように、ついにマクロン・オルドナンスの全容がはっきりとしました。

1．規範の序列：使用者が法律を創る。

2．解雇：容易になる。

3．労働安全衛生：苦しみのままにおかれる。

4．労働者の代表制：弱くなる。

5．柔軟化―不安定政策：すべての者に対して。

わが国では、失業の責任を負うべきは労働法典ではなく、歯止めのない財政窮乏です。この30年、労働は少しずつ弾力化されてきたのに対して、失業は減

POUR UN CODE DU TRAVAIL DU 21ᵉ SIÈCLE

NOTRE CODE DU TRAVAIL
VANDALISÉ
AU PROFIT DES ACTIONNAIRES

Après des mois de cachotteries, le contenu des ordonnances Macron est enfin confirmé tel qu'il avait été révélé dans la presse.

1 HIÉRARCHIE DES NORMES :
  LE PATRON FAIT LA LOI

2 LICENCIEMENTS
  FACILITÉS

3 SANTÉ ET SÉCURITÉ
  EN SOUFFRANCE

4 REPRÉSENTANTS DES SALARIÉS
  AFFAIBLIS

5 FLEXI-PRÉCARITÉ
  POUR TOUS

Ce n'est pas le code du travail qui est responsable du chômage dans notre pays, c'est la finance débridée. Depuis 30 ans que le travail est peu à peu flexibilisé, le chômage n'a pas régressé, c'est la précarité qui a augmenté. Les ordonnances autoritaires de Macron peuvent encore être arrêtées par une large mobilisation sur des idées progressistes.

LES COMMUNISTES PROPOSENT

- **Partageons le temps de travail** : l'augmentation de la productivité permet le passage progressif aux 32 heures pour créer des emplois.

- **Sécurisons l'emploi et la formation** pour assurer à chacun un travail décent ou une formation à droits constants, notamment de salaire.

- **Interdisons les licenciements boursiers** et imposons le remboursement des aides publiques des entreprises qui licencies sans motif valable.

- **Augmentons les salaires** (smic à 1 800 euros bruts) et luttons contre l'emploi précaire.

- **Encadrons la rémunération des dirigeants** : écart de 1 à 20 au sein d'une même entreprise.

- **Instaurons de nouveaux pouvoirs syndicaux** : droit de véto du CE sur les décisions économiques, droit de préemption des salariés en cas de liquidation.

MARDI 12 SEPTEMBRE

MANIFESTATION
CONTRE LA CASSE DU CODE DU TRAVAIL
14:00 BASTILLE > PLACE D'ITALIE

ることはなく、増えてきたのは不安定雇用だけ。マクロンのやりたい放題のオルドナンスに対しては、進歩主義の理念に基づく広範な労働者が集結することで、まだストップがかけられます。

〈中略〉

9月12日火曜日／デモに集合／「労働法典の破壊に反対」／14時バスティーユ広場からイタリー広場に向けて。

　おかしなビラである。デモの首謀者たちが、〈労働法典をまもろう〉と叫び、マクロンに対して〈労働法典が壊滅されようとしている〉と非難している。通常の構図とは逆である。反体制側と体制側とが、まるであべこべになっているではないか。また、「使用者が法律を創る」とは、どんな意味だろうか。そして、マクロン・オルドナンスは、いったいどのような方法で、何のために、こうした非難を招く大胆な規制改革を企てたのだろうか。

第 I 章

改革の始まり

―― 2016年エル・コームリ法

第1節　規範の逆転と新たな規範構造

1　社会的対話または社会的民主主義

(1)　労使関係法の機能不全

　働く人の労働条件は、労働法上の一定の規範の適用と労使間の合意によって決定される。しかし、日本の労働法における労働条件決定システム(または規範のシステム)について、私は常日ごろ疑いを抱いている。これについて、私たちは、ある種の自己欺瞞や「知らないふり」を決め込んでいないだろうか。

　日本の労働法規範では、労働条件(＝労働契約の内容)は、憲法・公序規範→強行法規→労働協約→就業規則→労働契約という規範の階層構造(ヒエラルヒー)の中で決定され、後順位による労働条件の基準は前順位のそれを下回ることができないと説明される。それは、たしかに立法構造からも導かれるといいうるだろう。すなわち、法律は憲法に違反してはならず、また法律行為は公序に反してはならない(憲法98条1項、民法90条)。労働基準法等の定める基準に達しない労働契約の取り決めは無効であり(労基法13条)、また労働協約の定める基準に違反する労働契約の部分は無効である(労組法16条)。さらに、就業規則は労働協約に反してはならず(労基法92条)、また就業規則の定めに達しない労働契約の取り決めは無効である(労契法12条)。これにより、[図 I -1]の中央部分の矢印の流れのような階層関係ができ上がる。下に行くほど労働者に有利な労

22　第Ⅰ章　改革の始まり──2016年エル・コームリ法

［図Ⅰ-1］日本の労働条件決定の構図　　下ほど労働者に有利。上ほど強い効力

```
┌─────────────────────────────┐
│        日本国憲法・公序        │
└─────────────────────────────┘
        ┌─────────────────────────┐
        │    労働基準法等の強行法規    │
        └─────────────────────────┘
            ┌─────────────────┐
            │    労働協約      │
            └─────────────────┘
        ┌─────────────────────────┐
        │        就業規則          │
        └─────────────────────────┘
┌─────────────────────────────┐
│          労働契約            │
└─────────────────────────────┘
```

働条件が決定され、上に位置するほど効力が強い。

　ところが、現実はどうだろうか。労働組合の推定組織率は17.0％（2018年労働組合基本調査）であり、さらに労働組合があっても労働協約を締結していない組合が8.6％みられる（2011年労働協約等実態調査）。ということは、協約適用組合に属して、その適用を受けている労働者の比率は17％を下回る程度であり、大多数の労働者にとって、こうした階層構造は成り立たないことになる。そして、労働協約の適用がない場合には、就業規則が直接に適用されることになるが、就業規則は使用者が作成する規範であり、その定めが「合理的」なものであれば労働契約の内容はそれによるとされる（労契法7条）。ということは、強行法規に反しない限り使用者の単独決定により、労働条件が定められる[1]。さらに、常時10人以上の労働者を使用しているとはいえない零細企業では、その就業規則の作成義務さえない（労基法89条）。以上が、日本の労働法規範の現実の姿である。

　こうした、法規範におけるタテマエと実状の乖離は、どこの国でも多少ともあるのかもしれない。しかし問題なのは、その乖離を放置することにより、法

---

1)　労働条件は、本来使用者の単独決定により定まるものであり、労働法の「もっとも中心的な手段は、使用者の単独決定の規制である」と論じる西谷教授の所説は、日本においてはとりわけ説得的である。西谷敏『労働法の基礎構造』（法律文化社、2016年）8頁を参照。

システムが形骸化している状況を傍観している私たちの態度ではなかろうか。それにより、労働法が本来の目的とする、労使の対等な立場での団体交渉を助成することにより労働者の地位向上を図る（労組法１条）努力を、怠っていることになるからである。日本の労組法を中心とする労使関係法が機能不全に陥っているのは、この点に一因がある。[2]

(2) 「社会的民主主義」の欠落

　日本の状況では、労使関係を助長して、労使の自主的な交渉により労働者の地位改善や労働条件の保護を図るという規制手法が欠落している。言い換えると、大多数の労働者において、労働条件等の決定に関して、適切な情報を与えられて労使で話し合って決定するというシステムが、失われている。

　その結果、労働条件の形成は、国の政策レベルでは、立法による直接的介入やガイドライン等のソフトロー的手法の偏重により、また企業のレベルでは、法律等の定めの枠内で、使用者が就業規則を通じて単独決定するというのが現実であろう。多くの労働者は、自分の労働条件を「上から」決めてもらうのを待つしかない。グローバリゼーションにおける雇用環境の変化や雇用市場の深刻な状況（＝人手不足）の中で、こうした実態では、労働者は何に苦しみ何を改善したいかの意向を適切に表現することが難しく、使用者の方もその把握が困難となろう。しかし、多くの企業では労働者の意向や利益を代表するシステム、すなわち団体交渉や労使協議は制度として準備されておらず、または機能していないのである。

　日本においても、事業の性格や展開に応じた千差万別の就業実態に対応しうるように、労使の対話を通じた自律的な規範形成が不可欠である。そのためには、労働者が自らの労働条件の決定に関与しうるシステムが必要である。しかし、日本の政策では、そのための改革を試みる発想も実態も乏しく、労働条件や雇用環境の悪化に歯止めがかからない。日本の企業社会には、フランス法の表現をすれば、「社会的民主主義（démocratie sociale）」（労使関係での民主主義）の[3]

---

2)　このことを、総合的に論じたものして、「〈特集〉集団的労働関係法の時代」法律時報1096号（2016年３月号）の各論考を参照。

理念やシステムが失われている。

2 2016年エル・コームリ法

こうした日本の実情からフランスの労働法改革を見るとき、そこには労働法の規範を活性化し労使間の話合い（「社会的対話」dialogue social)の促進を志向する規範が形成されようとしていることがわかる。この国の立法者は、これまでも労働法の規範システムと社会的対話を活性化することに熱心であり、そのためのほぼ50年にわたる政策の歴史があった[4]。そして、2016年8月に、序章で見た経緯で成立したエル・コームリ法(loi Travail)、正式名称「労働、社会的対話の現代化、および職業行程の安全化に関する2016年8月8日の法律第2016-1088号[5]」は、その動きを飛躍的に進めた。それは、労働法典における広範な領域について、抜本的な改革をもたらし、真の意味で労働法の再構築(refondation)を実現するものであった。本章は、この法律の意義と内容を、できるだけ丹念に説明することとし、それによりわが国労使関係法での上記のような停滞状況の見直しのための着想を得たいと考える[6]。

そこで本章では、第2節として、エル・コームリ法を検討するにあたって、序章で見たコンブレクセル委員会が提言した2つの改革、すなわち、第1に、労働法の規制枠組みを逆転させ、団体交渉（労働協約）を中心とする規範体系を構築し、第2に、その団体交渉においても序列を逆転させ、企業交渉（企業協定）を産別交渉（産別協約）に対して優先させるという改革が、どのように実現さ

---

3) フランスの「社会的民主主義」という用語は、もちろん「社会民主主義(social - démocratie)」とは別の概念である。それは、1840年のルイ・ブラン社会主義に始まり、例えば、1944年のCNR（レジスタンス）綱領、現在の労使団体の立場表明等々、多くの立場から援用されるといわれる。それは一般的には労使関係における労働者の意見を反映した分権化を意味するが、経済を中心に見るか労使関係上の権利を中心に見るかで差異が生じる。Jérôme PORTA et Tatiana SACHS, *Qu'est devenue l'idée démocratique en droit du travail ?*, RDT 2017 577.を参照。

4) この政策の歴史については、終章第1節を参照。

5) Loi n° 2016-1088 du 8 août 2016 relative au travail, à la modernisation du dialogue social et à la sécurisation des parcours professionnels.

6) 筆者は、この時期、フランス労働法の展開における同立法の重要性に鑑み、2016年12月にフランス各地で資料収集とヒヤリング調査を行い、特に、ボルドー大学 Gilles Auzero 教授にインタビューする機会を得ることができた。その際には、同大学比較労働法・社会保障法研究所の笠木映里氏に、多大なご協力をいただいた。この場を借りてお礼を申し上げる。

れたかを概観する。次に、第3節では、その具体的な実現として、エル・コームリ法が、労働時間、休息、休暇について行った規制改革の実相を検証する。また、第4節では、その約1年後のマクロン・オルドナンスの再改革により頓挫した、企業交渉・協定の新システムについても触れておきたい。

　なお、エル・コームリ法は、本章で取り上げる領域以外でも、多くの重要な改正をもたらしている。例えば、労働のデジタル化をめぐる規制、CPA（個人別活動勘定）の実施規則、労働医の活動および権限、外国の派遣会社への法令の適用、従業員代表委員の諸制度等々の改革であるが、本章ではこれらの紹介を割愛する。

第2節　労働法の「新しい建築様式」

1　労働法規範の序列

(1)　新しい「建築様式」

　2016年3月24日付けの国民議会における、ヴァルス首相（当時）によるエル・コームリ法案の趣旨説明では、同法案がコンブレクセル報告書の推奨するところにしたがい、労働法という建築物を造り替えるために、3つの部分からなる新しい規範領域を設定することが表明された。その3部分の規範領域とは、「①抵触することのできない公序の規範の領域、②団体交渉に委ねなければならない規範の領域、および、③協定のない場合に限り適用することのできる補充規定（loi supplétive）の領域」である。そして、当面は、この新しい建築様式を労働法典の労働時間、休息および休暇に関する部分にとどめるが、労働法典の再構築のための委員会を設置して、その再建築の作業を2年の期間で委ねることとし、「団体交渉の位置、特に企業レベルのそれを強化することになる」との趣旨を明らかにした。[7]

　こうして、労働時間、休息および休暇の分野においては、団体交渉領域に最重要の位置が与えられる一方、協定が締結されないときに限り、その適用規範

---

7)　Exposé des motifs, *Projet de loi visant à instituer de nouvelles libertés et de nouvelles protections pour les entreprises et les actifs*, No 3600, Ass. Nat., p.5.

は改正前の内容が維持される。また、この分野についての従業員代表委員への通知や諮問、あるいは労働監督官の許可制度なども現状通りとされた[8]。

このように、エル・コームリ法の提示した労働法典の「新しい建築様式（architecture）」は、労働協約を法律の上位に置くという意味で従来の規範序列を逆転させることを意味する。本章ではその意味を説明することにするが、その逆転の意味を把握するためには、まずは、この国の労働法で発展してきたこれまでの建築方法、すなわち従来の規範序列の意味を明らかにしておかなければならない。これまでの建築様式で中核となったのは、労働法における公序の概念と、そこから導かれる有利原則についての法制の展開である。

(2) 労働法における公序と企業協定——予備的説明

(a) 基本的特色

まず、フランスの団体交渉および労働協約制度の特色を確認しておく。

第1に、この国の団体交渉および労働協約は、一つの交渉レベルに複数の労働組合が存在することを常態とすることを前提としており（複数組合主義）、その前提のもとで、複数の労働組合および使用者組合が同じテーブルで交渉を行い、締結された労働協約においても複数の労働組合および使用者組合が署名当事者となるのが基本である。

第2に、団体交渉および労働協約は、伝統的には全国または地方のほぼ産業レベルに等しい活動部門（branche d'activité）のレベルで発達してきたが、近年は全国レベルの職業を超えた全国職際協定（accord national interprofessionnel）や、

---

8) ibid. p.8 et suiv.

9) この国で、労働協約（convention collective du travail）という表現はわが国にいう包括協約を意味する。これに対して、協定（accord collectif）という表現がなされときには特定事項についての労働協約を意味する。フランスの現行法では、両者の法的効力に違いはないので、一方の表現だけ用いるときにも他方の趣旨も包含していることが多い。

10) 活動部門（職業部門ともいう）とは労働協約の適用領域を意味し、「産業」に近い概念であるが、歴史的経緯から金属産業のような大別と極小の職種範囲までを含むことから、統一的表現として法律上用いられる用語である。しかし、政府は極小の活動部門による部門協約を整理統合することを奨励しており、コンプレクセル報告は、上記のように5000人未満の部門を合併することを提言した（序章第2節1）。この提言が、エル・コームリ法でも受け入れられており（エル・コームリ法〔非法典化〕25条、L.2261-32条）、3年以内に、活動部門を200以内にする数値目標が掲げられている。

本章で後に詳しく取り上げることになる企業レベルの協約・協定の役割が重要である。これらの異なるレベルでの交渉・協約締結は、重畳的に実施・適用されうる。なお、後述するように企業グループや企業際(interentreprise)レベルの交渉や協定締結も次第に重視されている。

　第3に、ある使用者の属する使用者組合が労働協約を締結したとき、または使用者が単独で労働協約を締結したときには、それらの労働協約の規定は、その使用者が締結したすべての労働契約に適用される(L.2262-1条、L.2254-1条)。その結果として、その協約は、非組合員および他組合員を含むすべての労働者にあまねく適用される。本書では、この適用原則を「普遍適用の効力(l'effet *erga omnes*)」と称することにする。この普遍適用の効力こそが、組合組織率は低いのに協約の適用率が極めて高いという、フランスの特色の[11]、主要な原因となっている(フランスでは、労働協約の拡張適用の制度も重要な機能を果たしているが、ここでは触れない)。

(b)　初期の発展

　以上を前提に、この国の労働協約法制の発展を概観する。初期的な過程を見ると、労働協約の法制は、1919年に始まり、1936年に改革がなされるが、現在の労働協約法制の基礎が固められたのは、1950年の立法である。ごく概略を述べると、1919年3月25日の法律は、労働協約の規範的効力(強行的効力)や、両当事者の誠実履行義務を定めた。さらに、この段階で、上記の普遍適用原則の萌芽的規定(普遍適用効力の推定)も認められる。引き続く1936年6月24日法は、労働協約の拡張適用制度を設け、労働協約に「職業の法」という法政策的な位置づけを与えようとした。第二次大戦後の1946年の統制経済時の協約立法を制定した後、1950年2月11日の法律は、私法的な労働協約の色彩をもつ1919年法と、法政策的な1936年法の特色を総合して、通常の労働協約の整備と「最も代表的な組合組織」(後述第Ⅲ章第1節2(3))の締結する拡張適用される労働協約の整備とを併存させる協約制度を作り上げた。これが今日に至る協約制度の大

---

11)　OECD の統計資料では、フランスの労働組合組織率は2013年に7.7%、労働協約のカバー率は2008年に90%とされる(OECD. Statistique)。なお、DARES の報告書では、組織率は2013年に11%とされる(DARES, Analyses, No 025, mai 2016)。フランスでは組合員の把握が難しく、そのため統計にもばらつきがある。

[図Ⅰ-2] これまでの規範の序列　　下ほど労働者に有利な内容、上ほど強い効力となる

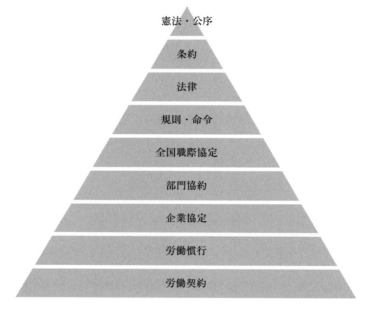

憲法・公序
条約
法律
規則・命令
全国職際協定
部門協約
企業協定
労働慣行
労働契約

枠である。[図Ⅰ-1] とは少し表現方法は異なるが、フランスの代表的な労働法教科書の挿入図[12]が描くように、これまでの労働法の規範の関係は、理論上だけでなく実態においても、ピラミッド状の序列関係で成り立っていた（[図Ⅰ-2] を参照）。

(c)　形成された原則＝社会的公序と有利原則

以上の考え方によれば、一人の労働者には、組合員であるか否かにかかわらず、憲法・公序から始まり、法令、複数レベルの労働協約・協定、労働契約という複数の規範が重なって適用され[13]、適用規範の衝突が生じる。そのために、適用規範の決定が重要な課題となる。ここに有利原則（le principe de faveur）を基

12）　Jean-Emmanuel RAY, *Droit du travail, droit vivant*, 26e éd.2018, p.52の挿入図を元にしている。
13）　ちなみに、フランスにも企業の就業規則（règlement intérieur）が用いられるが、その記載事項は、①企業内の健康・安全の規則、②健康・安全問題が生じたときの回復措置への労働者の参加条件、③懲戒処分の原則や制裁の種類の3点に限定されている（L.1321-1条）。すなわち、賃金・労働条件は定められないので、協約等の規範との抵触は通常問題とされない。

本とする、適用規範の序列という解決策が講じられた。その原則による伝統的
な序列関係は、次のとおりであった。

第1に、「法律と労働協約の関係」をみると、労働協約は法律の規定よりも
労働者に有利な規定を定めることができる一方、公序の性質を有する規定につ
いては、特例規定を設ける（déroger）ことができない（L.2251-1条）。前者は、労
働者の有利な方向だけ効力を認められるという意味で相対的な強行性をもつ
「相対的公序」であり、労働法の社会法的独自性を表現するものとして、「社会
的公序（ordre public social）」と称せられる。一方、後者の公序は、「絶対的公序
（ordre public absolu）」と呼ばれて、有利な方向にも抵触することはできない。
この区別自体は、エル・コームリ法のもとでも変更はない。

第2に、「労働協約と個別労働契約との関係」をみると、上記の「普遍適用」
原則のもとで、使用者がある労働協約の適用を受けている（拘束されている）と
きには、その協約規範は使用者が締結したすべての労働契約に適用されるが、
それは労働契約が「より有利な条項であるときを除いて」である（L.2254-1条）。
つまり、この二者の関係でも有利原則が維持されていることになる。しかし、
この点についても、コンブレクセル報告は上述のように例外的手法を提言した。
これを受けてエル・コームリ法では、「雇用保持発展協定」の制度を設けるこ
とによって、蟻の一穴とみるべき重大な例外がもたらされた（本章第4節）。そ
して、同法では例外的な方策にとどまっていたこの協定は、マクロン・オルド
ナンスの「集団的成果協定」に生まれ変わり、そこでは蟻の穴から堤が崩れる
がごとき「規範の逆転」の奔流となるのを我々は見るであろう（第Ⅳ章）。

第3に、「複数レベルの協約間の関係」でみると、1968年「グルネル協定」
に基づく同年12月の法制で、一定規模以上の企業では、企業内に労働組合の組
合支部の設置と組合代表委員の指名が認められるようになり、これを通じて企
業レベルでの協約・協定の動きが広がった。企業協定の本来の対象事項は、部
門協約が定めた条項を個別企業の特有な条件に即して適応（adapter）させ、ある

---

14)　有利原則についての詳細な研究として、奥田香子「フランス労働法における『有利性』の原則」
　　季刊労働法178号（1996年）112頁を参照。
15)　グルネル協定については、終章第1節1(1)を参照。同協定に基づき、1968年12月27日に企業内
　　の組合権の行使に関する法律が制定された。

いは部門協定の定めていない新たな条項について定めることにあり、労働者に有利な条項を定めることができるものとされた(旧L.2253-1条)。その意味では、企業交渉は、当初は労働者の労働条件を改善することを目的とする手段であった。

　ところが、2004年5月4日の法律(通称フィヨン法)により、こうした有利原則に基づく規範序列が崩壊し始めるようになる。それは第1に、企業協定による「法律に対する抵触」であり、第2に、企業協定による「部門協約に対する抵触」であり、企業協定が上位に位置するはずの部門協約に抵触する定めを設けることが、一定の条件で承認されるようになった。つまり、企業協定は労働条件を不利な方向に引き下げることが認められるようになったのである。ここで、その2つの動きを確認しておこう。

(d)　企業協定の法律に対する特例協定

　協約・協定による法律の抵触という方式を最初に認めたのは、1982年11月13日のオルー法であり、この特例協定(accords dérogatoires)方式は、上記の社会的公序の原則を破るものとして注目を集めた。もっとも、その対象事項は、デクレの定める超過勤務時間の年間許容時間を超過すること、および年間ベースの変形労働時間の条件設定を許容することの2点にすぎなかった。また、何よりこの立法では、特例を「拡張適用される部門協定・協約」に対して認めるものであり、企業協定に対して認めるものではなかった。

　ところが、上記の2004年のフィヨン法は、これを企業レベルの協約・協定による特例協定として承認し、しかももっと広い範囲でこれを認めた。すなわち、この法律により特例の対象とされたのは、労働契約関係4項目、労働時間関係9項目、安全衛生労働条件委員会関係1項目の合計14項目に及び、これらのうちの多く(11項目)は、法律で定める基準を、企業協定で引き下げることを許容するものである。これが広く実施されると、労働者の組織の弱い企業レベルで、無秩序な特例の合意がなされるおそれがあり、これを防ぐには部門レベルからの規制が重要となる。そこで、企業レベルで特例協定を締結する場合にも、同じ事項についてすでに部門協定に定めがあるときには、その効力を否認することはできないものとされた。[16]

(e) 企業協定の部門協定への抵触

フランスの団体交渉および労働協約の制度は、上記のように階層化され、職業管轄でいうならば、職際、活動部門、企業(事業所、企業グループ)という階層で構成される(一部階層が欠ける場合もある)。そして、各階層での協約・協定の連結関係では、上記のように後者は前者より優位でなければないという、有利原則が支配していた。ところが、上記2004年法は、この連結関係に代えて新しい秩序を持ち込み、部門協定に反対の定めがない限り、企業協定が部門協定に抵触する(déroger)定めをもうけることが可能になった。

しかし、個別企業では労働組合の定着していないことが多い。また、上記の「普遍適用」原則により、企業レベルでごく一部の支持しか得ていない労働組合が、不利な協定を結んで全従業員に波及させることは、警戒しなければならない。そこで、上記2004年法では、①部門協定が、抵触協定を企業協定で定めることを禁止・制限する条項(錠前条項)を定めるときには、認められないこととし、さらに、②抵触協定が、労働者の過半数を代表する1または複数の組合組織により署名されるか、労働者の直接投票による賛成がある場合、または、組合組織の多数または多数組合組織の異議の対象にならないことが条件とされた(詳しくは、第Ⅲ章第1節を参照)。そして実際には、部門協定が抵触を認めない(錠前条項を定める)ことが多く、企業協定による部門協定への抵触は難しかった。[17] その後、右派政権のもと2008年8月20日の法律では、一部の領域について、企業に組合代表委員が指名されていないときにも企業協定を締結する方策や多数決原理を進展させるなど、2016年のエル・コームリ法の先駆け的な改革を導入していた。

2 規範序列の逆転

(1) 規範階層の「三層構造」

再び、コンブレクセル報告書に注目しよう。2016年3月24日付けで、国民議会に提出されたエル・コームリ法案は、その趣旨説明[18]によれば、コンブレクセ

---

16) 以上のフィヨン法の詳細については、野田進「フランスにおける団体交渉制度の改革——2004年フィヨン法の紹介と検討」法政研究71巻3号(2005年)692頁を参照。

17) 抵触協定のその他の制限もある。より詳しくは、野田・前掲注16)論文を参照。

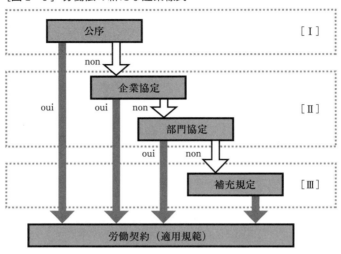

[図 I-3] 労働法の新たな建築様式

ル報告書の提言に基づき、労働者に適用される規範の決定方式について、[図 I-3] のような新たな連関の図式を作り出した。そして、この逆転の構図は、同年8月に成立したエル・コームリ法以後、労働法典の基幹的な構造となる。

すなわち、労働者の労働条件や個別的・集団的地位を定める規範は、それまでのような「社会的公序」や「有利原則」に基づく階層ではなく、新たな3つの階層構造により決定される（[図 I-3] を参照）。

第1階層は、労働法の規範のうち、公序に属する分野であり、これについては、何人も変更を加えることはできない。したがって、これに属する規範であれば、ストレートに適用規範となる（[I] の領域）。

第2階層として、公序に属さない分野については、法令ではなく協約でこれを定める。この点で、法令よりも労使による規範決定を優先させるという、労使対話（労使自治）優先の方式が示されている。また、重要なのは、労使協定のうちでも、優先されるのは企業協定であるという点であり、それが存在しない

---

18) Exposé des motifs, *Projet de loi visant à instituer de nouvelles libertés et de nouvelles protections pour les entreprises et les actifs*, N° 3600 , Ass. Nat., p.5.

ときに限り部門協定の規定が適用される（［Ⅱ］の領域）。

第3の階層として、団体交渉で規範が定められないとき、補充的に労働法規が適用される（［Ⅲ］の領域）。すなわち、労働法典の（さしあたり労働時間、休息、休暇の）規定の多くは、労働協約の定めがないときに限り適用される、補充規定（dispositions supplétives）となり、［第2階層］における労働協約等の労使協定が定められないときに初めて補足的に適用されるにすぎない。

以下では、これらの［Ⅰ］～「Ⅲ」の各階層について、もう少し詳細に検討しておこう。[19]

(2) ［Ⅰ］の領域＝公序

エル・コームリ法は、有利原則に基づく社会的公序の仕組みを取り除くことにより、フランス労働法が長年にわたり形成してきた規範体系に「コペルニクス的」変革をもたらした。上述のように、こうした改革の動きは2004年フィヨン法に始まるものであったが、エル・コームリ法は、公序が協約規範によって抵触されることを一般化し、労働協約による規制の可否を基準とする公序の概念を確立した。

すなわち、上述のように、労働法におけるこれまでの公序概念では、下位規範が法律や上位規範に対して有利な規定を設けうるか否かという区別、言い換えると、絶対的公序か社会的公序かという区別が重要であった。これに対して、エル・コームリ法のもとでは、ある規範が団体交渉に委ねられるべき規範か、それとも団体交渉には委ねられない規範かという区別が主要な問題になる。このために、社会的公序という概念やそれを支える有利原則の役割は影を潜めてしまう。

こうして、［図Ⅰ-3］における、最上段の［Ⅰ］の公序領域においては、あ

---

19) エル・コームリ法における新たな規範構造については、次の論考を参照。Grégoire Loiseau, Laurence PRÉCAUT-RIVOLLER, Geneviève PIGNARRE, *L'ordre public social a-t-il avemir ?*, Droit social 2016 p.886; Georges BORENFREUND, *Quel ordonnancement des sources du droit du travail ? - Les rapports de l'accord collectif avec la loi et le contrat de travail*, RDT 2016 p.781; Laurence PRÉCAUT-RIVOLLER, *Les rapports de l'accord collectif avec la loi et le contrat de travail*, RDT 2016 p.791; Hélène TISSANDIER, *Les rapports entre accords collectifs*, RDT 2016 p.794; Cécile NICOD, *Les rapports entre accords collectifs*, RDT 2016 p.800.

る規範が公序に属するものであればそのまま適用規範となり、公序でなければ団体交渉の対象となる。その意味で、ここにいう公序は団体交渉との関係で位置づけられ、交渉不可能性が労働法の新しい建築様式の基礎を形成する。それは、全体の構図を決定する指示機能を与えられ、[Ⅱ]の協約領域の範囲と[Ⅲ]の範囲を定める役割をもつことになる。とすると、[Ⅰ]の領域での中心問題は、何が公序であるかということになる。これについては、次のように論じられる。

　第1に、公序は、団体交渉において協約当事者の意向により変動することのできない部分であるから、実定法として法令になっているか否かにかかわらず、「労働法の基本原則」に当たる規範(基本的公序)、例えば上記バダンテ委員会報告[20]で示され、エル・コームリ法案で前文として採録された労働法の「61原則」[21]などは、公序に含まれる。

　第2に、上記の基本的公序に含まれなくても、労働法の一定の基本事項については、協約で変更することはできない。これには、①労働法の適用条件について定める公序(労働契約の成立要件、労働法の外部からの規制システム(労働裁判、労働監督制度))、②法一般における公序(差別禁止の原則、選挙の公正性確保、信義誠実(loyauté)の原則)、③すべての企業に統一的適用をもたらすべき制度(従業員代表等の諸制度)などがある。

　第3に、以上に含まれないが、団体交渉による労使自治に委ねることのできない部分がある。その範囲は、最終的には立法者が定めることになるが、設定の基準は団体交渉に委ねることが適切か否かという一点にある[22]。ただ、エル・コームリ法の理念、すなわち法令よりも団体交渉(労使自治)による規範決定を最優先させるという労使対話の理念からすれば、この部分は狭くならざるをえない。言い換えると、エル・コームリ法以前には「絶対的公序」の中に含まれ

---

20)　こうした労働法の基本原則は、基本的公序(ordre public fondamental)とも称せられる。

21)　この基本原則は、エル・コームリ法案にも規定されていた。序章第2節1 (2)を参照。

22)　Grégoire LOISEAU, Laurence PÉCAUT, Geneviève PIGNARRE, op.cit.によれば、交渉の自由は、従来は、公序を超えたところで行使しうるのに対して、新たな公序においては、当事者が自由に設計すべき労働条件の範囲をまず検討して、それにより公序の範囲が決定されるのであり、その関係が逆転している。

ていた労働法典の規定の一部は、同法の公序の範囲から解き放たれて、［Ⅱ］の協約事項に移行する。その意味では新たな公序は、絶対的公序よりも狭い範囲の規範しかカバーしないことになる（詳しくは第Ⅱ章）。

(3) ［Ⅱ］の領域＝協約規範の優位と協約規範内部での逆転

　上述のように、エル・コームリ法では、労働法の規範体系を再構築し団体交渉（労働協約）を中心に置くことになるが、さらにこの団体交渉の内部でも各レベルの交渉のうち、企業交渉こそを最優先の位置に置くべきであるとする。これは、コンブレクセル報告書から一貫して追求されてきた課題であり、［Ⅱ］の団体交渉の領域の内部でも、規範階層の逆転（その意味で二重の逆転）が生じていることになる。

　具体的には、後に掲げるように、エル・コームリ法では、労働時間・休暇・休息に関する規定条文においては、ほぼすべての規定において、「企業もしくは事業場の協約もしくは協定、またはそれを欠くときには、活動部門の協約もしくは協定は、……を定めることができる。」との規定ぶりを採用している。つまり、最初に企業・事業場レベルの交渉が行われ、そこで合意に達しない（あるいはこのレベルでの交渉がなされない）ときに、部門レベルでの交渉（それによる協約・協定）で規範を定めることになる。

　このような企業交渉優先の方式は、労働条件を部門レベルで強行的に定めるのではなく、事業に密着した企業レベルの労使当事者が、その意向をできるだけ反映させた、当該企業・事業場の実情に即した労働条件を決定しうる点でメリットがある。それにより労使の自律・自治による労働条件の決定を活性化させることが可能となるといえよう。エル・コームリ法が企業交渉を推進しようとするのは、こうした利点を追求することによる。

　しかし、企業交渉を優先させることについては、様々な危惧が考えられよう。第1に、企業・事業場レベル（特に、中小・零細企業）では、いかなる組合であれ労働組合の組合員が一人も存在しないことがあるから、そもそも企業交渉や企業協定それ自体が成り立ちにくいのではないか。第2に、かりに企業に数名の組合員がいて、その少数の組合員が使用者と団体交渉をして企業協定を締結した場合、その企業協定は上記の「普遍適用」原則により、全従業員の労働契約

に適用されることになるから、これは少数者による多数支配という非民主的な結果を招くのではないか。第3に、中小零細の企業・事業場の末端の組合員は、労働法や企業運営に対する知識や情報に乏しいことから、結局は労働条件の決定について使用者支配を導き、ひいては企業間競争によるソーシャルダンピングを生じさせるのではないか。[23]

　企業交渉を優先させることについて、懸念されるこうした問題を防ぐためには、まずは、労働条件を企業レベルで交渉し協定を締結することを積極的に促進しつつも、それらの実施や成立については様々な制限・要件を課すことが必須となろう。この「促進と規制」という矛盾した要請の中で、企業交渉の役割強化について制度改革が試みられることになる。そして、この改革は、まずはエル・コームリ法の中で実施され(本章第4節1)、次いで、マクロン・オルドナンスがより根本的な改革をもたらす(第Ⅲ章第2節・第3節)。

(4)　[Ⅲ]の領域＝「補充規定」

　団体交渉が企業レベル・部門レベルで実施されず、または実施されても合意(協定)に達しないときには、労働法典の規範がそれを補足する。言い換えると、公序に属しているとはいえない労働法典の規範は、協約・協定が欠けているときにのみ適用されることになる。こうして、労働法典に定められた法規定は、公序にあたる規範と、公序にあたらず協約・協定の定めが優先する補充規定とに分けられることになり、前者は規範体系の土台となる規範であるのに対して、後者は労働協約による規範形成がなされない場合の補充的・二次的規範にすぎない。労働立法が全体として強行規定であるという、法律家が慣れ親しんできた理解は、この補足規定の方式により打ち消されることになる。

　労働法典におけるこれらの補充規定の内容について、2016年8月8日のエル・コームリ法1条(非法典化)は、「団体協定のないときに適用される補充規定は、シンプル化という目的のためである場合を除き、現行法の規範をそのまま繰り返さなければならない。」と定めている。すなわち、補充規定の定めの内

---

23)　これらの指摘は、本章注6)で示したインタビューでの、G. Auzero 教授の発言によるところが大きい。

容は、改正前の労働法典の規定と同じであり、ただ、同内容の規定を補充規定
に位置づけるという改正がなされたことになる。

第3節　新たな「建築様式」の実相

1　総説

　上述のように、エル・コームリ法では、労働法規範における三層構造の「建築様式」を、さしあたり、「労働時間、休息、および休暇」の分野で実施するにとどめ、それ以外については、2年を目途に実現することにした。ここでは、これら3つの分野の三層構造が、実際にどのような姿で形成されたかを確認しておこう。

　以下の記述は、フランスの労働時間関係の立法がどのような内容であるかの紹介も兼ねているので、少し煩雑だが、お付き合い願いたい。

　エル・コームリ法により改正された労働法典は、その第3部第1巻「労働時間、休日および休暇」において、規定方法を一新することになった。すなわち、まずこの第1巻の冒頭では、次のように定められる。「本巻は、第3編第2章［週休］、ならびに第6編［若年労働者の特別規定］および第7編［労働時間、休息の監督］を除き、公序の規範、団体交渉の領域、および協定のない場合に適用される補充規定を定める」（L.3111-3条）。こうして同条により、上記の3つの例外分野を除いて、労働法典の定め方は次のとおりとなる。

　上記「第1巻（livre）」の下位階層である「第2編（titre）　労働時間、労働時制の配分と調整」を例にとると、同編の規定は階層を下位に下る方向で、「第1章（chapitre）　労働の時間と調整」、「第1節（section）　実労働、束縛時間、換算時間」、「第1款（sous-section）　実労働」と細分化してゆく。そして、さらにこの「款」の下位階層として、「§1公序」「§2交渉の領域」「§3補充規定」の3つの領域が項目として立てられて、それぞれに規定条文が置かれている。すでに述べたように、「§1公序」は労使間の協定で変更することのできない規定、「§2交渉の領域」は団体交渉により決定される規定、「§3補充規定」は協約で定められない場合に適用される補充的な規定である。この3領域の編成は、第3部第1巻においては、上記条文に定める例外を除き、すべての

「款」において、同じモデルで設定されている。それゆえ、この分野である条文の規定を読む者は、その条数が3領域のいずれに属するかを把握しておかないと、規定の趣旨を取り違えてしまうことになるから、要注意である。

2016年8月のエル・コームリ法は、こうした公序を基礎に据えた規定方法を、上記第3部第1巻「労働時間、休日および休暇」に限定している。しかし、上述のように[24]、設置された再構築委員会が2018年8月までに労働法典立法部の再構築(refondation)の案を政府に提出することが定められており(エル・コームリ法第1条)、同委員会は、労働時間以外の労働条件、すなわち雇用、賃金等についても、労働時間と同じモデルで規範を再構築すると考えられ、壮大な再構築が実現することになる(その計画の行く末は、後に述べる)。

改正された労働時間、休息、休暇の分野(第3部第1巻)においては、それぞれ「款」階層にあたる、実働時間、最長労働時間、週平均最長労働時間、休息時間、法定労働時間、超過勤務時間、換算時間、アストラント(束縛時間)、フォルフェ(定額制)、パートタイム、間歇的労働、深夜業、年次有給休暇(権利、取得時期・順序、分割、手当)、各種無給休暇(家族事由休暇、家族連帯休暇、近親者援助休暇、サバティカル休暇、大規模自然災害休暇、職業訓練休暇[25]…等々)、すなわち「週休」を除くほとんどの労働時間および関連制度について、それぞれ3つの領域に区分けした規定方法を採用している。

本章でこれらをすべて紹介するには多くの紙幅を要することから、ここではごく一部の例証のために、労働時間関係では、①実働時間、②法定労働時間および超過勤務時間、③労働時間の上限を、休息関係では1日の休息時間を、そして、休暇関係では年次有給休暇に限定し、年次有給休暇では、さらに①その権利(期間)、②その取得可能時期と開始順序、③その分割方式、④年休手当について、三層構造の実相を紹介する[26](以下の説明につき、労働法典の条数は各表の

---

24) 序章第2節1(3)を参照。

25) フランスの多彩な休暇制度については、野田進「『休暇』概念の法的意義と休暇政策——『休暇として』休むということ」日本労働研究雑誌625号(2012年)21頁を参照。なお、家族連帯休暇とは、家族の「看取り休暇」のことである。

26) 以下については、実務解説書である、次の文献を参照した。Groupe Revue Fiduciaire, *Loi Travail, analyse et code consolidé*, 2016 ; Liaisons sociales quotidien, dossier n° 158/2016, 5 septembre 2016, *Loi Travail(1) : réforme de la durée du travail*.

第3節　新たな「建築様式」の実相　39

[表Ⅰ-1[27)]] 実働時間に関する規定の3領域

実働時間
［Ⅰ］公序
・実働時間の定義：「労働者が使用者の指揮命令のもとにある時間であり、個人的用務に自由に利用することなく、使用者の指示に応じるべき時間」（L.3121-1条） ・食事時間および休息時間は、上記定義に合致するならば、実働時間となる（L.3121-1条） ・作業着の着脱の時間は、その着用が、法律、協約、就業規則、労働契約で義務づけられ、その着脱が企業または作業場で行われる場合は、代休の形または金銭で補償される（L.3121-3条） ・自宅と職場の移動時間は、実働時間でないが（L.3121-4条1項）、それが自宅と通常の通勤時間を超えるときには休息または金銭による対価が付与され、賃金は減額されない（同条2項） ・身体障害等が原因で通勤時間が延びるときは、休息による対価を認める（L.3121-5条）

［Ⅱ］団体交渉（企業または事業場協定、それがないときには部門協定）	［Ⅲ］補充規定
休息時間および食事時間	
労働時間とは認められないときにも、報酬を支払う旨を定めることができる（L.3121-6条）	労働契約で報酬を支払う旨定めることができる（L.3121-8条1号）
着衣時間および脱衣時間	
代休または金銭で補償するか、実働時間と同視するかを選択しうる（L.3121-7条1項）	労働契約で対価を支払うか実働時間と同視するかを定める（L.3121-8条2号）
自宅と通常の職場間の行程を超える自宅からの移動時間	
休息または金銭による対価付与を具体的に定めうる（L.3121-7条1項）	使用者が、対価を、CEまたはDPの意見を聞いて決定しうる（L.3121-8条3号）

記載を参照）。

2　労働時間関係

(1)　実働時間

　まず、実働時間の定義については、［表Ⅰ-1］の上部の［Ⅰ］に示した規定が公序であり、協約でこれに抵触することはできない。さらに、［Ⅰ］の公序部分には、具体的な定めとして、①食事時間および休息時間の判断基準、②作業着の着脱の時間については非労働時間であることを前提とした対価支払いの

---

27)　以下の図表は、注26)に引用の実務解説書 Groupe Revue Fiduciaire, *Loi Travail, analyse et code consolidé* 掲載の説明図（同書16頁）に基づき作成している。以下、本章の各図表についても、同書に依拠している。

原則、③通常の通勤時間を上回って要した時間について非労働時間であること
を前提とした対価の支払い原則が定められている。

これに対して、①については、［Ⅱ］定義上労働時間と認められないときに
も、労働協約等では報酬を支払う旨の定めを置くことができる一方、［Ⅲ］補
充規定では個別労働契約で合意するしかない旨を定めている。②については、
［Ⅱ］労使協定では、これを労働時間とみなす定めを置くことができる一方、
［Ⅲ］これがない場合の補充規定では、個別労働契約で合意するしかない。③
については、事故などにより通勤時間が延びるときには、延長部分は代休か金
銭の対価が認められ、所定労働時間に食い込んでも賃金は減額されないのが公
序である。これに対して、［Ⅱ］労働協約ではその対価がどのようなものとす
るかを定めることができるが、その定めのない場合の［Ⅲ］補充規定では、使
用者が企業委員会(Comité d'entreprise、表では CE と略記)や従業員代表委員(dé-
légué du personnel、表では DP と略記)の意見を聴取して決定することができると
される。

(2)　法定労働時間と超過勤務時間

まず、法定労働時間については、［Ⅰ］週の法定労働時間が35時間であるこ
とは公序として定められる（1日の定めはない）。しかし、［Ⅱ］企業協定もしく
は事業場協定またはそれがないときには部門協定では、算定の基準期間として、
暦週とは異なる「継続する7日」の期間を定めることができる。そして、［Ⅲ］
これらの協定の定めがないときの補充規定では、基準期間は「月曜の0時から
日曜の24時」とされる。

次に、超過勤務時間については、［Ⅰ］その定義は「週の法定労働時間また
はそれに換算される時間を超えて就労した時間」である。また、［Ⅰ］によれ
ば、超過勤務時間には割増賃金を支払うのが原則であるが、これに代えて代償
休日を与えることができる。超過勤務時間は暦週ごとに算定されるが、例外的
に週の集合的な所定労働時間が法定労働時間を超える企業では割増賃金は月ご
とに算定することが認められる。超過勤務時間は、その限度として年間の許容
時間(contingent annuel)が定められるところ、年間許容時間を超える超過勤務時
間に対する対価は代償休日によるのが原則である。もっとも、代償休日に代え

第3節　新たな「建築様式」の実相　41

[表 I-2]　法定労働時間・超過勤務時間における3領域

法定労働時間および超過勤務時間	
[I]　公序	
・法定労働時間は週35時間（L.3121-27条） ・超過勤務時間の定義：「法定労働時間またはそれに換算される時間を超えて就労した時間」 　（L.3121-28条） ・超過勤務に対する割増賃金の支払原則と代償休日の可能性（同） ・超過勤務時間の週単位の算定原則（L.3121-29条） ・年間許容時間を超える超過勤務時間に対する休日による対価の原則（L.3121-30条） ・代償休日として完全に保障されまたは緊急労務による超過勤務時間の許容時間不算入（同） ・超過勤務時間の報酬算定を月ごとに算定する可能性（L.3121-31条）	
[II]　団体交渉（企業または事業場協定、それがないときには部門協定）	[III]　補充規定
週の定義	
週を定義できる：継続する7日（L.3121-32条）	週＝月曜の0時から日曜の24時（L.3121-35条）
割増賃金の率	
割増率の自由な決定：10％以上（L.3121-33条）	8時間まで25％、超えると50％（L.3121-36条）
超過勤務の年間許容時間	
年間許容時間の長さを自由に決めうる（L.3121-33条のI）	デクレで定める時間（L.3121-39）⇒各労働者につき年間220時間（D.3121-14-1条）
年間許容時間を超える超過勤務時間の就労の条件（L.3121-33条のI）	許容時間の利用方法およびその超過について、年に1度CEまたはDPへの諮問（L.3121-40条）
休息による対価の義務	
・許容時間を超えて実施された超過勤務：休日による対価の方式と取得条件を定めることができる（L.3121-33条） ・許容時間の範囲内での超過勤務：休息方式での対価を定めることができる（L.3121-33条のII）	20人以下の企業では許容時間を超える時間の50％の休息。20人を超える企業では100％の時間（L.3121-38条）
割増賃金の代わりになされる代償休日	
超過勤務時間の全部または一部につき割増賃金の支払いに代えてなされる休息を定めることができる（L.3121-33条のII）	組合代表委員がいないときには、使用者はCEまたはDPが反対しないことを条件に実施することができる（L.3121-38条）

た超過勤務時間および緊急労務による超過勤務時間は、年間割り当て時間には算入されない。以上の原則はすべて［Ⅰ］公序である。

これに対して、［Ⅱ］協定では、割増賃金の割増率を、10％を最低限として自由に定めることができる。協定がない場合の［Ⅲ］補充規定では、週8時間まで25％、それを超えると50％割増となる。次に、［Ⅱ］協定では上記の年間許容時間の時間数も自由に定めることができるが、［Ⅲ］補充規定ではデクレで定める時間数(年間220時間)とされる。協定ではこの時間を超えて就労させるための条件について定めることができるが、補充規定では、その条件として、許容時間の利用方法およびその超過について、年に1度企業委員会またはそれがないときには従業員代表委員に諮問することが義務づけられる。さらに、協定では、年間許容時間を超えて実施された超過勤務について、代償休日による対価の方式とその取得条件を定めることができる。また、年間許容時間の範囲内での超過勤務の対価として代償休日を付与する場合には、これについても自由にその対価を定めることができる(以上につき［表Ⅰ-2］を参照)。

(3) 労働時間の上限

フランスの労働時間規制には、労働時間の絶対的上限(超えると罰則を科せられる)の定めがある。これには、1日の上限、1週の上限、および週の平均での上限がある。これらに違反すると、罰金刑に処せられる。

1日の上限は、［Ⅰ］公序で10時間と定められているが、この［Ⅰ］では、公序として、労働監督官の許可に基づく例外と、緊急の場合のデクレに定める条件による例外を認める規定ぶりになっている。これを受けて、［Ⅱ］協定では、企業活動の増加または企業組織に関わる理由に基づく12時間を限度とする超過が可能とされる。［Ⅲ］の補充規定は予定されていない。

1週の上限は48時間であり、これには［Ⅰ］の公序の規定のみが定められている。したがって、週48時間の上限は、協約・協定により触れることのできない、文字どおり絶対的な基準である。

12週平均の上限は［Ⅰ］公序では44時間であるが、［Ⅱ］協定では46時間まで可能となる。なお、［Ⅲ］では行政官庁の許可等により46時間まで延長する方法も認められる(以上につき、［表Ⅰ-3］を参照)。

[表 I - 3] 労働時間の上限規制に関する 3 領域

1 日の労働時間の上限

[I] 公序
上限は10時間。ただし、次の条件で超過可能（L.3121-18条）： ・労働監督官の許可（デクレの定める条件で→ D.3121-4条、仕事の増加、季節労働など） ・緊急の場合（デクレの定める条件で→ D.3121-6条、労働監督官への届出など） ・協約による特例（次項目）

[II] 団体交渉（企業または事業場協定、 それがないときには部門協定）	[III] 補充規定
企業活動の増加または企業組織に関わる理由に基づき、1 日につき12時間を限度として超過が可能（L.3121-19条）	なし

週の労働時間の上限（公序のみ）
・上限は48時間（L.3121-20条） ・例外的な場合には、地方労働局長の特例許可に基づき、上限60時間まで延長することが可能

週平均時間の上限

[I] 公序
継続12週を平均して週に44時間（L.3121-22条）

[II] 団体交渉（企業または事業場協定、 それがないときには部門協定）	[III] 補充規定
平均して週46時間を限度に、超過が可能（L.3121-23条）	・デクレで定める条件（CE または DP の意見を聴取し、同意見を地方労働長官へ届出）で、平均して週46時間を限度に超過が可能（L.3121-24条） ・例外的に、行政官庁の許可により、特定の部門、特定の地方、または特定の企業で、一定の期間に46時間の超過が可能（L.3121-25条）

3 休息関係

　フランスでは、休息(repos)というとき、法律上 2 つに分けて定めがなされている。第 1 に、週単位での休息すなわち「週休(repos hebdomadaire)」であり、第 2 に、1 日の休息すなわち「日休(repos journalier)」である。この日休は、終業時刻から翌日の始業時刻までの休息のことを意味し、日本では近年「勤務間インターバル」などと称されている。エル・コームリ法では、休息のうち

44　第Ⅰ章　改革の始まり──2016年エル・コームリ法

[表Ⅰ-4]　1日の休息時間をめぐる3領域

1日の休息時間

[Ⅰ] 公序（L.3131-1条）
最少の休息時間は、継続する11時間。ただし、例外が許可されうる： ・緊急の必要の場合（救助作業、甚大な事故、被害の修繕の必要など。D.3131-1条） ・労働協約・協定、またはその合意がないときには、デクレの定めによる（以下のとおり）

[Ⅱ] 団体交渉（企業または事業場協定、それがないときには部門協定）（L.3131-2条）	[Ⅲ] 補充規定（L.3131-3条）
・デクレで定める条件のもとで、1日の休息時間の最少時間数を抵触しうる（D.3131-4条）： ・サービスの継続の必要、生産活動に性質上必要な保守・監視・宿直の業務など	協定が締結されない場合には、業務量の例外的増加の場合、デクレで定める条件で、許可に基づき最低休息時間を短縮しうる（D.3131-7条）

「週休」については三層構造の対象から除外しており[28]、ここではこの1日の休息についての三層構造を見ておく（[表Ⅰ-4] を参照）。

　[Ⅰ] 公序規範として、1日の最少休息時間（終業時刻から始業時刻までの時間）は、これまでと同様に11時間である。なお、公序のレベルでも、緊急の事態が発生したときには、使用者の責任において、また労働監督官に通知して、例外的な短縮が認められる。

　次に、[Ⅱ] 協約規範では、一定の条件、特に、業務の継続を確保する必要があり、かつそれが集中してなされるのではなく分散された実施期間になされることを条件に、この最少時間を短縮することが認められる（L.3131-2条）。この例外は、従前から認められていたものであるが、それを協約規範として定めることが求められたものである。この特例の場合には、別にデクレで短縮の限度が定められており、休息時間を9時間未満とすることはできない（D.3131-6条）。

　そして、この協約・協定がないときに、[Ⅲ] 補充規定として、デクレの定

---

28)　なぜ「週休」については三層構造の対象としなかったのか、その理由についての明確な説明に接することはなかった。推測するに、週休制は近年の労働問題の重要争点であるところ、2009年改正と2015年改正（いわゆるマクロン法の一部）をみたばかりであり、その中には行政決定や労働協約等による特例方式がすでに多用されているから、改めて「再構築」の必要なしと考えられたのであろうか。

第3節　新たな「建築様式」の実相　45

[表Ⅰ-5]　年休権と期間をめぐる3領域

年休の権利と日数
［Ⅰ］公序
○年休の権利 ・すべての労働者がその権利を有する（L.3141-1条） ・出産または養子休暇からの復帰者は、年休取得可能時期にかかわらず年休取得できる（L.3141-2条） ○年休日数を算定するための基準期間： ・一般の場合：協定または補足規範で定める期間（下記のとおり） ・休暇金庫に加入している労働者：デクレで定める期間（4月1日から3月31日＝R.3141-4条） ○休暇の獲得： ・1カ月またはそれと同等の期間の出勤につき、2.5労働日。年30労働日を限度とする（L.3141-3条 　およびL.3141-4条）。ただし、より長い期間を保障する労働協約、労働契約または慣行があると 　きは、その限りでない（L.3141-9条） ・日数計算の場合の数値の切り上げ原則（L.3141-7条） ・年休の算定の場合に、一定の休暇・休日（出産休暇等）についての出勤扱いの原則（L.3141-5条） ・欠勤は比例原則により年休の日数を減じるが、それ以上に減じられることない旨の原則（L.3141-6 　条） ○養育する子を有する親に対する追加休暇日数（L.3141-8条）（子をもつ21歳未満の者には、子ども 　1名につき2日の追加休暇など）

［Ⅱ］団体交渉（企業または事業場協定、それが ないときには部門協定）（L.3141-10条）	［Ⅲ］補充規定（L.3141-11条）
・年休日数を算定するための基準期間の決定。 ・年齢、在職年数、または障害を理由とする年 　休日数の追加	基準年度はデクレにより定める（6月1日から 始まる年度＝R.3141-4条）

める条件で最少の休息時間の短縮が許可されうる。なお、この場合は労働監督
官の許可が必要であり、短縮された休息については同等の時間の休息が保障さ
れる。

4　休暇関係（年次有給休暇のみ）

　年休については、①その権利（期間）、②その取得可能時期と開始順序、③そ
の分割方式、④年休手当のそれぞれの項目で、三層構造で定めがなされている
から、やや分量が多くなっている。[29]
　年休制度に関しては、［Ⅰ］公序の規定部分が多く、［Ⅱ］や［Ⅲ］の領域の
定めが少ないのが特色である。すなわち、労働時間関係の他の諸制度と比べる
と、年休は国家が規制の多くを独占しようとする強行的性格が強い分野である

46 第Ⅰ章 改革の始まり——2016年エル・コームリ法

[表Ⅰ-6] 年休の取得可能時期と順番をめぐる3領域

年休の取得可能時期と取得順番
［Ⅰ］公序
・条件を満たせば、採用時から休暇取得は可能（L.3141-12条） ・年休の取得可能時期は、労働協約または使用者により決定されるが、いかなる場合も5月1日から10月31日の期間を含んでいなければならない（L.3141-13条） ・同一企業で勤務する配偶者またはPACSのパートナーと、同時期の休暇を取得する権利（L.3141-13条）

［Ⅱ］団体交渉（企業または事業場協定、それがないときには部門協定）（L.3141-15条）	［Ⅲ］補充規定（L.3141-11条）
○次の事項を定めうる ・年休の取得可能時期（5月1日から10月31日の期間を含むこと。上記参照） ・取得可能時期の間の年休開始の順番 ・（使用者が）開始の順番と開始日を変更するために遵守すべき予告期間	○使用者が必要に応じてCE（設置されていないときにはDP）の意見を聴取した後に、次の事項を決める： ・取得可能時期（5月1日から10月31日の期間を含む） ・法律の定めによる基準（家族状況、配偶者の年休日等）を考慮した開始順番 ○使用者は、例外的状況の場合を除き、予定された開始日から1カ月前以後に、開始順番と開始日を変更することはできない

といいうる。

(1) 年休の権利(＝日数)

　まず年休の権利または(その量的表現である)年休日数に関する労働法典の定めでは、休暇権の適用対象の普遍性、基準期間(日本式にいえば年休年度)がありうること、年休日数は1カ月の出勤に対して2.5労働日(年間30労働日)、一定の事由による追加日数等について、すべて［Ⅰ］公序部分に属するものとされている。逆に［Ⅱ］協約領域では、年休年度についての独自の定めと追加日数の定めが許容されるにすぎず、［Ⅲ］補充規定の領域では、年休年度は6月1日から始まる1年であることを定めるにすぎない([表Ⅰ-5] 参照)。

---

29)　以下の年休ルールは要点だけを説明するものである。これについて、詳しくは、野田進『「休暇」労働法の研究』（日本評論社、1999年）190〜216頁を参照されたい。約20年前の研究であるが、この国の労働法制にしてはめずらしく、年休の制度についてはほとんど変更が加えられていないのである。

（2） 年休の取得可能時期と順番

　年休の取得可能時期（période de prise）というのは、日本にはない発想であるが、年休を取得することのできる時期の範囲である。これを、［Ⅰ］公序として設定しておこうとするのは、年休の取得において、必ず５月１日から10月30日までの時期（ほぼ夏季）に取得できる可能性を労働者に保障する趣旨からである。つまり、使用者が冬場の閑散期ばかりに年休を取得させることを禁止する考えであろう。もちろん、この時期を含んでさえいればよいのであるから、［Ⅱ］協約では、例えば取得可能期間を１年全部とすることも可能であり、そうした企業は多いといわれる（ウィンタースポーツ中心のバカンスもありうる）。

　年休開始の「順番（ordre）」とは、各労働者の長期休暇の開始の日程表を作成することを意味し、これについては、全面的に［Ⅱ］労働協約（特に企業交渉）に委ねられている。ここでは、企業内の組合代表委員が関与して取得順番を決め、団体交渉の上で企業協定により設定することになる。また、使用者が年休取得の順番や日程を変更する場合の、予告期間などの手続も企業協定で定めるものとされている。

　そして、企業協定が締結されないときには、「Ⅲ」補充規定で、企業委員会などに意見を求めた上で、使用者がこれらについて決定することになる（［表Ⅰ－６］参照）。

（3） 年休の分割に関する原則

　年休は、連続して取得することが国際基準であり、フランスも同様である。そこで、年間30労働日（５週間）という休暇期間を、どのように分割して連続取得するかの基準が必要となる。［Ⅰ］公序の基準では、労働者は少なくとも２週間の連続取得が保障され、合意の上取得できる上限は連続４週間であること等が定められる。

　［Ⅱ］協約領域では、２週間以上の連続休暇（メインのバカンス休暇）を取得することのできる時期を決定するものとされ、その協定が締結されないときには、［Ⅲ］補充規定で定められ、同期間は夏季期間である５月１日から10月31日とされる。

　こうして、労働者は、新緑の５月から木々の色づく10月までの期間に、２週

48　第Ⅰ章　改革の始まり──2016年エル・コームリ法

[表Ⅰ-7] 年休の分割に関する3領域

年休の分割方式
[Ⅰ] 公序
○一度に取得できる年休の最大日数：24労働日（世帯構成や特別の地理的条件による例外を除き）（L.3141-17条） ○年休が12労働日以下の場合は、すべて連続付与（L.3141-18条） ○年休が12労働日を上回る場合（L.3141-19条）： ・労働者の同意による分割（一斉休暇による休業の場合は同意不要） ・分割する場合には、少なくとも一つの分割部分は、2日の週休日を挟んだ連続する12労働日でなければならない ○分割原則については、協約または補足規範で抵触をしうる

[Ⅱ] 団体交渉（企業または事業場協定、それがないときには部門協定）（L.3141-21条・22条）	[Ⅲ] 補充規定（L.3141-23条）
○分割の方式： ・継続する12労働日以上の分割部分が取得される時期の決定 ・分割部分の一つは12労働日以上であることの確認（この日数は分割不可） ○繰越：労働時間が年単位で算定される労働者の場合の、翌年度への休暇繰越の可能性	○分割の方式： ・連続12労働日以上の休暇は、5月1日から10月31日までの間に取得する ・残余日数は11月1日〜4月30日までに1または数回で取得する ・この日数が6日以上である労働者には2日、3〜5日である労働者には1日の追加休暇が与えられる

[表Ⅰ-8] 年休手当をめぐる3領域

年休手当
[Ⅰ] 公序
休暇手当の算定と支払い方法は公序に属する： 「10分の1方式」（年休年度の賃金の10分の1の金額）と「賃金維持方式」（休暇中に労働していたならば支払われていたであろう金額）がある（L.3141-24条〜L.3141-31条）

[Ⅱ] 団体交渉（企業または事業場協定、それがないときには部門協定）（L.3141-15条）	[Ⅲ] 補充規定（L.3141-11条）
定めなし（すべて公序規範）	定めなし（すべて公序規範）

間から4週間の連続休暇を取得することになり、企業協定で（それが締結されないときには使用者が）、各人の取得日程表を定めることになる。これを定めるときには、労働者の家族状況や、年齢・障害などの個人事情を考慮しなければならない（[表Ⅰ-7] 参照）。

第3節　新たな「建築様式」の実相　49

（4）　年休手当に関する原則

　年休手当は、すべて［Ⅰ］公序として決定される。その算定方法は、30労働日の報酬であることを前提に、おおまかに前年休年度の報酬の10分の1を基準に割り出す「10分の1方式」（30労働日を増減したときには手当総額も比例的に増減）、および休暇中に労働していたならば支払われていたであろう金額を算定する「賃金維持方式」がある。労働者は、これらのうち有利なものを選択することができる。

　この分野では、［Ⅱ］協約・協定の関与は予定されておらず、労働組合の関与する余地はない。したがってまた、［Ⅲ］補充規定の定めもない（[表Ⅰ-8]参照）。

5　小括

　以上の通り、2016年エル・コームリ法が行った、「労働時間、休息、休暇」の規範構造の改革のうち、一部を駆け足で概観した。本書は、労働時間等の法制そのものを研究目的とするものではない。したがって、日本の問題とも関連する、超過勤務を含む労働時間に対する賃金の総額制(forfait)の仕組みや、深夜業についての三層構造による規制についてもここで検討したいところであるが、大がかりになりそうなので別の機会に試みることとし、例証はここらで収束させたい。本章で示した一部の構造だけでも、エル・コームリ法のいう「三層構造」という新たな「建築様式」の具体的意味は伝えられたのではないだろうか。

　これらを総括として、次の点を指摘しておこう。

　第1にいえることは、2016年エル・コームリ法は、労働時間、休息、休暇に関する労働法典の規制の水準を引き下げることを意図するものではない点である。エル・コームリ法は、これまで労働法典に定められていた各規制について、その水準を足し引きすることなく、しかし三層に振り分けることを意図した改革である。このために、これまでの規定方法が残存している部分も見られ、「公序」の規範でありながら、抵触の内容を「協定・協約」に委ねるような規定が残されている（1日の労働時間の上限など）。

　第2に、三層構造により、労働時間等の規制における、［Ⅱ］「団体交渉（企

業または事業場協定、それがないときには部門協定)」の役割が、明示されたといいうる。しかしながら、この［Ⅱ］についても、少なくとも労働時間等の分野では、これまでも団体交渉に規制が委ねられることが多かったから、［Ⅱ］の階層の重視それ自体はさほどの変革というわけでもない。三層構造は、労働時間関係の分野では、これまで認められてきた団体交渉の役割を、目に見える形で際立たせたことに意味があるといえよう。

　第3に、むしろ、［Ⅱ］の内部において、協約規範内部における企業協定の優先原則は、これまでにない「コペルニクス的」大変革であり、その意味は実に大きい。しかし、これについては、次に見る本章第4節の改革と、マクロン・オルドナンスによる更なる改革により、さらに大きく進化する。これについては、第Ⅲ章で説明することにしよう。

　第4に、［Ⅲ］の補充規定が、［Ⅰ］の公序からこぼれ落ちて、［Ⅱ］の後塵を拝する補充的位置に置かれたのも、大きな変革である。これにより、労働法典の規範は、公序または強行法規ばかりでなく、協約当事者が排除しうるものを含むようになった。言い換えると、この労働法改革により、フランスの労働立法は、国家規範からの抵触(dérogation)という段階から、国家規範の補充性(supplétivité)の段階に移行した。このことのもつ意味について、さらに第Ⅱ章で考えよう。

　いずれにしても、エル・コームリ法が定めたのは、「労働時間、休息、休暇」の領域にすぎない。それ以外の労働条件の領域、例えば、賃金、諸手当、労働者の職務分類、平等原則の実現方法…等々の労働条件については、「建築様式」はどのように改められたであろうか。これについての、マクロン・オルドナンスの取り組みは、第Ⅲ章以下で検討することになる。

第4節　企業協定の優先適用の方策

1　はじめに

　2016年エル・コームリ法は、第2節・第3節で示したように、労働法の規範を「三層構造」に作り直すという構想のもとで、労働法典の一部の改正に着手しそれを実現した。さらに、この改革はその一環として、団体交渉(労働協約)

のうち企業交渉（企業協定）を部門交渉（部門協約）よりも優先適用するという仕組みを作り出し、現に「労働時間、休息、休暇」についてそれを実現した。

　しかし、これを可能にするためには、企業交渉を円滑に実施するための様々な方策が必要である。特に、企業内に組合支部が設置されず、組合代表委員も指名されていない中小零細企業などで、どのような形で団体交渉を実施し、そこで得られた合意の効力を承認するかといった課題が生じる。2016年エル・コームリ法は、これについて、従来の方式を刷新する仕組みを作り出しており、以下の2では、これについてごく簡略に説明しておく。というのも、このエル・コームリ法の方式は、2017年のマクロン・オルドナンスによって、ほぼ全面的に組み替えられることになるからである。

　一方で、企業協定の優先的効力は、それが適用される労働者の労働契約にも効果をもたらす。3で説明する「雇用保持発展協定」という方式がそれであり、この企業協定が適法に締結されると、その協定に反する労働契約の効力が失われる。この「雇用保持発展協定」の仕組みは、その意味で労働協約と労働契約の関係を造り替える重要な仕組みであるが、これもマクロン・オルドナンスによってほぼ全面的に刷新され、より幅広く強大な効力をもつ「集団的成果協定」の仕組みに代わることになる。

　このように、以下の2および3は、エル・コームリ法で作り出されたが、いずれも1年余の期間で葬り去られることになる制度である。しかし、マクロン・オルドナンスに引き継がれる「橋渡し」として、歴史的な意味はきわめて大きい。

2　エル・コームリ法による企業交渉の重点

(1)　企業協定の正統性

　上記のように、フランスでは、使用者が企業協定を締結すると、その協定は使用者が締結したすべての労働契約に適用される（普遍適用の原則）。こうした仕組みは、企業協定が、賃金の引上げなど、労働者に有利な労働条件を保障す

---

30)　詳しくは、野田進・渋田美羽・阿部理香「フランス『労働改革法』の成立──労働法の『再構築』始まる」季刊労働法256号（2017年）126頁のうちⅢ（渋田執筆部分）を参照。

るものであるならば、特段の問題も起こさなかった。ところが、企業協定が、例えば雇用を守るために労働条件を引き下げる等の、ギブ・アンド・テイクの要素を含む場合には問題をはらむ。その協定を別組合員や非組合員に「普遍適用」させるには、労働条件の引き下げを納得させるだけの規範の「正統性（légitimité）」を備える仕組みが必要となる。

　これについて、フランスの立法者は、2004年の法律以来、多数決原理を部分的に導入するなどして、制度を改革してきた（詳しくは、第Ⅲ章第1節）。そして、2016年エル・コームリ法では、企業協定にこれまでにない優先的な役回りを付与するために、その正統性をさらに補強する必要が生じた。

　エル・コームリ法が企業交渉を促進するために作り出した仕組みは、企業内に労働組合の指名した組合代表委員が存在しているか否かで大きく異なる。

(2)　組合代表委員が指名されている企業

　企業内の労働者の中に、労働組合から組合代表委員として指名された者がいれば、制度はさほど困難ではない。各組合の組合代表委員が団体交渉のテーブルに着くと[31]、使用者としてはこれらの委員と話し合い、1または複数の労働組合との間で企業協定を締結する。

　問題は、その組合が少数の労働者しか代表していない場合であり、これを「普遍適用」するとその正統性に問題が生じる。そこで、エル・コームリ法は、それまでのルールを改正して次の仕組みを作り上げた。

　第1に、企業協定に署名した1または複数の組合が、直近の企業委員会の委員等の職場選挙で、「有効投票の50％以上」の票を得ていれば、企業協定は問題なく成立する。第2に、職場選挙での得票が「30％以上50％未満」であれば、改めて2カ月以内に労働者全体の意向確認投票（レフェランダム[32]）を行い、過半

---

31)　ちなみに、複数組合原則のフランスでは、団体交渉では使用者は複数組合の代表と同一テーブルで話し合うのが通常の形態である。そのうちの一つの組合代表とでも合意すると、企業協定が成立する。

32)　「レフェランダム」とは、もちろんフランス憲法（第5共和国憲法）11条に定めるレフェランダム（国民投票）とは全く別のものである。この用語は、学説等で比喩的に（しかし一般的に）採用されているものであり、法文上は、「諮問（consultation）」や「承認（approbation）」などと規定されている。詳しくは、第Ⅲ章第3節1 (1)。

数の賛成があれば企業協定は成立する。第3に、職場選挙での得票が「30％」未満であれば、企業協定は不成立となる。

(3) 組合代表委員が指名されていない企業

　一方、企業の労働者の中に、労働組合から組合代表委員として指名された者がいない場合は、使用者は団体交渉の相手方がいないことになり、そもそも交渉さえできないかに見える。しかし、エル・コームリ法は、それまでの判例や立法で実施されてきた「非典型」の協定方式を、次のように整理した。

　第1に、組合代表委員はいないものの、企業委員会の労働者側委員など職場選挙で選ばれた代表労働者が存在している場合で、同人が労働組合から特定の交渉事項についてアドホックに「交渉の委任」を受けているときには、使用者はこれらの者と交渉をすることができ、合意した協定案について、上述の意向確認投票を行い、過半数の賛成を得れば企業協定は成立する。第2に、企業委員会の代表労働者がそのようなアドホックな委任を受けていない場合でも、職場選挙で「有効投票の50％以上」の票を得た代表労働者であれば自分の判断で使用者と交渉することができる（ただし、交渉事項に制限がある）。第3に、そのような代表委員による交渉がなされない場合にも、一般労働者が労働組合から特定の企業協定について「アドホックな交渉委任」を受けたときには、使用者はこの者と交渉して合意を得ることができ、これについて、やはり企業の労働者全体の意向投票を行い、過半数の賛成があれば企業協定は成立する。

　以上のように、この方式は、協定締結者が労働者の多数を代表しているという多数原理と、それが不十分なときに実施する労働者全体の意向確認投票（レフェランダム）との、いわば代表民主主義と直接民主主義とを組み合わせた独特のシステムといえたであろう。

　しかしながら、以上の方式は、上述のように1年余で使命を終える。そして、2017年のマクロン・オルドナンスでは、その原理を残しながらも、さらに急進的なシステムに取って代わられることになる。その本格的な検討は、第Ⅲ章第3節で行う。

3 雇用保持発展協定の「実験」

(1) はじめに

エル・コームリ法は、第2節で詳しく見たように、企業協定の産別協約に対する優先適用という原則を定め、さしあたり労働時間、休息および休暇制度について、この原則を適用した。しかし、同法の定める企業協定の優先原理には、もう一つの側面がある。それは、個別労働契約との関係での優先性である。

すなわち、労働契約は、上述のように（本章第2節1(2)）、社会的公序の序列の末端に位置しており、企業協定との関係では有利原則により守られている。したがって、労働契約は当該企業に適用される労働協約の拘束を受けるものの（普遍適用）、その反面で、労働契約の方が労働者にとって有利な条項であるときには労働協約は適用されない（有利原則。L.2254-1条）。企業協定が締結されても、すでに成立している労働契約に対しては、より低い水準を定める企業協定の拘束は及ばない（いわゆる「引き下げ効」はない）ことになる。ところが、このように確立していた原則を打ち破ったのが、「雇用保持発展協定(accord de la préservation ou du développement de l'emploi)」という、新しいタイプの企業協定およびその付属制度であった（旧 L.2254-2条）。それは、マクロン・オルドナンスにより1年余で使命を終えたが、同オルドナンスの前触れとしての歴史的意味は大きい。

(2) 交渉の発意者と目的

雇用保持発展協定の締結のための企業交渉では、そのイニシアティブは使用者に帰する。使用者は、「雇用の保持または発展を目的にした」企業協定の締結を労働組合に提案し、さらに必要なあらゆる情報を提供して、その「診断結果を共有する」。もっとも、使用者はその目的として雇用の保持・発展を表明すれば足り、景気の悪化その他による経営上の理由が客観的に存在する必要はない。つまり、この協定は企業経営の危機からの回避という「危機の合意(accords de crise)」ではなく、「雇用を保持または発展できるようにしつつ、企業のダイナミクスを有利にするための好機を引き出すことにある[33]」。そして、

---

33) Antoine MAZEAUD, *Droit du Travail*, 10ᵉ éd. 2016, p.248.

そのような目的について労働組合に情報提供して、協力して検討する手続の実施が課されるにすぎない。

また、雇用保持発展協定の目的として、雇用の「発展」が加えられたことの意義は大きい[34]。企業が経済的困難に至らなくても実施できる、いわゆる先取り交渉(négociation d'anticipation)を包括的に承認したことになるからである[35]。

(3) 交渉当事者・交渉事項

雇用保持発展協定の交渉・締結は企業だけでなく企業グループでもなしえ、また企業際協定(accords interentreprises)でも可能である。

企業交渉の方式は、本節 **2** で概観した、2016年エル・コームリ法の仕組みによる。

雇用保持発展協定には、義務的な交渉・合意条項が定められている(旧 L.2254-2条第Ⅲ第 1 項)。一例として、「個人生活または家庭生活に対する不均衡な侵害を被ることを主張する労働者の地位を考慮して、とられるべき措置」の定めがある。他方、肝心な雇用の「保持または発展」に関する協定事項については法律には定めがなく、無限定である。同協定には、この点で不明確さが残っていた。

雇用保持発展協定は、有効期間を定めて締結するものとされ、有効期間の定めがないときには、その期間は 5 年とされる。5 年を超える有効期間を定める可能性が認められている点で、一般的な有効期間の定め[36]と異なる。

(4) 協定締結の帰結

雇用保持発展協定が有効に成立したとき、「その約定は、法律上当然に、それに違反しまたは両立しない、報酬および労働時間に関するものを含む、労働

---

34) 本協定の前身といいうるものに、2013年の「雇用確実化法(loi nº 2013-504 du 14 juin 2013 relative à la sécurisation de l'emploi.)」に基づく「雇用維持協定(accords maintien de l'emploi)」がある。しかし、この協定は「企業における景気悪化による重大な経済的困難の状況が生じた場合」に締結しうるものであった(旧 L.5125-1条)。第Ⅳ章第 2 節 1 (2)を参照。

35) Michèle BONNECHÈRE, *L'articulation des norms*, Droit Ouvrier, nº 823 (février 2017), p.66.

36) 労働協約の一般規定では、協約は有効期間を定め、または定めることなく締結することができ、有効期間の定めがあるときには、5 年を超えることができない(L.2222-4条 1 項・3 項)。

契約の約定に、成り変わる(se substituent)。」(旧 L.2254-2条パラグラフ I 第 1 項)。言い換えると、協定の条項は、その適用が及ぶ労働契約がそれに違反しているときには、労働者の意思のいかんにかかわらず、労働契約の規定に代わってその内容として入り込むことになる。労働契約の側からいうと、労働契約は自動的に変更を被り、しかも終局的に(すなわち企業協定の存続期間だけでなく)変更されることになる。

　雇用保持発展協定のこのような法的効果は、この国で発展してきた労働協約の法理に反するものであった。「そもそも、フランス労働法においては、団体協定は、立法者がその規範的および強行的効力を規定しているとしても、労働契約には編入されない(ne s'incorporer pas)という立場である[37]。」すなわち、労働協約と労働契約との関係において、フランスの法理は、協約の規定が労働契約に内容化体することを否定するのが伝統的な立場である。そこには、労働契約における当事者の意思自治への高い尊重の理念があり、当事者意思が協約の拘束力により奪われることはないという考え方があった。また、この両者を調和的に維持するために、「有利原則」、すなわち労働協約の提供する労働条件の基準の方が、個別労働契約の規定よりも有利な場合に限り、労働協約が優先適用されるという大原則があった。労働協約の規範的効力は、ほんらい個別労働契約における意思自治や契約の強制力への侵害を意味するが、その侵害が許容されるのは、それが労働者にとってより有利なものであるからであるという説明がなされていた。

　ところが、雇用保持発展協定は、不利な労働条件を含むものであっても、労働契約に「成り代わる」、すなわち内容となるものとされる。これが、上記の有利原則と矛盾しないためには、同協定の提供する基準が労働契約の水準よりも「有利」であるという説明がなされなければならない。その有利性とは、まさしく「雇用の保持または発展」を約束することであり、それが労働者にとって有利であることが、雇用保持発展協定の労働契約に対する優位性を許容する。つまり、労働契約の内容である労働条件の個別的な有利・不利は劣後に退き、雇用の保持・発展という一般利益(intérêt général)を備えていることが、有利原

---

37)　M. BONNECHÈRE, op. cit., p.71. 以下本項目では同論文の説明に依拠している。

則から逸脱しないことを説明する。

　しかし、こうした説明は、この協定の効力について有利原則の支配との理論的な整合性を守るための、きわどい説明であったかもしれない。そして、マクロン・オルドナンスによる後述の「集団的成果協定」(第Ⅳ章)の大胆さは、有利原則そのものを打ち破り、こうした苦しい説明さえも無用化してしまうのである。

(5)　労働者の同意拒否と解雇

　労働者は、雇用保持発展協定の適用の結果として生じる労働契約の変更を、書面にて拒否することができる(旧L.2254-2条Ⅱ第1項)。フランスの法理では、一般に労働契約の変更を労働者が拒否することは、解雇を意味する[38]。そして、この場合の解雇は、「特有の事由(un motif spécifique)」に基づくものとされ、それは「真実かつ重大な理由を構成する」(旧L.2254-2条Ⅱ第2項)。また、解雇手続については、「経済的事由による個別解雇」の手続を遵守すべきこととされ、経済的事由による集団的解雇に課される手続が省略される。

　この解雇の「特有の事由」とは何か。解雇理由は、労働法典では、「人的事由」と「経済的事由」とに大別されて、それぞれの要件が詳細に定められている。ここで「特有の事由」とは、それらのいずれでもない特有の解雇理由と位置づけられ、それ自体で「真実かつ重大な理由を構成する」と定められている。

(6)　評価

　筆者は2017年9月11日から12日にかけて、パリ第1大学名誉教授のG. Couturier教授およびパリ・ウエスト・ナンテール・ラ・デフェンス大学教授のA.Lyon-Caen教授に、労働法改革に関するインタビューを行う機会を得た。「雇用保持発展協定」の制度に対する両教授の評価は対照的であり、印象に残った。要約すると、次のとおりである。

　まず、Couturier教授によれば、同協定は、2013年の雇用維持協定(本章注34

---

38)　この法理についての総合的研究として、野田進『労働契約の変更と解雇——フランスと日本』(信山社、1997年)。

を参照)の拡大版であって、締結理由に「雇用の発展」を加えたものである。また拒否した場合の解雇はこれまでの解雇法制と理論的な連続性がなく、説明がつかない。

しかし、この方式は成功しないだろうということは確実である。変更を拒否すれば解雇になるという点は、労働契約の変更の一般法理でありすべての契約について同じである。そして、労働者の拒否は、通常の変更法理のレベルでも、正当な解雇と判断されうるから独自性は乏しい。他方で、使用者は、解雇にしなくても、約定解約(第Ⅵ章第4節3(1)を参照)を利用して、容易に企業から排除することができる。したがって、この協定を利用しなくても、目的を達成できるからである。

一方、Lyon-Caen教授によれば、この制度は、新しい労働法制の実験場である。それは、労働法における、集団と個人の関係を再定義するという意義を有している。すなわち、個人的な権利が、団体的な利益の前に後退することを意味している。

この協定は、「雇用の保持または発展」という目的が抽象的・一般的であり、企業が何であれ労働条件(特に、労働時間、勤務場所)の変更をフレキシブルにすることを労働者に受け入れさせることを意味する。これを拒否したときの効果(＝特有の事由による解雇)も、確実に定められている。その歯止めとなるのは、上記(3)で示した「私生活と職業生活の調和」という要件だけであろう。

5年もすれば、この協定方式が、すべての領域に広がるかもしれない。もっとも、広がるとしても、限定的な分野にとどまるかもしれない。しかし、この協定方式がむしろ「一般法」になるかもしれない。

こうして学界を代表する両教授による評価は分かれた。果たして、この協定は、約1年後のマクロン・オルドナンスにおいてどのように進展するか。すべては本書の第Ⅳ章に続く。

第 II 章

公序の失墜

——デロゲーションから補充性原理へ

第1節　公序規範の失墜

1　［I　公序］への注目

　フランスの労働法規範において、「公の秩序(l'ordre public)」(公序と略称する)または強行法規(loi impérative)の規範の領域が、収縮し、浸食され、失墜している。労働法規範の秩序におけるこうした公序規範の切り崩しは、ひとつの不可逆的な法現象として広がりを見せているように見える。そして、これを急加速させたのが、フランスの労働法改革、すなわち2016年8月のエル・コームリ法、および2017年9月のマクロン・オルドナンスによる労働法改革であり、それは労働法規範の序列に、「コペルニクス的革命」をもたらしたのである。

　本書の第I章では、これらの一連の改革について、まずは2016年エル・コームリ法のもたらした制度改革の全体像(新しい建築様式)を説明するとともに、同法が成し遂げた改革の一部を紹介した。そこには、二重の意味の規範の逆転の仕組みがあることを説明した。2頁の［図］(第I章の［図I-3］参照)を、もう一度ご覧いただきたい。

　本章では、この図のうち、［I　公序］のゾーンを中心に、これと［II　協約］規範および［III　補充規定］、ひいては労働契約との関係性について説明し、公序規範の領域の収縮ないし浸食を例証することになる。ここでは、強行

60 第Ⅱ章　公序の失墜──デロゲーションから補充性原理へ

法規に対する抵触（デロゲーション）としての説明は過去のものとなり、法律は主客顚倒して補充規定に「失墜」したことを説明する。そして、同じ状況は、日本でも窺われるのではないのか。

2　公序規範の「逆転」

　労働法を構成する規範において、公序は本来、その効力において規範の頂点に位置して、他のいかなる規範もこれに反することができない。一方、その内容においては規範の台座に位置して、いかなる規範もそれを下回ることができない。このことは、旧来のフランス法においても、日本法においても同様である。第Ⅰ章の［図Ⅰ-1］および「図Ⅰ-2」を参照されたい。

　ところが、エル・コームリ法は、公序または強行規範と他の下位規範（労働協約・団体協定、労働契約）との関係における規範序列に対して、部分的に「規範の逆転」をもたらす定めを設けたのである。

　こうした逆転現象は、唐突に起こったわけではない。公序規範を体現した強行法規に対して、集団的または個別的な合意規範がこれを逸脱・違背することを認める法制は、すでに前世紀の末ごろからヨーロッパ諸国の法制で生じていた。われわれ日本の労働法研究者は、それを「労働法における規制緩和と弾力化」の現象として注目してきた。その後の展開として、国家的立法の規制水準を私的規範（協定、契約）で引き下げうるとする仕組みを、上位規範への「抵触（デロゲーション、dérogation）」や弾力化（柔軟化）の問題として理解し、欧米諸国における情報を伝えてきた。ところが、こうした規制緩和の進行が一定の段階を過ぎると、公序や強行法規が抵触されるというよりは、それらの規範の権威（優先性）が始めから奪われて、規範秩序の下位に失墜してしまい、補充的な機能を果たすにとどまるという段階に至る。労働法の法規範にこうした事態が生

---

1)　先駆的な共同研究として、西谷敏ほか「労働法における規制緩和と弾力化」日本労働法学会誌93号（1999年）の各論考を参照。

2)　最近の例を挙げると、桑村裕美子『労働者保護法の基礎と構造──法規制の柔軟化を契機とした日独仏比較法研究』（有斐閣、2017年）、矢野昌浩「ヨーロッパにおける労働法改革論の現段階とその射程──移行労働市場論とフレキシキュリティ概念を中心に」龍谷法学49巻2号（2016年）623頁、荒木尚志「労働法の実効性と紛争解決システムの機能──集団的合意による法定基準の柔軟化とアメリカにおける雇用仲裁の機能の比較法的研究」金融研究2017年7月号111頁。

じたことを、フランスにおいて我々は見るようになる。

さらに問えば、次の課題も重要である。公序規範が浸食され、失墜していると言うとき、それがいかなる私的規範によって侵奪されているかという点である。この問題は、各国の法状況によって異なるが、分析のためには一定の整理をしておく必要がある。それは一つには、労働協約あるいは従業員代表等の労使協定など、何らかの意味で集団的意思の反映された合意であるかもしれない。しかし、一国の労働法の状況やその解釈状況によっては、むしろ労使間の個別の労働契約が公序を侵奪すると見るべき場合もあるかもしれない。この両方の視点が必要と思われる。

一方、本書はフランス法における労働法改革の考察を主たる対象としているが、公序や強行法規の規範の後退という点では、実は日本労働法でも軌を一にしていると見る必要がある。わが国での近年の立法動向や最高裁を中心とする判例動向は、労働法における公序の価値低下をもたらし、労使間合意が公序の内容を収縮、低下させようとしているのではないか。日本においても、労働法規範の多くは公序を基盤に成立する、という私たちの「常識」が、いま疑われている。

そこで本章では、フランスにおける公序の失墜という問題を浮き彫りにするための予備的考察として、最初に、日本労働法における公序規範の失墜ないし浸食の問題を取り上げよう思う（第2節）。次いで、本論として、フランスで徐々に進行し、エル・コームリ法およびマクロン・オルドナンスにおいて鮮明に打ち出された、労働法における公序規範の縮小と地位低下（補充規定であることの標準化）の問題とそれについての議論を検討する（第3節）。そして、これらを通じて、労働法における国家法と私的規範との役割分担のあり方における位相の変化を考えよう（第4節）。

第2節　予備的考察：日本労働法における公序の失墜

1　日本労働法における公序

(1)　前提の確認――民法理論

日本の労働法の理論では、公序規範に関する研究が乏しい[3]。この点は、後に

見るフランス労働法の議論状況と対極的である。労働法における公序は、日本では、水や空気のように「あって当たり前」の存在として受け取られているのかもしれない。したがって、本節で述べる日本の状況は、学説や判例上の論争を記録するものではなく、判例や立法動向の確認でしかない。

まず公序論一般を民法の法理から確認すると、民法90条（2020年4月改正施行）によれば、「公の秩序……に反する法律行為は、無効」とされる[4]。また、法令のうち「公の秩序に関する規定」は強行法規として、その「規定と異なる意思表示」は無効となる（民法91条の反対解釈による）[5]。

このように、公序に属する規範のうち、法令化されているものは、強行法規としてその違反は無効とされ、各規定の予定する法的効果が生じる。また、公の秩序に属する規範のうち、法令化されていない事項については、それぞれの問題となるケースで公序違反であることの確認の上で、法律行為の無効という判断が下されることになる。この場合に、公序違反にあたる行為の態様は類型化されており、一般的には、①人倫に反する行為、②経済・取引秩序に関する行為（経済的公序）、③憲法的価値・公法的政策に反する行為に大別されている。

このうち、労働法に関連の深いのが②であり、学説では、②のうちの、「活動の自由の制限」にあたるものとして、競業避止義務を課す契約の例が挙げられ、その他に、いわゆる「暴利行為」や「著しく不公正な取引方法」によるとの理論から公序違反とされる契約の例がある。また、③の類型のうちでは、就業規則による男女差別定年制の例などが挙げられている[6]。

---

3) 例えば近年、わが国では労働法の浩瀚な体系書が多く発刊されているが、そのうち、労働法の解釈原理としての公序論について取り上げて、頁を割いて論じているのは、川口美貴『労働法〔第3版〕』（信山社、2019年）130頁以下だけである。

4) なお、同条は改正法施行までの規定では、「公の秩序……に反する事項を目的とする法律行為は、無効」との定めであるが、この規定だと法律行為の内容が公序に反する場合だけを問題にしているように読め、法律行為が行われた過程その他の事情も考慮すべきであることから、その趣旨を反映させたといわれる。四宮和夫＝能見善久『民法総則〔第9版〕』（弘文堂、2018年）306頁。

5) ただし、民法91条についてこのように反対解釈を許すべきかについては、学説上必ずしも一致しているわけではないようである。この点につき、滝沢昌彦「公序と強行法規」椿寿夫・伊藤進編『公序良俗違反の研究──民法における総合的検討』（日本評論社、1995年）253頁を参照。

6) 四宮＝能見・前掲注4）書312頁。

第2節　予備的考察：日本労働法における公序の失墜　63

(2)　労働法における公序の援用

以上を前提に、労働判例における公序の援用の状況を確認しよう[7]。わが国判例は、これまで多彩な場面で積極的に公序を援用して問題の解決を図っており、これを紛争局面により分類を試みてみよう(もっとも、以下の裁判例は、体系的に網羅するものではなく、整理に必要な限りでの選定にすぎない)。

(a)　差別禁止規範としての公序

公序を援用する裁判例が最も目立つのは、平等原則に関する分野においてであろう。

この分野の初期判例として、三菱樹脂事件(最大判昭和48・12・12民集27巻11号1536頁)は、「企業者が特定の思想、信条を有する者をそのゆえをもつて雇い入れることを拒んでも……これを公序良俗違反と解すべき根拠も見出すことはできない」と断じて、労働者の採用の局面では使用者の経済活動の自由を支持し、公序違反を否定した。

しかし、労働者の採用以外の場面では、それ以後には国籍差別(労基法3条、日立製作所事件・横浜地判昭和49・6・19判時744号29頁)または女性に対する賃金差別(同法4条、岩手銀行事件・仙台高判平成4・1・10労民集43巻1号1頁)にあたると判断される事例において、これら強行規定に違反するとともに民法90条により無効とする裁判例が見られた。これらは、労基法3条および4条違反により、強行法規違反として直ちに無効と判断することができたのであるが(労基法13条参照)、なお補強的に公序が援用されたものである。

女性に対する賃金以外の労働条件差別については、男女雇用機会均等法の成立以前には、それに対する解決規範がなかったことから、やはり公序の援用による解決が試みられた。最高裁では、男女間の差別定年制に関する日産自動車事件(最3小判昭和56・3・24民集35巻2号300頁)がリーディングケースであり、差別定年を定める就業規則の規定を、「性別のみによる不合理な差別を定めたものとして民法90条の規定により無効」と判断した。

一方、判例は平等原則に関する公序違反の援用範囲を拡張するようになり、

---

7)　日本の労働法令は、フランス法と異なり、何が公序であるかを示すことはないから、すべて判例を通じてこれを確認するしかない。

いわゆる非正規格差のように、これを禁止する明文の規定が存在しないとき（労契法20条が定められた2012年以前）に、賃金格差を公序違反とする法理を生み出した。すなわち、丸子警報器事件（長野地上田支判平成8・3・15労判690号32頁）は、有期雇用労働者の「同一（価値）労働同一賃金の原則の基礎にある均等待遇の理念……に反する賃金格差は、使用者に許された裁量の範囲を逸脱したものとして、公序良俗違反の違法を招来する」との法理を定立し、京都市女性協会事件（大阪高判平成21・7・16労判1001号77頁）もこれを踏襲した。男女別コース制についても、均等法の1997年改正後も同法6条が強行規定であるとの解釈が確立していない段階で、「同法6条に違反するとともに、不合理な差別として公序に反する」との判断がなされた（野村證券事件・東京地判平成14・2・20労判822号13頁）。この種の公序の援用事例は他にも多数見られる。

(b) 労働基本権分野での公序

公序原則は、労働基本権または不当労働行為の分野でもしばしば援用される。

まず、労組法7条1号に反する解雇その他の不利益取扱いについて、古い最高裁判決は同条を強行法規と解する解釈を示したが（同条に「違反する法律行為は……当然に無効と解すべきで」ある。医療法人新光会事件・最3小判昭43・4・9民集22巻4号845頁）、その後の裁判例では同条違反の解雇等の不利益取扱いについて、強行法規違反ではなく公序に反して無効と判断する裁判例が多い[8]。

団交権については、「使用者に対する関係においても尊重されるべきことが労使間の公の秩序であるとしてこれを保障した」と判断する新聞之新聞社事件（東京高決昭和50・9・25労民集26巻5号723頁）の判示は、その後も支持されているといえよう。不当労働行為のうち支配介入についても同様であり、東春運輸事件（名古屋地判平成6・2・25労判659号68頁）は、「不当労働行為が労働組合法上許されないものであるということは、特段の事由のない限り、我が国の私法秩序において公序をなしている」との判断から、不法行為が成立しうることを認めている。

---

8) 詳しくは、野田進「不利益取扱いとしての解雇」外尾健一編『不当労働行為の法理』119頁（有斐閣、1985年）所収、同「不利益取扱いの禁止——行政救済固有の解決法理のあり方」日本労働法学会編『講座労働法の再生 第5巻 労働関係法の理論課題』（日本評論社、2017年）237頁所収を参照。

(c)　労働契約・労働条件に関する解釈規範としての公序

　労基法や労契法の各規定は一般に強行法規と解されるから、各条項に違反する場合に、公序が援用されることは少ない。しかし、それらの法律に定めのない分野については、公序違反の規制法理が役割を果たすことになる。

　その代表的分野が競業避止義務の範囲の制限であり、フォセコ・ジャパン・リミテッド事件（奈良地判昭和45・10・23判時624号78頁）は、「競業の制限が合理的範囲を超え、債務者らの職業選択の自由等を不当に拘束し、同人の生存を脅かす場合には、その制限は公序良俗に反し無効となる」との規範を立てて、あの著名な考慮基準を導いている。また、試用期間についても、法律には解釈規準となる定めが設けられないことから、問題が生じると公序を援用せざるをえない。例えば、「合理的範囲を越えた長期の試用期間の定めは公序良俗に反し……無効」（ブラザー工業事件・名古屋地判昭和59・3・23労判439号64頁）とされる。

　また、時間外労働の長さは、労基法の2018年改正（労基法36条5項）までは無制限の「青天井」であったところ、労働契約において、基本給を23万円とするがそのうち8万8000円は月間80時間の時間外勤務に対する割増賃金とする固定残業代制を定めていた事案で、東京高裁は、このような長時間の時間外労働を恒常的に労働者に行わせることを予定することに大きな問題があり、「基本給のうちの一定額を月間80時間分相当の時間外労働に対する割増賃金とすることは、公序良俗に違反するものとして無効」と判断した（イクヌーザ事件・東京高判平成30・10・4労判1190号5頁）。

(d)　休暇・休業の権利行使の抑制

　休暇・休業の権利行使に対する不利益取扱いについて、最高裁は公序を援用することで問題解決を図っている。最初は、日本シェーリング事件（最1小判平成元・12・14民集43巻12号1895頁）であり、年休、産休、ストライキ等の不就労を欠勤扱いとし、稼働率80％を昇給の条件とする労働協約条項について、「権利の行使を抑制し、ひいては、右各法が労働者に各権利を保障した趣旨を実質的に失わせるものというべきであるから、公序に反し無効」と判断した。この法理は、産前産後休業および育児休業を欠勤扱いとする出勤率80％条項が問題になった東朋学園事件（最1小判平成15・12・4労判862号14頁）に踏襲され、さらに最高裁は、年休を精勤手当の算定で欠勤扱いとする措置について、不利益取扱

い制限規定（労基法136条）が設けられたにもかかわらず、やはり同様の法理により公序の援用による解決を選んだ（沼津交通事件・最2小判平成5・6・25民集47巻6号4585頁）。

(e) その他

下級審では、さらに多様な場面で公序が援用されている。古くは、結婚退職制に関して、「婚姻の自由は、公の秩序に関するものである」ことを理由の一つとして、同制度に基づく解雇を無効と判断した住友セメント事件（東京地判昭和41・12・20労民集17巻6号1407頁）がある。あるいは、業務委託契約の名目で実態は派遣と同様の就業をさせる偽装請負について、「脱法的な労働者供給契約として、職業安定法44条及び中間搾取を禁じた労働基準法6条に違反し、強度の違法性を有し公の秩序に反するものとして……無効」と判断した、松下プラズマディスプレイ（パスコ）事件（大阪高判平成20・4・25労判960号5頁）は、後に最高裁で取り消されたが、その理論は私たちの記憶に刻まれている。

(f) 公序規範の機能

以上の概観から、これまでの労働判例における、公序規範の機能について一定の傾向をうかがうことができる。

第1に、これまでの労働法理の形成においては、公序の援用を牽引してきたのは判例であり、その援用の範囲を拡張する方向で動いてきた。

第2に、公序が援用される主要な舞台は、立法規範が求められるのに整備されしない場面であり、法整備が特に不十分な分野（差別禁止規範など）や、実情に即した法律の改正が放置されている分野（集団的労使関係法）などであった。公序は、立法の遅れや怠慢を補う規範として機能し、援用が拡張してきたのである。

第3に、公序のこうした役割に対して、私たち研究者や社会一般の評価としては、これを特に批判することもなく肯定的に受け入れてきたといいうる。これらの、公序法理の汎用が、立法や法改正を停滞させる役割を果たし、確実な規範の形成を遅らせたとしても、である。

2 公序の失墜

(1) 地位低下をもたらそうとする動き

ところが、近年、労働法における公序と強行法規の規範に関する以上の理解

に反して、その効力と適用範囲を狭め、規範序列の中の地位低下を図ろうとする動きが生じている。

　思うに、その契機となったのは、2012年12月に発足した政権による「成長戦略」であり、それが労働法分野に反映された規制緩和政策であった[9]。具体的には、2013年から2014年の間に政府で推進された労働法改革案であり、規制緩和の提案は広い範囲に及んだ。すなわち、①「ジョブ型正社員」に関する雇用ルールの構想、②雇用特区構想、③有期労働契約の無期転換(労契法18条)に対する特例の設定、④労働者派遣制度の特例26業務の廃止や常用代替禁止政策廃棄などの抜本改革、⑤一定の年収要件と労働者の合意を要件として、労基法の労働時間規制を適用除外とする制度、⑥一定の条件のもとで、労契法16条の適用除外を認め、また解雇の金銭解決を可能にする構想である。以上のうち、②、③、④は各法令の改正がなされて実施され、⑤も「高度プロフェッショナル」制度として2019年に施行された。政権は、その後も、残る①と⑥の実現に精力を注いで、規制緩和政策の完成を遂げることになろう[10]。労働法の分野では、憲法27条2項の定めを受けて、これまで多くの法令の制定・改正により、一貫して労働における規制強化に努めてきたのであり、労働力需給調整の法分野(職業安定法や労働者派遣法)を除き、これだけ広い範囲で規制緩和が進行したのは初めてのことであった。

　そして、こうした規制緩和の動向の中には、以下に見るように、公序を内包する強行法規の効力が、労使間合意により弱められる仕組みが含まれている。そうした労使間合意には、集団的なものと個別的なものとがあるので、分けて見ておこう。

---

9)　これらの動向については、野田進「規制緩和政策と労働契約論」法律時報87巻2号(2015年)4頁を参照。

10)　⑥の改正のための動きについては、注15)引用の検討会の動向を参照。また、①の「ジョブ型正社員」については、2019(令和元)年6月6日付けで発出された規制改革推進会議「規制改革推進に関する第5次答申〜平成から令和へ〜多様化が切り拓く未来〜」を参照。同答申33頁では「ジョブ型正社員(勤務地限定正社員、職務限定正社員等)の雇用ルールの明確化」が提言され、労働基準法の改正を含む施策の検討が、厚労省に求められている。

（2）　集団的合意による公序の切り崩し

　日本の労働法で形成された公序の最大の援用領域は、上述のように差別禁止規範としての公序であった。ところが、近時の政策動向と判例は、これを集団的合意をもって切り崩そうとするモメントを内包している。

　第1に注目されるのは、政府の政策立案の基本方針として策定された、「働き方改革実行計画」（2017年3月）における「同一労働同一賃金など非正規雇用の処遇改善」のコンセプトであったろう。それによれば、「我が国の場合……同一労働同一賃金の実現に向けて、まずは、各企業において、職務や能力等の明確化とその職務や能力等と賃金等の待遇との関係を含めた処遇体系全体を労使の話し合いによって、それぞれ確認し、非正規雇用労働者を含む労使で共有することが肝要である。」「同一労働同一賃金の実現に向けては、各企業が非正規雇用労働者を含む労使の話し合いによって、職務や能力等の内容の明確化とそれに基づく公正な評価を推進し、それに則った賃金制度など」を構築することが望まれ、「その際、ベンチャーや中小企業については、……労使の話し合いにより処遇体系に工夫をしていくことが望ましい。」同一労働同一賃金の実現に向けて「労使の話し合い」による内容決定を強調する趣旨は、その後に成立した、パート有期労働法15条1項に基づき定められた「指針」においても引き継がれている。[11]

　もし、ここにいう「同一労働同一賃金」が、賃金に関する平等原則を表現しているのであれば（本来はそうであろう）[12]、この文書は平等原則または差別禁止原則という、公序に属する原則の具体的な内容が、「労使の話し合い」により決定されるよう推奨していることになる。そうすると、労働法における公序の具体的な内容が、企業ごとの「労使の話し合い」の結果いかんに従属していることになり、同程度の賃金格差について、話し合い如何で、平等または合理的と

---

11)　平成30・12・28厚労告430号「短時間・有期雇用労働者及び派遣労働者に対する不合理な待遇の禁止等に関する指針」の「第1　目的」を参照。

12)　この原則、すなわちフランス語表記で«à travail égal, salaire égal»、英語表記で«equal pay for equal work»の言葉が、平等または均等原則を意味することは、世界的な共通理解である（前掲丸子警報器事件判決を参照）。しかし、ガイドラインや指針の立場は、これを非正規格差の用語法に限定して均衡原則に位置づけようとする特異な立場であり、そのことが同原則の価値低下を導いている。

されたりされなかったりする。その意味で、差別に関わる公序が規範の序列において低下することになる。

なお、ここにいう「労使の話し合い」とは何であろうか。それが、労働組合を一方当事者とする労使間の団体交渉を意味するとすれば、推定組織率17.0%（2018年度労働組合基礎調査）の日本では現実的ではない。それとも、労働組合の関与がなくても締結可能な労使委員会や事業場の過半数代表者との「話し合い」が想定されているのだろうか。法律には何の示唆もない。[13)]

第2に、これと同じ文脈で、判例理論の提示する方向性にも目を向けたい。

長澤運輸上告審（最2小判平成30・6・1労判1179号34頁）は、労契法20条（当時の条文）の解釈基準を示した注目すべき裁判例の一つであるが、労働者の「賃金に関する労働条件」の相違が不合理と認められるか（同条）という争点において、これを否定する根拠の一つとして、「労働者の賃金に関する労働条件の在り方については、基本的には、団体交渉等による労使自治に委ねられるべき部分が大きいということもできる。」と判示している。

すなわち、最高裁は、労契法20条にいう「労働条件の相違」の「不合理」性を判断するに当たって、「団体交渉等による労使自治」が考慮されることを示唆していると解しうる。仮に、同条の「不合理」性の禁止が差別禁止を意味するのであるとすれば、賃金に関する差別禁止という「公序」の効力を、労使自治が減殺する可能性を認めることになるのであり、問題をはらむメッセージといえよう（例えば、男女差別賃金を容認する労働協約を想起されたい）。とすれば、最高裁によれば、有期契約労働者に対する「不合理な相違」の禁止は、公序規範からはこぼれ落ちていることになり、その意味では公序は縮減しているのである。

(3)　個別合意による公序の切り崩し

公序または強行法規の規範を、労使間の個別合意で適用除外とすることはありうるだろうか。このオプト・アウトの法現象について、これまで日本ではイ

---

13)　本書の問題設定では、フランスにおける、労働組合の関与のない交渉による、「非典型協定」の標準化の流れが想起される。この点については、第Ⅲ章第2節・第3節を参照。

70 第Ⅱ章 公序の失墜——デロゲーションから補充性原理へ

ギリスで生じる特殊な動向と捉えがちであった。しかし、そうした観測は楽観
的かもしれない[14]。

　まず、立法動向では、2018年の労基法改正で導入された、高度プロフェッショ
ナル制度(上述の規制緩和策⑤、労基法41条の2)に注目しておこう。これは、従
来からある、農業・水産業等への従事者、管理監督者たる地位等、監視断続業
務に従事(要許可)するという、客観的な基準を満たすことで認められる、労働
時間、休憩、休日の適用除外(同41条)とは異なり、要件を満たした対象労働者
から「同意を得た」場合に実施される、労働時間、休憩、休日および深夜業規
制の不適用である。すなわち、労使委員会における委員の5分の4以上の決議
を得た上で、高度の専門的業務である「対象業務」の「範囲に属する労働者
……の同意を得た」ことが、かかる大幅な適用除外の条件とされている(41条
の2第1項本則)。それは、労働者の個別同意を媒介として、労働時間、休憩、
休日、深夜業の規制という強行法規(公序規範)の適用領域を切り崩す新たな仕
組みと見ることができよう。

　解雇の金銭解決制度(上記規制緩和策の⑥)については、厚労省で検討がなされ
ているが、いずれの案によるにせよ、労契法16条その他の規定に基づき解雇が
無効とされた場合の法的効果が、「労働者の意思表示」を契機に金銭補償(労働
契約解消金)に代わることになる[15]。解雇を無効として禁止する強行法規(地位確認
請求が原則)の効果が、労働者の個別の意思表示により金銭補償に還元すること
になり、ここでも解雇規制の公序理念との緊張関係が生じうる。

　判例に目を転じると、国際自動車事件(最3小判平成29・2・28労判1152号5頁)
は、公序または強行法規の効力を謙抑する判断を示して注目された。同判決は、
タクシー乗務員の賃金の計算にあたり、時間外割増賃金に相当する額を歩合給
から控除する旨の就業規則の規定(これにより割増賃金分が増えても歩合給が減り、

---

14)　このことを指摘する論考として、龔敏「個別合意による労働法規制の適用除外——イギリス法を
　手掛かりに」法政研究82巻2・3号(2015年)475頁。オプト・アウトについてはさらに、同「イギリ
　スにおける『株主被用者(employee shareholder)』制度の導入——株の取得と引き換えにした雇用
　諸権利の放棄」季刊労働法246号(2014年)247頁。
15)　厚労省「解雇無効時の金銭救済制度に係る法技術的論点に関する検討会」のホームページによる
　議論状況の公開を参照。

揚高が同じであれば、時間外労働を行っても支払われる金額は増えない)について、それは労基法37条の定める割増賃金の支払いといえるか否かは問題となりうるものの、「当該定めが当然に同条の趣旨に反するものとして公序良俗に反し、無効であると解することはできない」と述べて、当然無効とした原判決を破棄差し戻しとした。ここでは、労基法37条は通常の労働時間の賃金をどのように定めるかを規定していないと判断して、同条の公序としての解釈幅を限定したのである。

　同様に、広島中央保健生活協同組合事件(最1小判平成26・10・23民集68巻8号1270頁)も、強行法規の効力幅を狭める判断を示した。同判決は、妊娠中の女性の軽易業務への転換を契機に降格がなされたという事案であるが、同判決はこれを禁止する雇用機会均等法9条3項が強行規定として設けられたとの解釈を示しつつ、「当該労働者につき自由な意思に基づいて降格を承諾したものと認めるに足りる合理的な理由が客観的に存在するとき」等には、同項が強行法規として禁止する取扱いには当たらないとする。ここでは、均等法9条3項という強行規定が、労働者の承諾(同意)の意思表示により適用されなくなるものと解釈されたことになり、保護的公序の本来の守備範囲(フランス法にいう絶対的公序)が個別意思により減殺されている。

　もっとも、わが国判例は、すでに労働者保護的な強行法規の適用除外の歴史をもっている。すなわち、1973年の最高裁判決(シンガー・ソーイング・メシーン事件・最2小判昭和48・1・19民集27巻1号27頁)は、労基法24条1項の賃金の全額払いの原則について、その原則の趣旨からすれば、労働者がみずから退職金債権を放棄する旨の意思表示をした場合には、同原則によっても意思表示の効力を否定されず、ただ、それが労働者の「自由な意思に基づくものであることが明確でなければならない」と判断した。この判断基準は、賃金債権の相殺合意の事案や寮費の賃金控除の事案などにも広がりを見せた。また、労基法37条の時間外労働の割増賃金の一部不払い(放棄)の合意についても、最高裁は、それが「労働者の自由な意思表示」であることを条件に、請求権放棄の可能性を承認した(テックジャパン事件・最1小判平成24・3・8労判1060号5頁)。[16)]

　とすれば、日本の労働法における保護的公序や強行法規は、労働者が真に自由な意思によるものであるならば不利益な方向でも放棄可能であるという、個

72　第Ⅱ章　公序の失墜──デロゲーションから補充性原理へ

別意思との独特の連結関係を内包しており、それが近年になって全開したといえるのかもしれない。

3　日本型デロゲーションの進行

　フランスの検討を行う前に、「日本型」特色を、ここで先取りして論じることはしないが、一定の特徴を指摘することは許されよう。

　第1に、日本における公序の失墜(公序の地位低下、適用範囲の狭小化)は、宣言されないということである。日本型デロゲーションは、あるときは新たな立法の一部で、あるときは判例理論によって、少しずつ広がり、そのことを立法者や裁判所が宣言するわけではない。それは、いわば「なし崩し的」に、理論的な不整合をかかえつつも、特段の説明もなしに広がっている。

　第2に、日本の労働法規範では、公序も強行法規も、必ずしもすべてが最上位の規範ではなく、例えば「同一労働同一賃金」の内容を労使自治で決定することが推奨され、保護的公序の一部が個別合意により適用除外されうる。そのような意味で、公序や強行法規の「強度」に「グラデーション[17]」が予定されていることになる。

　第3に、以上によれば、問題はやっかいである。私たちは、労働法の公序規範が「なし崩し的」に浸食され、グラデーションを降下していくのを、ただ傍観しているようである。その進行の果てには、それは公序からの例外的なデロゲーション(抵触)というよりは、むしろ公序規範そのものの劣化と失墜を語るべきことになるのではないか。

第3節　フランス労働法改革による公序の失墜

1　フランス労働法における公序

　フランス労働法では、公序およびこれを頂点とする規範序列に関する議論が

---

16)　蓄積された判例の詳細については、野田進「不利益な労働契約条項に対する『労働者の合意』──フランス労働法に示唆を求めて」法政研究81巻4号(2015年)330頁を参照。

17)　強行法のグラデーションについては、米津孝司「なぜ労働法は強行法なのか」日本労働研究雑誌585号(2009年)56頁を参照。

盛んであり、講学上だけでなく実務としても重要な論点と解されている。もっとも、それは日本のように立法の不足（過少の法律）を補うためではなく、むしろ過剰ともいいうる強行法規に対して、労使間の協約自治や意思自治をどこまで認めるか、すなわち重なり合う規範の整序というテーマの中で論じられる。言い換えると、公序論は、保護的な国家的公序が、協約自治または個別合意の侵奪をどこまで排斥しつつ、しかし協働するかという、規範の連結（articulation）の議論である。

(1)　公序に関する諸原則
(a)　民法典における公序
　まず、フランス民法典における公序[18]に関する主要な規定を確認しておこう。
　民法典は、全体で5つの巻（livres）で構成されるが、第1巻に入る前の導入編「法律一般の公布、効力および適用一般について」の規定に、「何人も、個人間の合意により、公の秩序または善良な風俗について定める法律に抵触する（déroger）ことはできない。」と定める（民法典6条）。1803年の民法制定から現在に至るまで、維持されている規定である。
　次に、第3巻「所有権を得るための多様な方式」・第3編「債務の淵源」・第1下編「契約」・第1章「冒頭規定」の中に定められた規定として、契約自由の原則を宣言するとともに、「契約の自由といえども、公の秩序に関わる規範に抵触することを認めない」との定めを置く（同1102条2項）。2016年改正により導入された規定である。
　さらに、同じ第1下編の第2章「契約の締結」・第2節「契約の有効性」・第3下節「契約の内容」の中に置かれた規定として、「契約は、その条項によっても、その目的においても、それが当事者間で知られていたか否かにかかわら

---

18)　フランス民法・契約法における公序理論については、わが国でも研究の積み重ねがあり、有益な情報を得ることができた。山口俊夫「現代フランス法における『公序(ordre public)』概念の一考察」国家学会百年記念『国家と市民』第3巻（有斐閣、1987年）45頁、大村敦志『公序良俗と契約正義』（有斐閣、1995年）。他に、後藤巻則「フランス法における公序良俗論とわが国への示唆」椿寿夫・伊藤進編・前掲注5）書152頁、難波譲治「フランスの判例における公序良俗」同書165頁、馬場圭太「フランスにおける強行法・任意法（補充法）論」近江幸治・椿寿夫編『強行法・任意法の研究』（成文堂、2018年）635頁。

ず、公の秩序に抵触することはできない」と定める（同1162条）。これも、2016年改正で挿入された[19]。

このように、フランス民法典では、公序および強行法規の効力について、規範の一般論として、契約自由の原則との関連において、および締結される契約条項において定めがなされており、それぞれの角度から公序の意義と効力を枠づけている。また、公序に契約規範が「抵触する」場合の法的効果は、いかなる契約も無効とする絶対無効であるのが一般であるが、保護的公序については、保護に反する契約のみを無効とする相対無効と解される場合もあるといわれている[20]。

（b） 労働法における公序原則

以上の民法典における公序の一般法を基礎にしつつも、労働法の領域では、公序について独自の法理を発展させてきた。ここでは、次項に見る、「公序の失墜」の動向が生じる以前の、労働法規範における基盤的な規制のあり方を確認しておこう。

労働法典においては、「協約または協定と法律および規則との関係」の章において、公序のあり方について、次のように定める。

> **L.2251-1条**：労働協約または団体協定は、有効な現行の法規定よりも、労働者にとって有利な条項を定めることができる。それは、公序の性質を保有する規定に対しては抵触することはできない。

上記のように、公序は本来、私人間の契約でそれに抵触する（＝異なる合意をする）ことを、絶対的に禁じる趣旨をもつものであり、その意義を表現して「絶対的公序」と称せられる。ところが、労働法典の本条の定めは複合的な構成になっている。本条の第1文では、労働協約または団体協定が、すでに効力を発生している法律の規定よりも有利な条項を定めることを認めており[21]、労働

---

19) 2016年改正前の民法典では、公序は契約の原因（cause）に関する規定の一部に定められており、「原因は、法律により禁止されるとき、または善良の風俗もしくは公の秩序に反するときは、不法である」との定めであった（旧1133条）。ところが、新民法典では、「原因（cause）」の概念が廃止されたことから、規定方法が変更されたものと見られる。フランス民法典の2016年改正については、中田裕康「2016年フランス民法（債権法）改正」日仏法学29号（2017年）97頁。

20) 後藤・前掲注18)論文158頁。

協約や協定が労働者に有利な方向では抵触することができることになる。次に、本条の第2文を見ると、ここでは、労働協約や協定の規定が公序に対して抵触すること（＝異なる定めをすること）を禁止しており、これは絶対的公序のもつ強行性の原則を確認するものである。つまり、労働法規には2つの部分があり、そのうち公序（＝絶対的公序）にあたる部分は、労働協約・協定で抵触することはできないが、そうでない部分は労働者に有利な方向であれば抵触が可能である。

　見方を変えれば、労働法に関わる公序のうち、労働協約・協定により抵触できない部分が、絶対的公序であり、有利な方向に抵触できるのが相対的公序であるが、後者は労働法の理論では「社会的公序」と名付けられている。これらをさらに確認しておこう。

(c)　絶対的公序

　絶対的公序とは、「国家法に由来する法規範」あるいは「性質上、合意による利得を妨げるような利益または保障」をいうものである[22]。それは、「国家的権威を根拠にするものであって、契約自由のアンチテーゼ」であり、「私的利益または社会的利益をも超越して、また、個別的にも集団的にも、労働者に有利な方向でも不利な方向でも、異なる規範を交渉することさえできない」[23]。

　こうした公序が成り立つのは、それが2つの機能を担っているからであるといわれる。第1に、それは国家規範のもつ一定の価値に対する同意・承認であり、そのことが公序の絶対的権威を支える。第2に、それは規範の紛争のための解決基準であり、交渉可能な規範と交渉不可能な規範とを分けるための、規範間の抵触を解決するために用いられる概念である。

　これらは、国家法が規範形成を独占する「禁猟区」であり、個別合意はもちろん、集団的な労使間合意も、この区域に踏み込んで獲物を仕留めることはできない[24]。この公序の意義について、労働法規範の上記の三層構造を示して2016

---

21)　フランスでは労働協約(convention collective)と団体協定(accord collectif)とが使い分けられており、前者がいわゆる包括協約を、後者が特定事項についての労使合意を意味するが、いずれも労働協約としての効力に違いはない。

22)　Gilles AUZERO, Dirk BAUGARD et Emmanuel DOCKÈS, *Droit du travail,* 31ᵉ éd., 2018, p.1553.

23)　Jean-Emmanuel RAY, *Droit du travail, Droit vivant,* 26ᵉ éd., 2018, p.53 et suiv.

年エル・コームリ法の基礎となったコンブレクセル報告書[25]では、「憲法34条が厳格に定める労働法の基本原則（les principes fondamentaux）、およびEC法の（国内法への）置き換え規範から成り立ち、これらの原則および規範は、公序に属するが故に、強行的性格を示すものである。」と述べている。

しかし、具体的に、労働法の規範の中で何が絶対的公序にあたるかは、裁判所（破毀院）や憲法院の判断によることになる。教科書では次のような分類・例示がなされている[26]。第1に、公的な制度・組織に関する規範、例えば労働監督官の権限、労働審判所（労働契約に関する紛争の第1審裁判所）の管轄・権限等、労働審判所に訴える権利の内容、罰則の範囲などは、労働法典で定められている労働法の規範であるが、誰であれ、いかなるやり方によっても、労使間合意の対象にならない。第2に、協約最低賃金を労使間で交渉・決定しないで、物価指標や最低賃金（SMIC）から自動的にスライドさせる方法（indexation）を定める協約条項は、公序（＝スライド制の禁止）に反して無効である[27]。第3に、労働条件の健康または安全に関する基準も絶対的公序である。例えば、運送業の道路運転手やピザの配送人のスピーディーな配送に対して支払われる「迅速配達手当」の合意は、彼らには満足すべきものだとしても運転者および第三者の危険を助長するので無効である。第4に、集団的労使関係のレベルでは、例えば、企業協定を締結するためには「代表的労働組合組織」であることが要件とされ、そのためには従業員代表の選挙で有効投票の10％を獲得することが要件とされていたところ、この10％獲得要件は絶対的公序であり、獲得票が9.9％しかない組合の救済のために、使用者と多数組合の間でその要件を9.8％に引き下げる協定を結んでも、同協定は無効である。

---

24) 「禁猟区」という比喩は、Tatiana SACHS, *L'ordre public en droit du travail:une notion dégradée*, RDT 2017, p.585.による。

25) Jean-Denis COMBREXELLE, *La négociation collective, le travail et l'emploi*, 2015, p.79. なお、コンブレクセル報告書については、序章第2節1(1)を参照。

26) J-E RAY, op.cit., p.53-54.

27) 自動スライド制は、インフレ抑制等の協約制度の本来もつ機能を無意味ならしめるものとして1958年のオルドナンスで禁止され、さらに1970年1月2日の法律で、労働法典において明確な禁止規定として定められた（L.3231-3条）。Gille AUZERO, Dirk BAUGARD, Emmanuel DOCKÈS, *Droit du travail*, 32ᵉ éd.(2019), p.1188.

これらについては、国家法が規範形成を独占しており、個別合意はもちろん、集団的な労使合意でも、これに踏み込むことはできない。しかし、労働法の分野では、絶対的公序に属する範囲はさほど広いとはいえず、このようにリスト化しうるような限定的な領域でしかないとも言いうる。より幅広く、労働法という法分野を特徴付ける公序といいうるのは、次に見る社会的公序である。

(d) 社会的公序と有利原則

一定の条件を満たせば、公序を「抵触する」または公序と「異なる合意をする」ことができる場合、この公序規範は相対的公序である。そして、労働法の領域においては、そのような抵触は、上記 L.2251-1条の規定にあるように、「労働者にとって有利」な方向においてのみ可能であることから、そのような片面的な公序は、「社会的公序(ordre public social)」と表現される。したがって、ここにいう公序や強行法規に対する「抵触」とは、日本の規範秩序にいう片面的強行性(労基法13条前段)と同じように、「その基準に達しない」労働条件の定めを意味する。そして、上記のように、法規定と労働協約との関係だけでなく、労働協約と個別労働契約との間にも、同様の関係が労働法典で承認されているから(L. 2254-1条)、法律－労働協約・協定－個別労働契約の順位の中で、後者は労働者に有利な方向にのみ抵触しうることになる。これが社会的公序である。

このことから、「有利原則(principe de faveur)」が導かれる。すなわち、破毀院が繰り返し確認したように、「労働法の基本原則によれば、規範間の紛争が生じた場合には、適用されなければならないのは、労働者にとって最も有利な規範である」との原則である。こうして有利原則は、フランス労働法では、公

---

28) ただし、この条文および協約・協定と労働契約の間の規範序列は、マクロン・オルドナンスの定めた企業協定の優先適用原則と「集団的成果協定」により、深刻な動揺を被ることになる。後に見る第Ⅲ章と第Ⅳ章を参照。

29) リーディングケースとして、Soc. 17 juill. 1996, Bull.civ. V, n° 297, p. 209. フランス国鉄に勤務する2名の労働者が、年次有給休暇手当の算定基礎額に、1987〜1991年にわたり、同人らに適用される特別の身分規程(statut)に基づく一定の諸手当が算入されていないことから差額を請求したところ、原審が国鉄職員には労働法典が適用される等の理由で請求を棄却したため上告した事案である。破毀院は、本文引用の判示のもとで、全体的比較において労働者により有利な定めを設ける身分規程が適用されるべきであるとして、原判決を破棄した。なお、同日言い渡しの破毀院判決である、Soc. 17 juillet 1996, Bull. civ. 1996 V, n° 296, p. 208.も、当時のフランス電気・ガス公社(EDF-GDF)に関する類似の事案で、同様の判示がなされている。

序による労働条件保護の強い要請(保護的公序)と、労使間の意思自治(契約の自由)とを両立させるという意味で、労働法の本質を表現する法理であり、「労働法の真髄」とまで表現されるようになる。社会的公序は、1950年の「協約法制の確立以後、長きにわたり、(常に労働者に対して保護的であるという)労働法の自然な≪sens(方向、意味)≫であったし、それは当時の例外的ともいえる経済成長にも支えられていた」[31]。

労働法の領域では、公序規範のうち絶対的公序の占める範囲は上記のように限られた一部であり、労働法の規範の多くは、有利原則の支配する社会的公序である。労働法の規範の連結は、これらの原則によって支えられている。とすれば、社会的公序と有利原則が後退するとすれば、そのことだけで公序全体の「失墜」は計り知れないほど大きなものとなるのではないか。ここでは、このことに思いを馳せておこう。

(2) 社会的公序と特例協定

社会的公序とそこから導かれる有利原則は、少なくとも1970年代まではこの国の労働法の揺るぎのない原則であった。労働法典で規定されている基準を下回る労働条件を定める協約や労働契約など、思いもよらぬことであった。ところが、それは少しずつ段階を経て、見直されるようになる。

その「第1幕」は、1982年1月のオルドナンスである。同オルドナンスは、オルー法[32]の一環として、企業協定(または拡張適用される部門協約)に対して、ごく限定的な範囲であるが、公序(強行法規)に対する抵触を認めた。すなわち、企業協定または拡張協約は、①デクレ(政令)の定める超過勤務時間の年間許容時間である130時間の延長、および、②年間ベースでの変形労働時間の条件設定について、法令に抵触する(法令の基準を下回る)労働条件を定めることができ

---

30) 憲法院の決定として、Cons.const.29 avr. 2004, n° 2004-494 DC, §9.が知られている。同決定によれば、「法律は、労働協約においては法律、規則に対して、および労働協約についてはより広い範囲をカバーする労働協約に対して、労働者にとって有利な方向にのみ抵触することを認めることができる。」

31) J.-E. RAY, op.cit.

32) オルー法とミッテラン大統領の政策については、終章第1節1(2)を参照。

る。これは、2つの事項に限定され、かつ法律が明確に認める範囲においてであるが、法令の強行性を打ち砕く特例協定(accord dérogatoire)の始まりを意味するものであった。

　その「第2幕」が、2004年フィヨン法であり、ここでは、特例の対象とされるのは14項目に広げられており、労働契約、労働時間、および安全衛生の3分野に関係している。労働契約分野については、有期労働契約における契約終了手当(有期契約の期間が満了して契約終了する場合に、使用者が支払う手当)の額を、期間の総報酬金額の法定10%を6%まで引き下げうることなど4項目が挙げられた。労働時間分野については、パートタイム労働契約における契約内容の変更に要する配慮期間等の短縮の許容、深夜業の上限時間数の延長等の8項目に及ぶ。そして、安全衛生分野については、安全衛生労働条件委員会(CHSCT)の委員の特別研修についての実施条件の特例の許容であった。[33]

　労働法典に定められた、これらの特例協定は、労働法規範の「弾力化 flexibilisation」を推進するものであった。すなわち、これらの労働条件については、国家法の一律的な規範よりも、各職業部門の状況に応じて弾力的に規制緩和する方が、産業や企業の競争力を高めると考えられた。これにより、保護的公序の優先性は、労働法における規範の多様化の名のもとで部分的に減殺されたことになる。そして、上記の対象分野を見ても明らかなように、特例協定の対象となる分野の中心は、労働時間の分野であり(14項目中8項目)、この分野が労働協約による特例を導く最先端であったことがわかる。このことは、第Ⅰ章で見たように後に2016年エル・コームリ法が「逆転」を導いた対象(=労働時間、休息、休暇)との符合を思わせる。

　とはいえ、この時期の動向には、なお重要な留保が必要である。こうした特例協定と公序規範との関係を考えるに、特例協定が公序や強行法規に対するデロゲーション(特例、抵触)である限りは、公序は公序として厳然として存在し、労働法規範の基盤としての意義を維持しているといいうる。特例協定は、あくまで法律の予定する範囲内での強行法規の特例や抵触であるにすぎないのであ

---

33)　以上について、より詳細には、野田進「フランスにおける団体交渉制度の改革――2004年フィヨン法の紹介と検討」法政研究71巻3号(2005年)368頁を参照されたい。

り、その基盤にはなお、公序規範の権威が尊重されている。要するに、特例協定は、強行法規の枠内にあって、公序に対する例外的な特別規制を許容されているに過ぎず、労働法の従来の規範構造を逸脱しているとはいえない。この段階では、公序はなお最高位の規範としての威厳を保っており、規範序列の逆転を意味するものではなかったのである[34]。

2　労働法改革による公序の失墜

　2016年8月のエル・コームリ法および2017年9月のマクロン・オルドナンスが作り上げた規範秩序は、以上のデロゲーションの進行を加速させるものではあったが、しかし、その急加速のあまり、もはやデロゲーションでは説明できない異質の境地に立ち至ったのである。以下では、その説明の手順として、最初にこの問題についての改正の推移を簡単に述べ、その意義について、第1に、労働協約・協定との関係での公序の部分的な「補充規定」化と、第2に、個別労働契約との関係での公序の後退という事象を取り上げよう。

(1)　公序と労働協約・協定
(a)　2008年法での導入
　その前触れは、ごく控えめな範囲で着手された。
　すなわち、2008年8月20日の法律第18条[35]は、第1に、超過勤務時間の年間許容時間(contingent annuel)について、第2に、労働時間の週を超えた単位での調整について、初めて「補充規定」のテクニックを導入したのである。すなわち、前者については、「〔企業レベルでの労働協約、それがないときには部門協約〕が締結されないときには、命令(デクレ)において、年間許容時間数、および年間許容時間を超えてなされた超過勤務時間に対する休日付与の方法による対価の取得方法と性格について定める」旨の規定が設けられた(当時の労働法典L.3121-11条第2項)。後者については、「〔上記と同様の〕協約が締結されないとき、命令は

---

34)　この点を明確に述べる論考として、Florence CANUT, *Le recul de l'ordre public face à l'accord collectif,* Le Droit ouvrier, 2017 Juin 342.

35)　「社会的民主主義の刷新と労働時間制の改革に関する2008年8月20日の法律」(LOI n° 2008-789 du 20 août 2008 portant rénovation de la démocratie sociale et réforme du temps de travail)。

週を超えた期間での労働時間の配分の方法と組織を決定する。」との定めが置かれたのである（同じく当時のL.3122-1条最終項）。

　これらの規定は次のことを意味する。この２つの事項については、①まず企業・事業所レベルの労働協約である協定で決定し、②それが締結されないときには、より上位の産業部門レベルでの労働協約または団体協定で決定し、③部門レベルでの協約・協定も締結されないときに、補充的に命令（デクレ）の定める規準によるとの意味である。企業協定が第１順位、部門協定が第２順位であって、法令は強行規定ではなく「補充的」な規範として最終順位で用いられることになる。

（b）　エル・コームリ法による普遍化

　エル・コームリ法に関して、①当時のヴァルス首相の諮問により、2015年９月９日、「団体交渉、労働および雇用」と題するコンブレクセル報告書が作成されたこと、②この報告書を基盤として、2016年３月９日に膨大な内容の労働法典改正法案が閣議に提出されたこと、③この法案は議会の内外で大きな反発を招いたが、部分的な修正を施し、同年８月８日に例外的な手法を用いて、「エル・コームリ法」として可決成立に至った経緯については、すでに第Ⅰ章で紹介した。

　再確認すると、コンブレクセル報告書は、労働法典を「新しい建築様式（une nouvelle architecture）」で再建することを提言し[36]、エル・コームリ法もそれによる規範の再構成を図った。こうして、労働法規範は、第一階層を「公序」とするが、公序にあたらない規範については、第二階層である「労働協約・団体協定」でその内容を決定し、さらに、労働協約が締結されないときには、ここで初めて、第三階層として法令の定めが適用されることになる。法令は、その意味で労働法の規範として「補充的」であり、「補充規定」として機能する。そして、第二階層の内部では、まず企業・事業場レベルでの団体交渉と企業協定が優先的に適用され、それが締結されないときに始めて職業部門レベルの労働協約が適用される[37]。

---

36)　コンブレクセル報告書（Jean-Denis COMBREXELLE, *La négociation collective, le travail et l'emploi*）「第26提案」81頁以下。

37)　企業協定と部門協定の連結問題についての詳細は、第Ⅲ章で論じる。

82 第Ⅱ章 公序の失墜──デロゲーションから補充性原理へ

エル・コームリ法は、このような三層構造をさしあたり「労働時間、休息、休暇」の分野で実施することにし、それに基づき、労働法典における各関連規定を、ほぼ全体について「Ⅰ　公序」、「Ⅱ　団体交渉（企業または事業場協定、それがないときには部門協定）」、「Ⅲ　補充規定」の見出しを付けた三層構造にする規範スタイルを一貫させた。また、「労働時間、休息、休暇」以外の分野については、同法の制定後2年間以内に検討の上で実現することを約束していた。

(c)　マクロン・オルドナンスによる標準化

2017年9月22日に制定されたマクロン・オルドナンスでは、この三層構造の「新しい建築様式」はどのように取り入れられただろうか。

同オルドナンスは、この「3部構成見出し付き」スタイルを、上記「労働時間、休息、休暇」の分野ではそのまま継承するとともに、それ以外の一部の領域にも定めることとした。具体的には、労働法典 L.2241-1条以下の「企業内の義務的交渉」は、同オルドナンスで全面改正された義務的企業交渉についての規定であるが、「公序」、「団体交渉による領域」、「補充規定」の3部構成が維持されている。同様に、L.2312-17条以下の社会経済委員会の「反復的な諮問と情報提供」事項でも、同じ3部構成スタイルが採用されている。これらの分野では、3部構成における公序の言及は、上述のように立法者の「禁猟区」を構成する規範であり、団体交渉およびその合意のない場合に適用される補充規定の立ち入りを許さない領域である。

しかし、2016年エル・コームリ法の将来構想（上記のように、2年後に他の分野に波及を計画）と異なり、2017年オルドナンスは、3部構成という方式の拡張をこの2つに限定的に採用するにとどまった。そして、この2017年の改革では、労働時間関連の規定について行った3部分に切り分ける方式を労働法典の全体に広げることは放棄し、これを、より「単純な規範にする方向だけにとどめる」こととした。言い換えると、「公序」および「補充規定」の領域については特に言及することなく、原則的な企業協定の優先適用（第Ⅲ章第3節を参照）を当然のものとして確認することにより、3部構成の切り分けは原則として不要

---

38)　これについては、第Ⅲ章第2節 2 (1)で紹介している。
39)　これについては、第Ⅴ章第3節 3 (2)(c)で紹介している。
40)　Tatiana SACHS, op.cit., p.587.

としたのである。

こうして、マクロン・オルドナンスにおける規範序列においては、「労働時間、休息、休暇」および上記2項目などを除いては、ただ労働協約・協定における、企業協定の部門協定に対する優先適用の原則だけを定めている。すなわち、上記の「Ⅱ」の部分だけが定められており、「Ⅰ　公序」と「Ⅲ　補充規定」の見出しはないのである。

これは何を意味するか。第1に、「公序」の明示的な留保が必要ないと考えられた。すなわち、国家法の独占的な規律の領域が留保されるのは当然であり、明示的に見出し付き項目とするまでもないとされた。第2に、労働協約（企業協定およびそれがないときには部門協約）の定めがないときに、法令が適用されるという仕組みは当然のものとして予定されているから、わざわざ「補充規定」という見出しを立てるまでもないと考えられた。言い換えると、マクロン・オルドナンスにおいては、公序規範以外で国家の設定する立法規範は、労働協約・協定に定めがないときのみ適用されるのであるから、すべてが補充規定であるといいうる。

こうして、マクロン・オルドナンスは、エル・コームリ法が導入した、国家法の「補充規定」としての機能を「標準化」し、しかも見出し付き3部構成という複雑な定めではない方法で、より徹底させたのである。

(2)　公序の失墜①＝デロゲーションから補充原理へ

労働法改革の結果として、公序・強行法規と労働協約・協定規範との関係性は、転換を遂げることになった。ここでは、労働協約・協定は公序規範に「抵触する」という立ち位置ではなく、公序規範の大多数は労働協約・協定が定められないときにのみ「補充的に」適用される規範となる。

先にも触れたように、抵触が可能な国家規範は、なお公序（社会的公序）である。この場合、国家規範は、特例によりみずからが退けられることに甘んじているが、しかしなお規範の頂点にある規準（règle）であることに変わりない。公序のこの規準は、それからの逸脱を許容した法規定の設定した条件が遵守されている限りにおいて、特例の対象となるにすぎない。そして、かかる特例という仕組みが必要とされるのは、まさしくその規範の強行的性格の故であった。

84 第Ⅱ章 公序の失墜——デロゲーションから補充性原理へ

　たしかに、補充規定の場合でも、特例協定による公序規範の場合と同様に、労働協約規範の前で効力を消し去られる点では同じである。しかし、補充規定の場合は、もはやその分野で法の統治が支配しているわけではなく、法律と協約は競合して適用されることさえもないから、有利原則ははじめから論じる余地はない。[41]

　以上の基本理解を前提に、国家法に対する協約規範の抵触（デロゲーション）から、国家法自体の補足原理へと転換したことにより、何が生じたかをまとめておこう。

　第1に、本質にコミットせずに、あえて平板な言い方をするならば、公序規範の立ち位置における原則と例外の逆転である。エル・コームリ法以前には、公序規範はみずから設定する定めにより「例外」として（有利原則に反して）特例協定を許容していた。しかし、エル・コームリ法のもとでは、国家規範の多くは一定の「公序」部分を除き、協約規範のないときにのみ補充的に適用されるのが「原則」となった。

　第2に、公序と法規範との関係について見ると、次のように言うことができる。抵触方式のもとでは、公序と法規範は一体として、その定めにより協約規範により部分的な抵触を受けることを承認していた。これに対して、補充性原理のもとでは、法規範はまずは一元的に「補充規定」と理解され、しかし、部分的な「公序」規範が絶対的な効力をもつものとして留保されている。そして、労働法典では、労働時間・休息・休暇の分野およびその他の2分野では、公序規範と補足的規範との間に個別領域ごとの仕分けが明示されており、それ以外の分野では留保された公序規範は明示されていない。

　第3に、公序の、価値論的（axiologique）な意味での地位低下である。人は、公序を語るとき、「社会組織の絆を構成する価値」を意識し、その名において社会組織間の価値紛争を解決しようとする。その意味で、公序は社会システムの頂点にあるものとして尊重されなければならない。また、公序が部分的に抵触可能であるとしても、その限りでは、公序はなお労働法規範の頂点にあるものとして尊重され、権威を保持している。[42] これに対して、マクロン・オルドナ

41）　以上は、Florence CANUT, op.cit.の論考から示唆を得ている。

ンス以後の現行法では、労働時間・休息・休暇の分野およびその他の分野では公序は明示されているが、その他の分野では不明である。国家規範の多くは「補充規定」として協約規範の下位に位置しており、留保された公序は明示されず、限られた範囲で残されているにすぎない。その意味で、公序は労働法規範では権威と価値という側面で、貧弱化し失墜したということができる。最大の問題は、むしろこの点にあるのかもしれない。[43]

(3) 公序の失墜②＝個別意思による侵奪
(a) 個別合意による適用離脱の可能性

　フランス労働法で、規範の抵触がさらなる課題となるのは、本章でとりあげる、[Ⅰ　公序] 規範と [Ⅱ　協約・協定] 規範の関係だけではなく、この [Ⅱ　協約・協定] の内部における、「部門協約と企業協定の関係」においても引き起こされる。ここでも、企業協定の適用の優先適用のもとで、部門協約は補充規定化してゆく。この変容ぶりは、第Ⅲ章で検討するところである（第Ⅲ章第2節）。

　ところで、この動きに照らして、E. Ray 教授は次のように問題を投げかける。第1幕では、1982年法以降、労働協約は法律を《抵触》することができるようになった。第2幕では、2004年法以降、低いレベルの労働協約（企業協定）は高いレベルの労働協約（部門協定）を《抵触》することができるようになった。この動きからすると、第3幕が開かれるのではないか？　すなわち、個別的な合意による《オプト・アウト》の展開であり、個別労働契約が、法律または協約規範に対して《意のままに》抵触することを認めることがあるのではないか？　EU レベルで、どこかの国がこの第3幕に進むだろうか？　今のところは non である。[44]

---

42)　2016年エル・コームリ法の段階では、なお法律と労働協約の「伝統的連結」は維持されており、「有利原則」は全面的に破綻したわけではないとのスタンスから、その変容を分析する見解も見られた。Sébastien TOURNAUX, *L'articulation de la loi et de l'accord collectif de travail*, Le Droit ouvrier, 2017 Juin 353.

43)　この最後の点については、Tatiana SACHS, op.cit.

44)　J.-E. RAY, op.cit.　この説明は、EU からの離脱を遂げようとするイギリスのオプト・アウトについて、意識しての説明であったろうか。龔敏・前掲注14）各論文を参照。

たしかに、フランスでは、個別労働契約で、直接に、強行法規の適用を排除することができるという仕組みは取られていない。この点では、E. Ray 教授の指摘のとおりである。しかし、フランスでも、第1に、労使の個別の合意に基づく、法定労働時間という強行法規の適法排除の例は見られるし、第2に、企業協定を媒介にした間接的な手法で、解雇制限という強行規定が排除される例が見られる。

(b) 定額制＝個別意思による法定労働時間の除外

フランスでも、日本の総額固定残業代制と同じように、実際の労働時間数のいかんにかかわらず、時間外労働を含む総実働時間に定額の報酬を支払う実務が、古くより実施されており、定額制(forfait)と呼ばれる（なお、時間外労働分だけの固定残業代制の実務はあまり聞かない）。判例も一定の要件のもとで比較的広くこれを認めていたが、2002年に法律でその枠組みを定め、2008年法がこれを改革し、さらに2016年エル・コームリ法で、その規制が「三層構造」化されている。定額制には、①労働時間についての週、月単位の時間定額制(forfait en heures)、②労働時間についての年単位の労働時間に対する時間定額制、③労働日数についての年単位での日数定額制(forfait en jours,)の3種類がある(L. 3121-54条)。

以上のうち、①の時間定額制は、より一般的に用いられる定額制であり、「すべての労働者の労働時間は、個別の約定を締結することにより、週または月について時間における定額制を合意することができる。」(L.3121-56条1項)との定めによる。この定額制は、労使の個別の約定だけで実施されるものであり、②および③の定額制と異なり、企業や部門レベルの協定の必要がない。労使は、特定の週または月を単位として、賃金の総額を定額で定め、それに対応する所定労働時間を合意する。所定労働時間は、法定または協約所定の労働時間を超えることができるが、法定労働時間を超過する部分については割増賃金が算入されていなければならない。また、定額で定められた賃金は、最低賃金を下回るものであってはならないし、予定された時間を超えて勤務した労働時間は通常の基準通り割増の対象となる。

次に、②の年単位の総労働時間に対する定額制は、①と同様に個別の労使の約定により実施されるが(L.3121-56条2項)、それを実施できるのは、幹部職員

であって全体の労働時制に従うことが求められていない者、および一般労働者であるが時間について「真の自律性を有している者」に限られる。実施方法については、企業協定またはそれがないときには職業部門の協約・協定の定めによらなければならず、そこでは［Ⅱ　協約］事項として、一定の定めが求められる（L.3121-64条）。

　最後に、③の労働日数定額制は、労使間の個別の約定で、年間の労働日数とそれに対する報酬を定めておく制度である。この制度が適用されると、労働者の賃金は、労働日数の所定の範囲内である限りは、実労働時間にかかわらず、所定の定額となる。対象労働者には、勤務間の休息や休日、年次有給休暇などの規定は適用されるが（L3121-45条）、法定労働時間および労働時間の上限（1日10時間、12週間の平均で最長週44時間）および超過勤務手当に関する規制は受けないから（L.3121-62条）、その影響は大きい。また、時間規制ではなく出勤日数で年間賃金を定額化する点で、最も刷新的なものといわれている。

　この制度が適用されるのは、「幹部職員であって、その雇用組織において、時間について真に自律性を有し、……全体の時制に従うことが、求められていない者」、および、「被用者であって、その労働時間の長さをあらかじめ決定しておくことができず、……時間について真の自律性を有している者」とされる（L.3121-58条）。上記②の年間の労働時間に対する定額制の表現と似ているが、より高度・より自律的な労働者とされる。実施方法については、企業協定またそれがないときには産別協約で定める。年間の労働日数の上限は、これら協約に定めがない場合は、235日である（L.3121-66条）。

　以上のように、これらの定額制は、いずれも個別労働者と使用者との個別の合意により、法定労働時間の規制の適用を回避することができる。特に、年間労働日数定額制の場合は、最長労働時間や超過勤務手当の規制がかからなくなり、休憩・休日および年休を除く労働時間制の多くが不適用となる。すなわち、労使間の個別的合意が、定額制を媒介にして、強行法規の規制を離脱する仕組みである。[45]

---

45)　Fanélie DUCLOZ, *Le régime des accords dérogatoires*, Droit social, 2017 723. を参照。同論文は、「労働者の個別の承諾または合意を必要とする抵触的合意」の例として、労働日数定額制の例を挙げて説明している。

（c） 企業協定を通じた直接的な適用離脱

　労使間の個別合意が、解雇規制から離脱する仕組みとして、集団的成果協定を挙げることができる。この企業協定については、詳細は第Ⅳ章で検討するが、2017年マクロン・オルドナンスで完成された制度である。使用者が企業レベルでこの労働協約（企業協定）を締結すると、それが当該企業で雇用される労働者の労働契約を下回る労働条件を定めるものであっても、労働者を拘束することになる（L.2254-2条）。すなわち、企業レベルで、①「企業の良好な運営につながる必要性に応え、または、雇用を保持しもしくは発展させることを目的」により、②労働時間関係、報酬（手当を含む）、労働者の職種・勤務地の異動について協定を締結すると、③この協定に反する労働契約の規定は同協定に置き換えられ、その結果、労働契約は不利益変更される。④労働者がこれを拒否すると、使用者はこの労働者を解雇することができる。そして、この解雇の適法性について、労働法典は次のように定める。「この解雇は、真実かつ重大な理由を構成する特有の事由に根拠を置くものとする。」（同条）

　例えるならば、次のような展開である。企業が経営戦略の一環として部分的な業種変更を図ることとし、そのために従業員の一部に職種変更が必要になった。使用者は、労働組合その他とこの協定を締結し、協定に基づき関係労働者に賃金の減額を伴う職種変更を命じたところ、労働者はこれを拒否した。そこで、使用者がこの労働者を解雇することにした場合、この解雇は、適法要件（真実かつ重大な解雇理由）を満たした「特有の事由」によるものとされ、原則として正当な解雇とされて、人的解雇の簡易な手続を履践するだけで足りる。要するに、使用者はこの協定を結ぶことで、迅速かつ確実に、人員・労働条件を調整することが可能となる。

　労働法典に定められた、解雇等の契約破棄を制限する規定（労働法典第1部第2巻第3編第2章～第5章）が、公序規範であり、強行法規であることを疑う者はいない。その強行性は強く意識されており、例えば労働者と使用者の間の「合意解約」についても、それが労働法典の解雇規制を回避するための脱法行為であることが疑われ、厳格な要件のもとにおいてのみ容認された経緯がある[46]。ところが、この集団的成果協定が締結されると、労働者が個別に協定の適用を拒絶する意思表示をすることで、強行法規であるはずの解雇規制が直ちに撤退

してしまう。これは、結果的に労働者の個別意思による強行法規の適用排除である。

ここでは、この企業協定が鍵をにぎる。マクロン・オルドナンスは、企業の少数組合でも、または中小零細企業では労働組合員が存在しないときにも、企業協定を締結する仕組が設けられ、この協定は全従業員に適用される（第Ⅲ章第3節を参照）。それは、この「集団的成果協定」についても例外ではない。それにより、労働者は自己に不利益な労働条件に対しても従わざるをえない。これを拒否する意思表示は、解雇とみなされ、しかも強行法規たる解雇の規制は適用されない。この企業協定の効力のもとでは、協定の適用を拒絶する労働者の意思表示は、あたかも解雇規制（＝公序）を適用回避するための正当化根拠の役割を充てられている。

このように法律よりも労働協約、その中でも部門協約よりも企業協定、個別労働契約よりも企業協定という新しい連結方式[47]の結果として、企業協定が規範の頂点に位置することになり、労働契約を擁護すべき公序（強行法規）が、個別意思に劣後することになる。ここに、労働者の個別意思による公序規範の侵奪の可能性を、見て取ることができる。

第4節　考察：公序のグラデーション

1　グラデーション化する公序

以上の、フランスにおける「公序の失墜」からは、一定の仮定的な結論を引き出すことができる。

第1に、労働法における公序規範は多様であって、絶対的公序、および社会的公序だけでなく、労働者に不利益な方向で「抵触」を許す公序も存在しうる。

---

46)　合意解約の制限的容認については、野田進「雇用調整方式とその法的対応——フランスの『破棄確認』および『約定による解約』ルール」西谷敏先生古稀記念論文集『労働法と現代法の理論（下）』（日本評論社、2013年）305頁を参照。

47)　この段階的に降下する規範の連結の喩えとして、F. CANUT, op. cit. は、同論考の冒頭で、アレクサンドル・デュマ作『三銃士』の有名なラ・ロシェル要塞包囲陣のエピソードで、アラブ傭兵の語った次のような説得（脅迫？）の言葉が引用されている。《立っているよりは、座る方がいいだろう。座っているよりは、寝る方がいいだろう。寝ているよりは死ぬ方がいいだろう》。

第2に、抵触できる公序は、それが広がり、普遍化することで、むしろそれは抵触されるのではなく、そもそも補充的な規範と位置づけられるようになり、その効力は労働協約規範に劣後して補充的にのみ機能し、まれには個別労働契約にも劣後する。

第3に、補充性原理が一般化することにより、公序との関係での有利原則は意味をもたなくなり、さらに「社会的公序」の機能する実際上の意味も薄れる。

第4に、抵触できない公序（絶対的公序）は、労働時間関係の規定等を除くと、その旨が法律上明示されているわけではなく、協約規範の効力拡充の中で、それが及ばない残余領域に追いやられてしまい、そのことが公序の地位低下（失墜）をもたらす。

以上からすると、フランス法における公序規範には、「硬い核」である絶対的公序から補充規定にすぎないものまで、その効力と適用範囲が段階的（グラデーション）になっており、2016年以降の労働法改革は、そうした状況を進展させた。国家法の役割に属するはずの公序規範といっても、それは一律の効力をもつものではなく、種々の段階差が形成されている。労働法における公序については、そのことを前提に論じなければならない。

このことが、日本における「公序の失墜」を理解するのに役に立つ。

すなわち、本章第2節で概観したように、日本の法制と判例においては、公序の援用される領域を広く容認しながら、近年ではその効力が限定されるようになった。しかし、公序の一部には、いかなる労働協約や個別合意によっても、抵触不可能なものがある。例えば、労基法4条（男女同一賃金の原則）に関して、労働協約で同条に反する男女差別賃金条項を設けたり、女性労働者が差別賃金制を個別に（自由な意思に基づき）同意したりしたとしても、同条に基づく公序が抵触されることはありえない。これに対して、わが国判例は、上述のように、労基法24条（全額払い原則）や同37条、均等法9条3項について、これらの強行規定を「労働者の自由な意思」に基づく意思表示であることを条件に、適用を除外する可能性を容認した。これらの強行規定は、公序規範であるとしてもグラデーションのうちで下位にあり、労基法4条と同列に論じることはできないことになる。しかし、その段差を決定する原理は、いったい何だろうか。

2　道具化される公序

　フランス法の議論では、このとき、「一般利益(intérêt général)」という概念が、説明概念として用いられる。そして、次のように説明されるだろう。

　そこには公序、ひいては労働法というものの機能変化がある。伝統的な公序は、国家や産業レベルでの弱者保護の理念のもとに労働条件の平等化に貢献していた。ところが、現在では、公序の機能変化が生じており、それは現実的な「一般利益」の理解の変質に由来している。

　つまり、一般利益は、ほんらい私的利益を超越した、普遍的で公的な利益として信頼されるものである。ところが、現代社会は経済の多層的な関係の中で市場全体の良好な運営によって成り立つのであり、一般利益は、国家のような「きわめて強度の集団的価値」の中に住んでいるわけではないという理念が浸透してきている。むしろ反対に、一般利益の満足は、一定の個別利益の満足、特に企業のような労働市場の担い手たちの満足を経過してその総和として実現すると考えられるだろう。

　そこで、次の三段論法がこの動きを説明する。①一般利益は、労働市場の好運営の中に存在する。②ところで、労働市場の好運営はこの市場の担い手、特に「企業」の利益を満足させることを必要としており、一般利益は必ずしも私的利益を超越するわけではない。③よって、企業の利益に奉仕することが、一般利益を満足させることの前提である。[48]

　こうして、公序は企業の利益のために「道具化」される。企業の繁栄という「一般利益」に必ずしも即していない公序は下位に置かれ、企業協定こそが最高規範として規範設定を左右する。このことを、我々は、第Ⅲ章で深く知ることになるであろう。

　再び転じて、日本はどうだろうか。私たちは、「公序の失墜」を支配する原理を、何に求めることができるだろうか。

---

[48]　以上の説明は、T. SACHS, op.cit., p.587.による。ただし、同論文の立場は、これを正当とするものではない。

第 Ⅲ 章

団体交渉システムの改革

序節──継承か、断絶か？

1 団体交渉システムにおける規範の逆転

　再び、2頁の［図］（第Ⅰ章の［図Ⅰ-3］参照）をご覧いただきたい。ここ第Ⅲ章では、この図の［Ⅱ　団体交渉］のゾーンの内部、すなわち団体交渉のシステムにおける「規範の逆転」を紹介し、検討する。

　しかし、本章でも、まずは日本の景色を眺めることから始めよう。

　日本においても、2010年代後半に労働立法のあり方を改変する動きとして、いわゆる「働き方改革」があった。紆余曲折の末に2018年6月に成立した「働き方改革を推進するための関係法律の整備に関する法律」は、全部で36の法律、労働関係の法令だけでも9の法律の改正をもたらす大がかりのものであった。日本の労働立法史でも、未曾有の大改革といえるかもしれない。しかし、これだけ多くの関連法規の改正を見渡しても、その中には労働組合法（以下、労組法）などの集団的労使関係に属する法律が一つもないだけでなく、各立法の改正で労働組合の関与や団体交渉システムに言及するものもまったく登場しないのである。労組法をはじめとする集団的労使関係法、特に、団体交渉制度の改革や労使協議制の整備などは、「働き方」とは無関係だろうか。

　労組法は、1945（昭和20）年の旧労組法、および1949（昭和24）年の現行法の成立から70年余を経過している。その間に、日本の労使関係にはあらゆる面で実

態の変化が生じている。近年では、労働組合組織率の低下（1949年の55.8％から2018年の17.0％へ）や企業外の合同労組の存在感の高まり、さらには春闘の官製相場の設定要請などは、「働き方」（雇用・労働条件や利益代表システムのあり方）に直接・間接に関わる新たな動きと見ることができる。ところが、このような労使関係の激変にもかかわらず、労組法はこの約70年もの間、その変化に無関心であり続け、実体的な規定部分についてほとんど規制改革を受けてこなかった。制度面での変更を除けば、わが労組法は、実に1952（昭和27）年の改正（同法15条の改正による有効期間の定めのない協約の許容、7条4号の設置など）以来、実体的な規定改正はなされていないのである。[1] 日本の集団的労使関係法は、ごく一部を除いては、社会実態にそぐわなくなったまま放置されているというのが、実情であろう。

　こうした停滞状況からすれば、「働き方改革」に込められた「成長戦略」の理念のもとで、労組法や団体交渉制度、労使協議制など労使間の意思決定システムのあり方に目を向けて、これらを戦略的に活用して改革につなげようとするのは自然な政策選択であり、改革の名に値したのではないだろうか。さらにいえば、働き方の改革のために「団体交渉……をする権利」は勤労者に保障された数少ない労働基本権の1つであり（憲法28条）、労働法の立法政策の一拠点でもあるから、「働き方改革」の議論の中に、集団的労使関係法が一角を占めるのが普通であろう。「働き方改革」論議の中で、集団的労使関係法が黙殺されている日本の風景は、奇観というしかない。[2]

　このような、集団的労使関係法への関心の希薄さ、あるいはそもそも労働組合等の労働者団体の存在感のなさの原因の一つには、日本の労働組合の組織形態があるといえよう。日本の労働組合のほとんどは、企業ごとに組織される企業別組合である。そのため、組織としては、同一産業での企業を超えた横断的なつながりや、業種を超えた地域的なつながりが乏しくなる。また、賃金交渉等も企業の利益状況次第であり、交渉力が弱くならざるをえない。[3]

---

1) 1949年制定の現行労組法は、制定以来39回の改正を経ているが、そのほとんどが労働委員会の委員数や不当労働行為の審査手続の改正である（特に1952年、1988年、2004年改正が重要）。

2) この問題についての考察を深めたものとして、道幸哲也『労働組合の変貌と労使関係法』（信山社、2010年）、特に第1部第1章。

日本の企業別労働組合は、企業レベルでの労働条件交渉で一定の役割を果たしているとしても、企業内で完結的な存在である。このため、企業の事業活動や組織構成は、グローバル経済の中で、激しく変動しているのに対して、労働組合の方は企業の中に閉じこもって、企業グループや業種を超えた地域的連帯の可能性は乏しい。そうした中で、労働組合は、社会一般ではもちろん、企業内部でさえも存在感が希薄になる。

　こうした日本の実情から考えるとき、近年のフランスの労働法典改正の動きは、まことに対極的である。団体交渉と労働協約システムの改革は、マクロン大統領の労働市場改革の中でも、中心テーマに位置するものとなった。それにより団体交渉システムは、職業部門交渉と企業交渉との間に大胆な転換を迫る「コペルニクス的革命[4]」が生じて、職業部門のレベルと企業レベルとの緊張関係は最大限に達する。それは、われわれ日本における議論の停滞からすれば目を奪われる衝撃であり、その理解や評価は複雑なものとなるに違いない。

　本章で取り扱う「マクロン・オルドナンス」は、フランスのエマニュエル・マクロン大統領が2017年9月22日付で発令した5つのオルドナンスのうちの、「団体交渉の強化に関するオルドナンス第2017-1385号[5]」という標題のものであり、そこに定められた全16カ条の内容が、労働法典の関係規定（主として L. 2253-1条以下）の中に統合され、団体交渉に関する規制を大きく塗り替えることとなった（施行は2018年5月1日）。その改革は幅広く・深いが、大別すると、企業交渉と職業部門別交渉との関係における「規範の逆転」のグループ、すなわち①労働協約の新しい序列と連結（企業協定の優越）、②中小零細企業における団体交渉の促進（多数派協定の一般化）、および、③これらの企業交渉を支えるための諸制度といった改革であり、さらには、④企業協定と個別労働契約との関係における「規範の逆転」、すなわち企業協定の個別労働契約に対する優位（集

---

3)　春闘方式に代表されるように、こうした企業別組合の弱点を克服する様々な試みも講じられてきたが、労働組合の組織率が低下すると、やはりその実効性は限定的になる。

4)　週刊誌のインタビュー記事で、マクロン大統領は、その労働法改革が中小企業に向けられていることについて、みずから "Révolution copernicienne" という表現で、その発想転換を説明している。Le Point, nº 2347（31 août 2017), p. 34.

5)　Ordonnance nº 2017-1315 relative au renforcement de la négociation collective.

96 第Ⅲ章 団体交渉システムの改革

団的成果協定)を導く改革が加わる。これらは、相互に関連し合っており、その関連により総合的に新しい団体交渉システムを形成している。

　本章では、これらを一挙に捉えるよりは、まずはベースとなる団体交渉システムの改革となる部分に力点を置いて、上記のうち①、②、③について検討を加えることにし、④は独立させて、第Ⅴ章でとり上げることにする。

　なお、これらマクロン・オルドナンスによる改革は、フランスの前政権(オランド社会党政権)下で制定された2016年8月8日のエル・コームリ法の延長上にあって、それを大きく修正するとともに、改革を推進する趣旨をもつ(エル・コームリ法による団体交渉システムの改革については、第Ⅰ章第4節も参照)[6]。したがって、本章はマクロン・オルドナンスを主たる検討対象としているが、以下で「労働法改革」と述べるときには、特に区別が必要な文脈でない限り、この2016年のエル・コームリ法と2017年のマクロン・オルドナンスの両者を総合する意味で用いている。

2　継承か、断絶か？

　フランスにおけるこれらの大胆な改革について、主として日本法に関わる私たちは、日本法の労使関係法との比較法的な関心から、「なぜか？」という疑問にとらわれるのではないだろうか。つまり、それは団体交渉や労働協約の立法史的発展の中で、いかなるコンテクストで理解可能なのか。言い換えると、両政権はどのような理由で、いかなる文脈から、こうした大胆な改革を考案したのか。A. Lyon-Caen 教授も、次のように語る。「この改革は、これまで15年にわたり繰り返しなされてきた制度の発展の、継承として位置するのであろうか。それとも、もはや過去からの断絶を意味しているのだろうか？」[7]すなわち、「継承か、断絶か？」

　あるいは、こう問うこともできよう。この改革はフランスの現政権の政策特性による一過性の改革と評価すべきなのか。それとも、それはフランスやヨー

---

6)　マクロン・オルドナンスについての紹介と関係条文の翻訳として、小山敬晴「団体交渉の強化に関する2017年9月22日のオルドナンス第1385号の解説」労働法律旬報1908号(2018年)10頁がある。

7)　Antoine LYON-CAEN, *Présentation des ordonnances*, in Ordonnances Macron, Commentaires pratiques et nouvelles dispositions du code du travail, 2017, p.6.

ロッパ社会の歴史的変容の中で、これまで発展してきた団体交渉の制度枠組み
を根本から作り直し、過去を否定し過去から断絶するほどのものなのか。

　この継承か断絶かの問いに、後者を答えとして選択しうるとすれば、その改
革はフランス一国だけの問題ではなく普遍的で世界史的な意味をもつことにな
る。そして、日本の上記の現状からすれば、日本が労使関係法の改革に無関心
のまま眠り込んでいる間に、彼の国の労使関係法では座視することのできない
激動が走っていることになる。ひるがえって、それは日本の集団的労働関係法
の存在意義と立ち位置を、改めて問い直す[8]ことになろう。その見極めこそが、
本章の基本的な問題意識である。

　以下では、この労働法改革による団体交渉システムを理解するための予備的
考察として、やや紙幅を割いてフランスにおける労働協約制度の発展と特性に
ついての概略を確認し(第1節)、その上で、マクロン・オルドナンスの上記の
①〜③の政策について、改革の意味するところを追究することにする(第2節〜
第4節)。その上で、最後に、マクロン・オルドナンスによる団体交渉システ
ム改革の意味と射程を、改めて考えよう(第5節)。

第1節　予備的考察──フランス労働協約制度の発展と特質

1　団体交渉・労働協約についての立法の展開(年次的な整理)

　2016年エル・コームリ法および2017年マクロン・オルドナンスによる団体交
渉システムの改革は、どのような経緯で生まれたのか。これを知るには、歴史
的なコンテクストの中で位置づけを試みるべきであろう。そのためには、この
改革に至るまでの展開、すなわち旧来の団体交渉システムの発展概要と特色を
確認するのが先行課題となる。法典国フランスでは、時々の立法は、それを促
した社会実態の問題状況をほぼ正確に反映していることが多く、制度の発展を
知るには法制のトレース作業が有益である。そこで、フランスの労働協約法制
のほぼ100年の立法史をまずは年次的に整理しておきたい。これを見ると、こ

---

8)　この問題を提起したオムニバス論集として、「〈特集〉集団的労働関係法の時代」法律時報1096号
　(2016年)の各論文、特にその問題提起として、野田進「『集団的労働関係法の時代』認識」同号4頁
　を参照。

98 　第Ⅲ章　団体交渉システムの改革

れまで数多くの立法が制度を次々に構築し、修復と改善を繰り返してきたこと
が確認されるであろう。そして、大枠で括ると、2016年エル・コームリ法に至
る前までの立法の発展軌跡は、①形成期、②確立およびその修復期、そして、
③転換期に大分類するのが妥当である。次のとおりである[9]。

(1)　形成期

(a)　1919年3月25日の法律が最初の立法であり、この法律は、それまで民
法上の契約という法的性質をもつにすぎず、明示または黙示の意思で受諾した
労働者を拘束すると理解されていた労働協約について、強行的効力と直律効を
原則的に承認する規定を定め、さらには誠実履行義務の規定等を設けた。

(b)　1936年6月24日の法律は、1919年法に追加して制定されたものであり、
代表的組合による労働協約の拡張適用制度を導入し、労働協約を「職業の法」
として制度化する理念を打ち出した。

(c)　1946年12月23日の法律は、戦後の統制経済政策のもとで制定された、
国家統制の強い協約法制を定め、労働協約制度は全国・産別協約の強い支配に
よる賃金・物価統制の政策ツールとして用いられた。

(2)　確立および修復の時期

(d)　1950年2月11日の法律は、この時期の自由主義経済の始動を背景とし
て、戦前の上記1919年法と1936年法とを統合する形で、複合的な協約システム

---

9)　団体交渉・労働協約に関するフランスの代表的文献として、Michel DESPAX, *négociations, conventions et accords collectifs,* 2ᵉ éd., 1989, Dalloz, p.49 et suiv.を参照。

　　以下で取り上げるのは、各立法の経緯と簡単な内容紹介にとどまり、本格的な立法史研究ではない。より詳しい邦語文献として、1950年法までについては、石崎政一郎『フランスの労働協約法』（勁草書房、1955年）、1950年法の二元的システムについては、野田進「フランス労使関係法の展開過程——二元的代表システムの確立とその後の変容」季刊労働法257号（2017年）19頁、1950年法の適用実態については、昭和41年度欧州派遣団編『フランスにおける労使関係——企業内の制度とその運用の実態』（日本労働協会、1969年）、協約拡張制度については、盛誠吾「フランス・労働協約拡張制度の展開」一橋論叢102巻1号（1989年）1頁、2004年法については、野田進「フランスにおける団体交渉制度の改革——2004年フィヨン法の紹介と検討」法政研究71巻3号（2005年）692頁等、2008年法を中心とする代表的労働組合概念の発展については、小山敬晴「フランスにおける代表的労働組合概念の変容(1)(2)」早稲田大学法研論集140号（2011年）143頁・141号（2012年）153頁を参照されたい。

を体系的に整備したものであり、その後の協約制度の基盤となる立法となった。同法による協約制度は、全国の「職業部門」における「部門協約」[10]を上位規範として優先させ、これより下位(地方・地区)レベルでの協約・協定は、全国レベルの部門協約が存在しない場合に限り効力をもつという、補助的な規範として位置づけられていた(1950年法を法典化した、当時の労働法典第Ⅰ巻第Ⅱ編第Ⅳ bis 章31i 条に規定されている)。さらに、企業レベルの労働協約(企業協定)[11]の締結は、全国協約や地方・地区協約など上位の協約があるときには能率給や諸手当などの支給条件を事業所の個別事情に適合させることが目的とされ、またこれら上位協約がないときに賃金および付属賃金(accessoires de salaire)に限定した条項に限り、締結が認められていた(同31n 条)。

(e) フランスの高度経済成長を背景に、企業に重点化した団体交渉の動きが見えるようになると、1968年「5月危機」によるグルネル(Grenelle)協定の成果として、企業内組合活動の拠点である企業内組合支部と、主として企業別の団体交渉を担当する組合代表委員の制度が成立した(1968年12月27日の法律)。この動きを背景に、1971年7月13日の法律は、企業レベルでの団体交渉を正式な団交類型として承認するとともに、①労働者の団体交渉の「権利」という概念の正式採用、②企業協定制度の原則的承認、③協約の廃棄・再検討方式の緩和など、特に企業レベルでの団体交渉および労働協約の活性化を目的とする施

---

10) フランスでは、ヨーロッパの他の多くの諸国と同様に、団体交渉や労働協約の実施は、企業横断的な「職業部門(branche professionnelle)」または「活動部門(branche d'activité)」を主な適用エリアとして発達した。その部門レベルの労働協約が、「部門協約(convention de branche)」と称される(現行労働法典 L.2232-5条)。なお、この「部門」とは、産業そのものを意味する広い範囲である場合もあるが(例えば、金属産業)、多くは、各産業に固有の歴史的な理由により発達した、産業よりも細分化された範囲であり、現在は、小規模の部門協約の乱立が問題視されている(後に検討する)。
　なお、法令用語上の問題であるが、本書で、「労働協約」と訳している、convention collective は、雇用・労働条件、職業訓練、社会的諸利益の全般を扱う包括協約を意味し、「団体協定」と訳している、accord collectif は、1 または複数の特定事項を扱う協約を意味する(同 L.2221-1条)。

11) 1950年法では、企業レベルの労働協約について、事業場協定(les accords collectifs d'établissement)という用語を充てており(当時の労働法典第Ⅰ巻第Ⅱ編第Ⅳ bis 章第Ⅲ節「事業場協定」)、使用者側当事者は「使用者(employeur)」または「使用者グループ」と定められていた(同31n 条)。また、ここでは通常の convention ではなく accord という用語が充てられており、この用語の違いにより、通常の労働協約との効力上の差違を暗に示していたといわれる。Michel DESPAX, op.cit.p. 518.

策を導入した。

(f) 1982年11月13日の法律（オルー（Auroux）法の一部）は、労使間の円滑な意思疎通による労使関係の安定をさらに奨励し、そのために「使用者の団体交渉の義務」概念を導入した。具体的には、労働協約について、これを部門協約と企業協定とに分けて規律する法制を確立して、両者に主要な交渉事項を割り当て、部門では 5 年ごと、企業では毎年の交渉を使用者に義務付けた。また、企業協定に対して、ごく限定的な範囲（命令（デクレ）の定める超過勤務時間の年間許容時間の超過協定、および年間ベースの変形労働時間の条件設定）で、法律に対する抵触協定を許容した（第Ⅱ章第 3 節 1 (2)参照）。

(g) 1996年11月12日の法律は、それ以前から中小企業を中心に広がっていた交渉方式、すなわち、労働組合の組合代表委員ではない労働者（①選出従業員代表や、②組合から交渉委任を受けた一般労働者）による団体交渉と協定の締結について、それぞれ一定の要件のもとで労働協約としての効力を承認した。この方式による企業協定は、労働組合との交渉による協定ではないため、非典型協定（accord atypique）と呼ばれた（後に検討する）。

(3) 転換期

(h) 2004年 5 月 4 日の法律（フィヨン（Fillon）法）は、以上の動きを飛躍的に推進する新たな転換点となった。すなわち、①労働協約等の有効要件として、多数決原理を導入した。②各レベルの労働協約・団体協定の連結関係（articulation）を再編成し、下位レベルの協約・協定に独自性を広く認めることで、一定の条件で「有利原則」（後述）を廃止した。③企業レベルの労使協定について、法定基準に反することを認める「抵触協定」を一定の範囲で承認した。④「グループ協定」を承認した。⑤組合代表委員の指名されていない企業等では、一定の条件により選挙で選任された従業員代表や委任を受けた当該企業の労働者に団体交渉を授権できるものとした（第Ⅱ章第 3 節 1 (2)参照）。

(i) 2008年 8 月20日の法律は、①労働組合の代表性に関する基準を変更し、従来の基準に加えて、直近の職業選挙の第 1 回投票において、「有効投票の10％以上を得票したこと」を要件に加えた。②企業協定の有効要件を変更し、同協定の署名組合が直近の職業選挙の第 1 回投票において、「30％以上得票し

た1または複数の代表的労働組合」であり、かつ同協定が「50％以上得票した1または複数の代表的労働組合」によって反対されないこと、とした。③労働時間に関する一部の領域について、企業協定に部門協約に対する優先権を与え、部門協約は企業協定が締結されていないときに限り補足的に適用されることになった。

(j) 2015年8月17日の法律（レプサマン（Rebsamen）法）は、企業レベルの団体交渉において、組合代表委員が選任されていない企業で、労働組合から交渉委任を受けた従業員選出代表と交渉する方式を認めた。

以上、この国の団体交渉および労働協約システムを直接に規律する法制の発展を駆け足で概観した。なお、これら以外にも、企業の従業員代表の各制度の法制の発展、あるいは法定労働時間の短縮（35時間法制）に関わる団体交渉政策も、団体交渉の法制の動きに密接に関わっている。

2　論点的な整理

1で見た、団体交渉システムに関する法制の流れを、ここでは論点的に整理し直したい。

論点に注目し直すと、フランス団体交渉制度の特質とその推移のポイントは、4つのキーワードに収れんさせることができる。すなわち、「企業協定の重点化」、「連結問題」、「多数派協定」、「非典型協定」の4点である。そこで次に、この4つのキーワードに即して、論点的な発展の流れを描出しておこう。

(1)　企業協定の重点化──部門協約から企業協定へ

フランスの団体交渉システムの基本構造を形成したのは上述のように1950年法であるが、これは基本タイプの労働協約と拡張適用される労働協約との二重構造を確立し、後者については労働条件（特に賃金）についての国家的規制の手段という性格を多分に残していた。すなわち、1950年法の企図する労働協約は、1936年法に由来する立法政策の再現であり、「職業の法」として国家的施策の浸透という役割を担う側面を有していた。

このため、1950年法は、拡張適用される全国協約の基準による雇用労働条件の決定を主目的としており、地方・地区協約の効力は全国協約が存在しない部

102　第Ⅲ章　団体交渉システムの改革

門でしか認められず、その場合でも更なる制限が課された。また、この段階で
は、上記のように企業協定で定めうる事項の領域は極めて限定されていた。し
かし、他方で、これに先立つ1946年に、企業レベルでの従業員の利益代表制度
として、従業員代表委員(délégué du personnel、10人を超える企業に設置義務)およ
び企業委員会(comité d'entreprise、当初は100人以上、後に50人以上の企業に設置義
務)の制度が確立し、定着し始めていた。こうして、この当時の労使関係(労働
者の代表システム)では、企業外(産業部門レベル)では、労働組合による団体交
渉・労働協約が雇用・労働条件の大枠を設定し、企業内では、従業員代表制度
(企業委員会・従業員代表委員)が企業固有の問題を取り上げるとする、独特の二
元的役割分担(デュアルシステム)が形成されていたといいうる。[12]

　もっとも、そうした役割分担は、後述のように企業委員会が実質的に団体交
渉類似の役割を担う(非典型協定)ことにより、次第に破綻するようになる。[13]た
だ、従業員代表システム(特に企業委員会)は、中小零細企業では設立されるこ
とが少ないので十分に機能することがなかった。このため、中小企業では協約
規制も従業員代表の関与も届かない空白地帯となり、個別労働契約のみが自主
規範とならざるをえない。こうした集団的規制の欠如により、使用者の労働契
約上の企業指揮権が肥大化し、歯止めのない一方的支配権限を容認する契約理
論(例えば、唯一判断者の法理[14])が、判例において支配的になる。[15]

　しかし、1960年代に加速したこの国の高度経済成長を背景に、一部の企業で

---

12)　団体交渉と従業員代表制度との二元的役割分担については、野田・前掲注9)「フランス労使関
　係法の展開過程——二元的代表システムの確立とその後の変容」を参照。

13)　前掲注9)の『フランスにおける労使関係——企業内の制度とその運用の実態』では、同書の元
　になった1966年の訪仏実態調査の段階でもすでに、「法定の協約制度の枠内では企業ないし事業場レ
　ベルでの団体交渉の困難さ」が、「企業委員会、特に従業員代表委員による使用者との話し合いを通
　じてとられる、特異な共同決定方式を生む原因となる」と指摘している。それは、「第三の決定方式
　の共同決定方式」であり、「法的には事業所協定と考えられないとしても、事実上はそれにきわめて
　近いものである。」とされる。このように、同報告書は、この動きを(非典型の)団体交渉ではなく、
　自然発生的な共同決定システムとして説明しているのが興味深い(同書108頁)。

14)　「唯一判断者(le seul juge)の法理」とは、当時の破毀院を中心に形成された判例法理であり、企
　業の運営と利益に責任をもつのは唯一使用者である以上、企業の組織改編や労働者の評価について
　裁量権限をもつのもまた、使用者のみであり、裁判所さえその判断の妥当性について審査すること
　はできないとする。野田進『労働契約の変更と解雇——フランスと日本』(信山社、1997年)、特に
　186頁を参照。

は企業レベルの実勢賃金が労働協約から事実上遊離して上昇するようになる。このため、企業レベルでの賃金上乗せ協定や企業内での労働者の権利拡大を求める動きが強まるとともに、労働協約への国家介入の要素を残す協約制度そのものへの不満が高まる。その中で、上記1968年法による企業レベルでの組合活動の承認と、団体交渉の担当者である企業内組合代表委員の制度が認められると、これを背景にして、1971年法による企業協定制度が導かれるのである。ここに、企業と企業協定への注目の時代が開幕する。

　こうして、1970年代以降は、企業協定を制御しつつも促進するという政策理念のもとで、これと部門協約との関係をどのように取り結ぶかという、新たな課題と展開が始まるようになる。そして、この時期から、マクロン・オルドナンス（2017年）に至るまで、企業、特に中小零細企業における労使関係の活性化の課題と、部門協約の権限との緊張関係が、この国の協約政策の基本的な課題となる。この課題は、具体的には、第1に、部門協約と企業協定との連結関係、第2に、企業協定における労働者側当事者という、2つの側面で現れる。

(2)　部門協約と企業協定との連結——有利原則から連結問題へ

　上記のように、企業交渉が普及したとしても、それが賃金上乗せ協定に限定して機能する限りは特別の問題は生じない。この国では、1950年法の段階までに、ある使用者が労働協約に拘束されているときには、それらの労働協約の規定は、その使用者が締結したすべての労働契約に適用されるとの原則（普遍適用の原則、L.2262-1条、L.2254-1条）が確立している。この原則のもとでも、労働者に有利な上乗せの賃上げ条項については、それが適用されても不服に思う労働者はいないから、紛議は生じない。ところが、1980年代以降、フランス社会の経済環境や雇用情勢の悪化にともない、企業運営に新たな問題局面が生じる。そこでは、例えば雇用保障（解雇回避）を約束する代わりに賃金・手当の減額や労働時間の延長を認めるという企業協定、すなわち、ギブ・アンド・テイク協

---

15)　長年にわたる解雇権濫用法理の醸成の過程を経て、フランスで使用者の一方的解雇を制限する立法が制定されたのは、1973年の法律（「期間の定めのない労働契約の解約に関して労働法典を改正する1973年7月13日の法律」）を待たねばならなかった。この立法の年次は、集団的労使関係法で1950年法の体制がほころび、その修復の立法が進展し始めた時期と付合することに注目したい。

定(accord donnant-donnant)といわれる協定が広く締結されるようになる。その
ため、賃金や労働時間関連の労働条件について、上位レベルの労働協約(多く
は部門協約)に抵触する(＝déroger、低い水準を定める)企業協定が締結されるよう
になり、その適用問題が前面に現れたのである。

　従来、この問題についての解決は、「有利原則(principe de faveur)」によると
するのが確立した法理であった。第Ⅱ章でも検討したことをあえて繰り返すと、
この原則により、異なるレベルの協約・協定の条項の適用については、労働者
にもっとも有利なものが適用される。この原則を判例法理において確立したの
は、著名な1988年３月18日の破毀院合同部判決である。「労働協約の競合が生
じた場合、同じ目的または同じ原因をもつ利益は、反対の条項がないときには、
重畳して適用され、それらのうち最も有利なものが合意されうる」[16]。すなわち、
労働者に適用可能な複数の労働協約が競合するときには、労働者にとって最も
有利なものを適用するのが、労働法の基本原則であった。

　ところが、2004年フィヨン法は、ギブ・アンド・テイク協定の出現を背景に、
上記のように、企業協定が上位の部門協約に抵触する(＝労働者に不利な条項を
定める)ことを認めた。すなわち、有利原則の支配が破られるようになり、異
なるレベルの協約間で、いかなる「連結(articulation)」方式を図るかが新たな
課題として現れる。これについて、2004年法では、次のような調整がなされた。
すなわち、企業協約による抵触を認めつつも、第１に、①協約最低賃金、②職
務分類、③補足的社会的保護(企業年金など)、④職業教育のための共済基金の
４分野については、抵触協定が許されない。第２に、部門協約が、こうした抵
触条項の定めを企業協定で定めることを禁止・制限する(錠を掛ける)条項
(clause de verrouillage、錠前条項)を定めたときには、企業協定の効力は認められ
ない。実際には、その後の部門協約では、この錠前条項を定めておくことが一
般となり、企業協定による抵触(＝低い労働条件の設定)はそれほど普及しなかっ
たのである。

---

16)　Ass. plén. 18 mars 1988, Bull. 1988 A. P. n° 3 p. 3.　この解決法は、1996年７月17日の社会部判決
　　(Soc. 17 juillet 1996, Bull. civ. V, n° 297.)により、労働法の基本原則として確認された。すなわち、
　　「"労働法における基本原則"に基づき、規範の抵触が生じたときには、労働者の地位は労働者に最
　　も有利な規範により規律されなければならない」。

第1節　予備的考察——フランス労働協約制度の発展と特質　105

　こうした状況のもと、2008年法は、上記のように、労働時間関係の一部規定（超過勤務時間の年間割当時間数および年間割当時間を超える時間外労働の実施条件や代償措置等）について、企業協定に優先決定させることとし、その締結がないときに部門協約の定めによるものとされた。こうして、やがて到来する2016年法エル・コームリ法および2017年マクロン・オルドナンスによる、激変の足音が聞こえてくる。

(3)　企業協定における労働側当事者——多数派協定と非典型協定

　企業協定について抵触協定としての機能を容認することになると、(2)に見た上位の協約条項との連結問題だけでなく、企業協定の労働者側当事者のあり方についても、課題が生じる。この課題には2つの側面がある。第1に、企業協定に真に労働者の意思が反映されているかの問題であり、これは「多数派協定」の問題につながる。第2に、企業に組合代表委員が選任されていない場合における、労働者側の交渉担当者および署名当事者の問題であり、これは「非典型協定」という表現で問われる課題である。

(a)　多数派協定

　フランスの労働組合運動は、複数組合主義という原理により成り立っている。すなわち、一つの労働協約の適用範囲には、複数の労働組合が組織されているのが常態であり、そのことは法規範としても承認されている。すなわち、複数の各組合は「代表的」であるという基準を満たす限り、平等の地位で、同じテーブルで団体交渉を行い、労働協約を締結することができる。したがって、団体交渉における「代表」理念は、「最も代表的組織〔複数形〕」という法定基準を満たす組合組織である限り、その関係領域で少数派であっても労働者全体を代表するという理念で成り立っている。多数の支持を得た組織だけが全体を代表するという、特に米英諸国で普及する排他的多数代表の理念とは一線を画する立場であった。[17] また、少数派組合であっても多数派組合と同等の立場で関係労働者の一般利益を代表するという理念こそが、上記(2)で述べた「普遍適用

---

17)　フランスでは従業員選出代表等の職業選挙においても、比例代表の方式が採用されており、少数組合も代表的地位を得る可能性がある。この点で、アメリカ合衆国やイギリスの代表制度とは発想の異なる代表理念を伝統としており、このこと自体興味深い。

の原則」を支えてきたともいいうる。

　ところが、ギブ・アンド・テイク協定の締結により、不利益な部分を含む協定を少数組合が締結して多数労働者に適用させる事態に直面したとき、その署名当事者が労働者の一般意思を代表していることの「正統性(légitimité)」が問題にならざるをえない。その正統性を確認するためにこそ、この国でも従来になかった、数による支配が求められたのである。

　そこで、多数派協定(accord majoritaire)という手法に着手したのが2004年フィヨン法である。同法は次のように定める[18]。①部門協約に企業協定の締結方式等を禁止・制限する条項(＝錠前条項)があるときには、これを打ち破る企業協定には「賛成多数」という高度の要件が課される。すなわち、企業協定は、直近の職場選挙(＝企業委員会の委員等の選挙)の第1回投票において、有効投票の過半数を獲得した1または複数の代表的組合が署名したときに有効となり、この要件を満たすことができないときは、当該企業に属する労働者の直接投票により決定され、有効投票の過半数の賛成(approbation)を得たときに有効となる。また、②部門協約に上記のような錠前条項がないときには、要件がいくぶん緩和され、「反対多数決」によることになる。すなわち、直近の職業選挙の第1回投票で、有効投票の過半数を獲得した1または複数の代表的組合が、企業協定の成立通知のときから8日以内に反対を表明したときには、企業協定の効力は発生しない(この反対がない限り、署名組合が少数組合でも効力は発生する)。

　その後、上記のように、2008年法において、企業協定の有効要件はさらに変更され、①署名組合が直近の職業選挙の第1回投票において30％以上得票した1または複数の代表的労働組合であり、かつ、②同協定が、職業選挙で50％以上得票した1または複数の代表的労働組合によって反対されないという、賛成多数と反対多数を組み合わせた複雑な多数要件に変更される。そして、これもまた、2016年エル・コームリ法と2017年マクロン・オルドナンスによる根本改革を待つことになる。

---

18)　2004年フィヨン法は、企業協定だけでなく、全国職際協定レベル、部門協約レベルでも、多数要件を定めている。より詳細には、野田・前掲注9)「フランスにおける団体交渉制度の改革——2004年フィヨン法の紹介と検討」。

（b）　非典型協定

　先に述べたように、企業交渉における労働側の担当者は、上位レベルの各組合組織が当該企業の従業員である組合員の中から指名した、組合代表委員（dé-légués syndicaux）である。しかし、こうした組合代表委員の指名は、50人以上の労働者を有する企業において、組合支部を有する組合組織がなす制度とされているため（現行でも同様。L.2143-3条）、中小零細企業には交渉担当者が不在であることが多い。このため、1980年代から、組合代表委員ではなく、従業員の職場選挙により選出された代表委員（企業委員会の委員や従業員代表委員）や、組合が特定案件についてアドホックに交渉を委任した一般従業員が、事実上の交渉・締結を担当するケースが中小企業を中心に広がってきた。このような当事者による協定は、「非典型協定（accord atypique）」と呼ばれ、その法的性質や効力の問題について、活発な議論が形成されてきた。

　まず、①判例では、1995年1月25日の破毀院判決（Charre 夫人事件[19]）が、組合代表委員の指名が法律上義務付けられない企業においては、組合から交渉委任を受けて交渉をすることが可能である旨判断して、その効力を認めた。次いで、②上記1996年11月12日の法律は、容認する部門の労働協約の定めがあることを前提に、所定の要件のもとで、かつ限られた範囲で、職業選挙で選出された従業員代表委員（企業委員会の委員および従業員代表）または交渉委任を受けた一般労働者の交渉権限を認めた。さらに、③2004年法では、②の手続や要件が簡略化され、拡張適用される部門協約で協定事項等を定めておくと、第一次的には職業選挙での選出代表、それらの委員が設置されていなければ、組合組織から交渉委任を受けた一般労働者が団体交渉と協定締結をなすことができるようにした。ただし、一般労働者の場合には、関係労働者の直接投票により、有効投票の過半数の賛成投票が必要とされた。④そして、2008年法では、拡張適用さ

---

19)　Soc. 28 janv. 1995, Bull. 1995 V n° 40 p. 29.　解雇された原告が、同解雇は「真実かつ重大な理由」を欠くと主張して、解雇の賠償手当等を請求した事案であるが、原告は、この手当の算定根拠として用いられた企業協定が、労働側当事者が組合代表委員ではないことから無効であるから、別の内部規則によるべきであると主張した。これについて、破毀院は、「組合代表委員が適法に指名されうる企業では、企業協定を交渉し署名する権限は組合代表委員だけに与えられるとしても、組合代表委員を設置するための法定条件を満たしていない企業においては、企業協定は、代表的組合により交渉委任を授与された労働者によって有効に交渉され署名されることができる。」と判断した。

れる部門協約による協定条項の定めという要件を削除し、交渉担当者の有給での活動時間を保障するなどして、非典型協定の利用を容易にする方向での改正を行った。さらに、⑤上記2015年のレプサマン法では、従業員代表との交渉を利用できる範囲を広げ、その上で従業員代表についても労働組合からの交渉委任を受けた場合と受けない場合とに分けて、前者を優先させるなど、より細やかなルールが設定された。

　以上のように、法制は、非典型協定の利用を促進して、特に中小企業での企業協定の締結を促進する方向で、全体として規制緩和の方向で立法経過を繰り返してきたといえよう。そして、その延長上で、2016年8月エル・コームリ法と2017年のマクロン・オルドナンスによる、最終版の改正を迎えることになる。そこでは、もはや「非典型」なる形容は死語になり、むしろそれが標準化された体制に変わることを、我々は見ることになる（第3節を見られたい）。

（4）　小括

　以上、企業協定、有利原則から連結への転換、多数派協定、非典型協定という4つのキーワードで、この国の団体交渉システムの展開を確認してきた。

　全体を見渡すとき、その展開の中心は、常に「企業」であった。要約を示すと、第1ステップとして、戦後体制から脱却した1950年法の産業部門を中心とする団体交渉システムの構想が高度経済成長期に破綻し、企業交渉の萌芽が生じた。第2ステップとして、1980年代〜90年代には、経済や雇用情勢の悪化が顕著になり、企業レベル交渉の活性化による問題解決の促進が企図されたが、十分な成果が得られなかった。第3ステップとなるのが2004年法であり、企業レベルの交渉を促進するために、交渉当事者、交渉方式、交渉事項等、協約システムを大きく変える改革が企てられ、その後もこれを加速する改革が進展してきた。

　そして、今から私たちが見るのが、労働法改革による協約規範の内部での序列の逆転である。

第2節　労働協約の新しい序列とその連結

　2016年エル・コームリ法および2017年マクロン・オルドナンスの労働法改革における、団体交渉・労働協約システムの改正は、以上の法制の展開過程の先に、実現したものである。それは、いかなる意味で、「改革」といいうるか。それは従来の展開の延長上にあるにすぎないのか、それともむしろ過去の展開を清算し、断絶した改革といえるか。ここではまず、先に見た労働協約の、特に部門協約と企業協定との新たな連結関係について、紹介し検討する。

1　緒説──エル・コームリ法からマクロン・オルドナンスへ

　2016年8月8日のエル・コームリ法による団体交渉システムの改革の概要については、第Ⅰ章において明らかにした(第Ⅰ章第4節2)。その改革の主要な内容を改めて確認すると、次のとおりであった。

　(a)　このエル・コームリ法の第1の改革は、労働法の規範において、その適用の序列を逆転させることである。すなわち、第1に、労働法の適用を、公序規範に属するものを除き、労働協約を優先させ、労働協約が締結されない場合に初めて、法規定を適用する(補充規定)。第2に、その協約規範のうちでも、まず企業協定(事業場協定、グループ協定を含む)を優先させ、企業協定が締結されない場合に初めて、部門の協約を適用する。

　(b)　この規範構造を前提に、労働法典を全面的に書き換えることになるが、さしあたり、労働時間関連の規定について全面改正を行い、この分野(労働法典第3部第1巻「労働時間、休息、休暇」)の全規定について、各項目で「公序」部分、「団体交渉の領域」部分、および「補充規定」部分の三層構造に切り分けて定める。

　(c)　企業協定が最優先の規定となったことに合わせて、特に企業交渉において新たな規範構造のもとで「対話と交渉」を促進する仕組みを設け、これまで発展してきた多数派協定と非典型協定の方式をさらに進展させる。その方式は、企業に組合代表委員が指名されている場合か否かで大別し、前者については支持組合が従業員選挙の過半数で支持されているか否か、後者については選

出代表が交渉の特別委任を受けているか否かで、それぞれ場合分けして定める。[20]

　(d)　企業協定の定めによる個別労働契約の不利益変更を可能とするための「雇用保持発展協定」について定めを設け、労働協約と個別労働契約との新たな関係性を打ち立てる。[21]

　エル・コームリ法によるこれらの改革に対して、2017年のマクロン・オルドナンスは、さらにどのような改革を遂行しただろうか。

　まず、上記の(a)については、その改革は変わることなく維持されている。言い換えると、マクロン・オルドナンスも、「規範の逆転」を受け入れるのみならず、これをさらに徹底させている。しかし、(b)については、マクロン・オルドナンスの改革では、労働時間関連の規定について実施されていた3部分に切り分ける方式を、労働法典の全体に拡張することは放棄し、これをより「単純な規範にする方向だけにとどめる[22]」ことにした。すなわち、以下に見るように、全面的な企業協定の優先適用を確認することにより、3部分の切り分けは一部を除き拡張不要とされた。さらに、(c)については、これも第3節でみるように、中小零細企業での団体交渉システムをさらに緩和・単純化する制度を設けること等を通じて全面的に改定され、新たな次元での改革が進められた。最後に、(d)についてマクロン・オルドナンスでは、第Ⅳ章で検討するように、同協定は、制定の要件が緩和されるとともに、総合的な射程と効力をもつ、新たな協定制度に改変された。そして、新協定は、その後2018年3月29日の法律(一括承認法)による部分的な補正の際に、「集団的成果協定(accord de performance collective)」という正式名称が付与された。

　こうしてみると、2017年のマクロン・オルドナンスは、2016年エル・コームリ法の基本枠組みである(a)はそのまま維持する一方、(b)～(d)については、その改革の趣旨を先鋭化し加速するために、さらなる改革を進めたことになる。[23]

　ここ第2節では、このマクロン・オルドナンスによる改革部分に属する、企業協定と上位(特に、産業部門)の労働協約の適用における競合・序列の関係(す

---

20)　エル・コームリ法による企業交渉の仕組みについては、第Ⅰ章第4節2。

21)　雇用保持発展協定については、第Ⅰ章第4節3、および第Ⅳ章第1節も参照。

22)　この点を明確に解説するものとして、Yves de La Villeguéin (sous la direction de), *Réforme du code du travail, Ordonnances Macron et code consolidé*, 2018, p. 96.

なわち、規範の「連結」関係)について、その「逆転」の有り様を確認しよう。

2 団体交渉の新たな連結

(1) 義務的な交渉事項における三層構造

本論に入るにあたり、そのための前提情報として、この国の団体交渉における義務的な交渉事項について、駆け足で説明しておく。

日本と異なり、フランスでは労働協約について、部門交渉および企業交渉のいずれにも、それぞれ義務的交渉事項が法律で定められている[24]。現行法では、それは交渉の実施の頻度の定め(何年ごとに実施するか)ともクロスされて、複雑な構成である。しかも、それは2016年以降の労働法改革、特に2017年9月のマクロン・オルドナンスにおいては、これらの交渉事項が、[Ⅰ 公序]、[Ⅱ 団体交渉]、[Ⅲ 補充規定]の三層構造の編成となり、ますます複雑な定めとなっている。これらは、フランスの団交実務においては、特に企業の労務対策として実務上重要な規定であるが(義務違反は罰則の対象となる)、ここでは、本章の叙述に必要な限りで概略を紹介しておく。

(a) 部門レベル

各レベルの団体交渉事項は、三層構造で定められる。まず、部門のレベルでは、[Ⅰ 公序]として、部門協約等で結ばれた労使の団体が、少なくとも4年に1回実施しなければならない交渉事項は、①賃金、②男女の賃金平等とすでに存在する格差の回復措置、③労働条件、雇用予測、④障害をもつ労働者の職業参入および維持、⑤職業教育であり、少なくとも5年に1回実施しなければならない交渉事項は、⑥職業分類、⑦企業貯蓄金とその企業間通算の事項である(L.2241-1条)。パートタイム労働者がフルタイム労働者の3分の1を超えたときも交渉を開始しなければならない(L.2241-2条)。しかし、[Ⅱ 団体交渉]領域では、各交渉事項の具体的な交渉テーマを定めるとともに、交渉の定

---

23) なお、2016年エル・コームリ法(1条)では、労働時間の分野以外に労働法の再編を拡大するために、専門家および実務家からなる「再構築委員会」を設置し、2018年8月までにその見解を提出することとされていたが(第Ⅰ章第3節1を参照)、この委員会はマクロン・オルドナンスにより廃止された(オルドナンス2017-1385号22条)。

24) こうした法律制度は、1982年のオルー法から始まった。本章第1節1(2)(f)を参照されたい。

期的頻度、テーマの内容とスケジュール、通知方法、交渉方式などは、交渉当
事者の間で一定の範囲で決定することができる(L.2241-5条)。これらの事項を
決定した協定が成立しないときには、[Ⅲ　補充規定]が適用されるが、ここ
では、上記①の賃金や②の男女間の賃金平等については毎年1回の交渉であり
(L.2241-8条)、賃金交渉に際して、部門での雇用情勢、特に有期雇用や派遣労
働の情勢や実質賃金の動向について検討する。その他、3年ごとに交渉しなけ
ればならない事項(男女間の職業上の平等、労働条件・雇用情勢、障害のある労働者、
職業教育)、5年ごとに交渉しなければならない事項(職務分類、社内預金)などが、
内容にわたり詳細に定められている。

(b)　企業レベル

　企業レベルでも規定状況は同じであり、企業交渉については、[Ⅰ　公序]
として、1または複数の組合支部が設置されている企業では、使用者は、少な
くとも4年に1回、①報酬、実賃金、労働時間、企業固有の追加的諸利益の配
分に関する交渉、②男女間の平等、特に賃金格差の除去のための措置について
の交渉を実施しなければならない(L.2242-1条)。さらに、労働者300人以上の企
業などでは、少なくとも4年に1度、労働者の雇用および職業キャリアについ
て交渉しなければならない(L.2242-2条)。さらに、[Ⅱ　労働協約]領域では、
企業協定で、交渉のスケジュール、定期的実施、テーマ、方式について定める
こととされる(L.2242-10条・11条)。そして、この協定が締結されないときには、
[Ⅲ　補充規定]で、交渉の頻度(原則、上記①と②は年次交渉とされる)や方式な
どが詳細に定められ(L.2242-13条)、さらに交渉事項ごとに、微に入り細を穿っ
た交渉テーマが指定される(L.2242-14条以下)。

　部門交渉と企業交渉において共通にいえることは、第1に、このように団体
交渉の実施の頻度や内容を細かく法律で定めるのは、交渉方式による労使間の
対話促進という法目的の現れであるといえよう。しかし、第2に、[Ⅲ　補充
規定]では、著しく細部にわたる介入的な定めが設けられているが、[Ⅱ　団
体交渉]で各事項のテーマや交渉時期、回数、場所などを決めておけば、[Ⅲ]
の適用はない。このため交渉当事者は、団体交渉でこれらを決定しておく意欲
に駆り立てられるであろう。その意味で、マクロン・オルドナンスが三層構造
の定めを採用したことは、団交当事者に団交方式について自主交渉を促す仕掛

けであると見ることができる。

(2) 新たな連結関係
(a) 雇用労働条件における3つのブロック

以上を前提に、まず改革の大枠を紹介することから始めよう。

エル・コームリ法は、企業協定が部門協約よりも優先適用される分野を、労働法典に定めたとおり、労働時間・休息・休暇の領域にさしあたり限定していた。これに対して、マクロン・オルドナンスは、企業協定が優先適用される分野を、労働時間等の領域にとどめることなく拡張することとし、公序の領域に属する規制分野を除き、労働法の全領域に及ぼした。これにより、労働協約規範のうち、企業協定こそが優先的な規範とされ、「部門協約その他の企業協定より職業的または地域的に広い範囲をカバーする上位の協約・協定」(以下、用語が煩雑になるのを避けるために、これらを単に部門協約という)の規定は、企業協定が締結されない場合に限り適用される、補充的な協約規範と位置づけられた(L.2253-3条第2文)。

さかのぼると、上記のように(本章第1節1(2)(d))、フランスの労働協約規範は全国的な産業部門レベルの協約を最高の規範として1950年に出発した。とすると、約70年を歴史を経て、労働協約の規範序列がここに決定的に「逆転」したことになる。

このように企業協定を優先して適用する連結関係は、同種事項についてすでに部門協約が有効に存在するのに後に企業協定が締結された場合にも、逆に、同種事項についてすでに企業協定が有効に成立した後に部門協約が締結された場合にも、同じように適用される(L.2253-3条第1文)。それだけ普遍的な原則として位置づけられている。

以上を前提に、この企業協定優先の原則に対する例外となるものとして、2つの規定が定められた(L.2253-1条、L.2253-2条)。部門協約は、この2つの規定で限定的に列挙されている事項(次に見る、いわゆる「ブロック1」と「ブロック2」)については、例外的に、企業協定に対して優先適用が認められうる。その意味では、限定的に部門協約等の優越性が残されている。しかし、これらの例外的な事項を除き、部門協約は企業協定に同一目的をもつ条項が締結されてい

ないときにしか、適用されない。このように、2017年の改革は、2016年法が労働時間、休息および休暇の領域だけ実施していた、協約規範の序列関係を、一般的な企業協定の優先適用という、「単純な方式」で普遍化したのである。

さて、この「ブロック1」と「ブロック2」とは、以上の企業協定優先の原則の例外となる事項を定めたものであるが、いかなる意味で例外となるのであろうか。各「ブロック」の定める事項の意味の違いは次のとおりである。

まず、「ブロック1」は、部門協約が、「法律上当然に」企業協定よりも優先適用される領域である(L.2253-1条)。言い換えると、このブロックで列挙される事項については、部門協約は企業協定に対して、必ず(片面的)強行性を保持することになる。

これに対して、「ブロック2」は、部門協約が明確に、前述の「錠前条項」(=企業協定で抵触することを禁じる条項)を定めていれば、企業協定でそれに反する条項を設けることのできない事項である。ここに定める事項については、部門協約に錠前条項が規定されていることを条件に、(片面的)強行性をもつことになる。

さらに、以上2つの例外に対して、原則通りの「ブロック3」を観念することができる。つまり、「ブロック3」は、以上2つの例外を除く原則的な事項であり、企業協定が常に優先適用される事項である。

なお付言すると、ここでの問題は、企業協定と部門協約という2つのレベルの労働協約のうち、いずれを優先的に適用するかの問題(すなわち協約間の「連結」の問題)を定める基準の問題である。したがって、部門協約や企業協定が優先適用されない条項を定めていても、その条項は適用されないだけであって、効力が否定されるわけではない。部門協約における適用されない条項も、同種事項の企業協定の条項が廃棄されれば、復活して適用されうる。

以上の連結ルールのもとで、各ブロックに定められた列挙事項を、さらに検討しよう。

(b) 「ブロック1」

上記のように、「ブロック1」は、部門協約が法律上当然に、(片面的)強行性をもって、企業協定よりも優先適用される事項の領域である。

このブロックに属するのは、次の［表Ⅲ-1］に示す、全部で13の労働条件

第2節　労働協約の新しい序列とその連結　115

[表Ⅲ-1]　部門協約が当然に優先適用される事項

ブロック1
①階層的な［協約］最低賃金
②職務分類
③労使運営金融基金の共済化
④職業訓練基金の共済化
⑤社会保障法典 L.912-1条に定める補足的団体保障〔協約に基づく補足的社会保険等〕
⑥労働時間および労働時制の配分と調整に関する措置：具体的には、労働法典 L.3121-14条（換算時間制の実施方法）、L.3121-44条（1年超え労働時間変形制）、L.3122-16条（深夜業の実施方法）、L.3123-19条第1項（パートタイムの最少労働時間）ならびに L.3123-21条（パートタイム労働の所定時間外労働割増率）および L.3123-22条（パートタイムにおける一次的な時間延長の許容）で規定された措置
⑦期間の定めのある労働契約および派遣労働契約に関する措置：具体的には、労働法典 L.1242-8条（有期労働契約の合計期間の制限）、L.1243-13条（有期労働契約の期間途中の解約）、L.1244-3条（有期契約終了後の同一ポストへの就任制限）、L.1244-4条（有期労働契約終了後の次の契約までのクーリング期間）、L.1251-12条（派遣労働契約の合計期間の制限）、L.1251-35条（派遣先企業で定める派遣更新回数の上限）、L.1251-36条（派遣労働契約終了後の同一ポストへの就任制限）および L.1251-37条（派遣先企業で定めるクーリング期間）に関する措置
⑧L.1223-8条および L.1223-9条に規定する、期間の定めのない工事・オペレーション契約に関する措置
⑨男女間の職業的平等
⑩L.1221-21条にいう試用期間の更新の条件と期間
⑪L.1224-1条（事業譲渡等による労働契約の移転）の適用条件が満たされないときに、労働契約の履行継続が2企業間で組織される方式
⑫派遣先企業が派遣労働者を利用することができる場合で、本法典 L.1251-7条第1号（労働者の募集目的）および第2号（職業訓練目的）にいうもの
⑬専門業務配送（portage salarial）における、L.1254-2条および L.1254-9条にいう、業務提供労働者の最低賃金、および売上げ貢献手当の金額

等の事項である（L.2253-1条）。

　これら13の列挙事項は、多岐にわたるものであるから、一見すると、オルドナンスは、部門協約にかなりの程度の優先権を残しているかに見える。しかし、実際には、これらはこれまですでに改正前から承認されていたものや、労働法典の別の箇所で散らばって定められていたものを集合させたにすぎない。すなわち、上記のうち、①、②、④、⑤は、すでに2004年のフィヨン法において、

また⑨については2016年エル・コームリ法で、部門協約の優先事項として取り入れられていた。⑥や⑩も、労働法典の各分野に散在していた規定で部門協約の優先決定の事項と認められていたといわれる。したがって、ここに集められた部門協約に開かれたテーマは、雑多なものを集めた一貫性を欠く列挙になっている。

こうして、実際には、このリストに新規の意味があるのは⑦だけであるといわれている[27]。この事項だけは、これまでに定めのないものであり、有期労働契約と派遣労働契約の所定の労働条件の規制について、新たに部門協約が優先権をもつことになる。

しかし、それでもこのリストを編成すること自体が、新たな意義を示していることも否定できない。この新L.2253-1条の採用以前では、ここに定められている事項は、部門協約だけに対して条項の定めを許し、企業協定にはその適用を許さないとする、適用の独占権を有していると考えられていた。しかし、この「ブロック1」では、後述のように、いわば片面的な強行性しかなく、企業協定が「少なくとも同等の利益保障」（後述）をなす条項をもつときには企業協定が適用されうることを、明確に定めている。その結果、「逆説的にも、労働法典新L.2253-1条は、独占権として考えられていたものを、単なる優先権に変えてしまったのである[28]」。

　(c)　「ブロック2」

次に、「ブロック2」は、上記のように、部門協約が下位の企業協定に対して、抵触協定を締結することを明示的に禁止していれば（「錠前条項」を結んでいれば）、優先適用されるという事項を限定的に列挙するものである。この事項

---

25)　工事・オペレーション契約については、第Ⅵ章第4節2を参照されたい。

26)　「専門業務配送(portage salarial)」とは、L.1254-1条以下に定める、労働者派遣類似の契約であり、労働者は「労務配送企業」との間に労働契約を締結し、賃金はこの企業から受給する。労働者は、専門性、資格および自律性を有して、クライアント企業との間で労務提供の条件や費用を合意することができる。その最低賃金や手当が部門協約で定められることを意味する。

27)　Yves de La VILLEGUÉIN　(sous la direction de), op. cit., p.96.

28)　以上は、Gilles AUZERO, *Conventions d'entreprise et conventions de branche,* Droit social 2017 1018. を参照した。同論文は、このように「部門協約の優越性を保障すると見せかけて、立法者が企業協定に新たな領域を開いたというのは、奇妙である。」と批判する。

[表Ⅲ-2] 部門交渉が「錠前条項」を定めたときに優先適用される事項

> ブロック2
> ① L.4161-1条に列挙する職業危険の諸因子の結果発生への予防
> ②障害のある労働者の職業参入と雇用の維持
> ③組合代表委員が指名されるための(企業の最低)従業員数、組合代表委員の数および組合活動キャリアの評価
> ④危険業務または汚染業務に対する手当

には、次の［**表Ⅲ-2**］に示す、4つが列挙されている(L.2253-2条)。

この「錠前条項」の方式は、すでに見たように、2004年フィヨン法において考案されたものであった。しかし、この「ブロック2」による抵触禁止の意味は、2004年法のもとの禁止条項とは異なっている。

2004年フィヨン法では、労働条件全般について、部門協約が「錠前」をかける、すなわち抵触することを禁止する条項を設ければ部門協約が優先適用されるものとされていた。これに対して、この改正法では、部門協約が抵触を禁止することができる事項は、このわずか4つの事項に限定されている。そしてまた、ここで列挙されている事項の内容は、むしろ「ブロック1」に置かれるのが当然であるような、公序性・強行性の高いものである(①や②は、特にそうである)。

さらに、この禁止条項の効力は、その条項が成立した後に締結された企業協定に行使されるものであり、同条項の成立以前に締結されていた企業協定には及ばない(L.2253-2条は、「この協約以後に締結された企業協定」と定めている)。

(d) 「ブロック3」

以上2つのブロックに属する事項以外は、すべて「ブロック3」に属することになり、ここでは企業協約は、それが部門協約の効力発生の前後のいずれに締結されたものであれ、また、部門協約より労働者に不利益な条項を定めていても、原則どおり優先的に適用されうる。言い換えると、部門協約は企業協定による抵触を受けて適用できないことになり、また企業協定が締結されないときに限り適用される(L.2253-3条)。

なお、「ブロック3」の事項に対して、現に部門協約において定められてい

る錠前条項は、2018年1月1日以降その効力を失うと定められており[29]、企業協定に対して効力が及ばないことになる。この点でも、企業協定への最大限の優先性が追求されている。

　ここで再確認すると、企業協定の優先性は、2016年エル・コームリ法では、労働時間、休息、休暇の分野に限られていたが、2017年マクロン・オルドナンスでは、それが原則と例外を反転させることで拡張されたことになり、「ブロック1」および「ブロック2」に属さないすべての事項に及ぶことになる。例えば、試用期間について[30]、企業協定は法定期間（法定期間は現場労働者等につき2カ月、職工長・技術者につき3カ月、幹部職員につき4カ月、L.1221-19条）よりも長い期間を定めることはできないが（強行規定であることが明示されている。L.1221-21条）、しかし部門協約よりも長い期間を定めることは可能となる。同様に、解雇予告期間（法定では在職期間に応じて、所定期間、1カ月または2カ月、L.1234-1条）や解雇手当（L.1234-9条以下）についても、企業協定で優先的に定めうることになり、例えば解雇手当の額を、企業協定で部門協約よりも低い方向に見直すことも可能である。報酬面でいうと、企業協定は部門協約で定めた協約最低賃金については「ブロック1」に属しているから抵触できないが、諸手当（在職年数手当、年末〔第13月〕手当等）などが重要であり、危険作業または汚染作業手当（上記のように、「ブロック2」に属する）を除き、企業協定では部門協約の水準を下回る諸手当を自由に決定することができる。

　すなわち、使用者は、企業協定を締結することにより、部門協約に定められた諸手当を減額または廃止し、あるいは部門協約が定めていない企業独自の特別手当を創設することも可能となる。オルドナンスの報告書はこの点につき、次のように述べている[31]。「もし労働者が、組合代表委員や従業員代表委員を通じて、在職年数手当に代えて、業務革新に対する、あるいは育児に対する手当を選ぶならば、それは今後、可能となる。」

---

29)　オルドナンス16条。
30)　ここでは、実務解説書である、Yves de La VILLEGUÉIN（sous la diréction de）, op. cit., p.98.の掲げる例に倣っている。
31)　Rapport au Président de la République relatif à l'ordonnance nᵒ 2017-1385 du 22 septembre 2017 relative au renforcement de la négociation collective, JORF nᵒ0223 du 23 septembre 2017, texte nᵒ 28.

最後に、「ブロック3」の領域では、部門の団体交渉と協約はいかなる意味をもつだろうか。

第1に、このブロックに属する労働条件の分野（公序に属するもの以外の、労働条件の大部分）では、部門協約は、企業協定が締結されないことによる協約規範の空白を避けるためだけに適用される、補充的な役割しかないことになる。

第2に、とはいえ、これを言い換えると、企業協定が締結されないときには、適用されるのは部門協約である。部門交渉は、その限りでは存在意義を維持しており、実益を失うことはない。この点は、実務の上ではなお重要である。というのは、マクロン・オルドナンスの政策による企業協定の推奨のシステム（本章第3節を参照）にもかかわらず、現実には中小企業において交渉が行われ、それが協約としての規範に結びつくのは容易でない。企業交渉が定着して、円滑に実施されるようになるのはなお時間を要するし、企業によっては達成しないかもしれない。そのとき適用されるのは、部門協約である。

第3に、2016年エル・コームリ法では、同法の制定から2年以内に、部門の代表的組合が、企業協定が部門協約を抵触することができない（＝企業協定が部門協約の水準を下回ることができない）事項の範囲を決定することを予定しており、これは「協約的公序（ordre public conventionnel）」という名称のもとで成り行きが注目されていた（エル・コームリ法24条）。しかし、この構想は、マクロン・オルドナンスにより廃止されたと見られる。そのような部門協約が締結されたとしても、「ブロック2」の事項にあたるものでない限り意味をもたず、現在では3つのブロックによる新たな秩序に包摂されるからである。

(3) 「有利原則」から「同等性原則」へ

上述のように、「ブロック1」では法律上当然に、また「ブロック2」では部門の協約が「錠前条項」すなわち抵触禁止の条項を定めたときには、企業協定では同じ協約事項について部門協約を抵触する（＝労働者に不利益な）条項を締結することはできない。ところが、これら2つのブロックについて規定を設けた上記の各規定条文では、いずれも「但し、企業協定が少なくとも同等の利益保障（garanties au moins équivalentes）を確保しているときは、その限りでない。」と定められている。言い換えると、両ブロックに属する事項であっても、企業

協定が同等以上の利益保障を定めていれば、適用されるのは、常に企業協定の条項である。

このことの意味は大きい。この定めにより、部門協約において確保され、常に適用される事項というものは原理的に存在しなくなるからである。法律に基づき（ブロック１）、または協約の錠前条項に基づき（ブロック２）、優先的な部門の協約規範を設けていても、その優先性は常にこの「同等以上」の利益を保障する規定を有する企業協定によって覆されてしまう。

ところで、レベルの異なる協約が競合する場合の解決基準として、1980年代から判例で確立していた原則である有利原則は、先に見たように（本章第１節２(2)）、「規範の抵触が生じたときには、労働者の地位（契約内容）は労働者に最も有利な規範により規律されなければならない」というものであった。「同等性原則」は、一見すると「有利原則」に類似する原則に見えるが、その機能と内容は、異なっている。

第１に、有利原則は、公序規範を別にすると、すべての事項について、労働者が適用の競合する複数の協約規範の中から、自己に最も有利な規範を選択することができるとするものであった。これに対して、同等性原則は、13事項プラス４事項という例外的に部門協約が優先性を保持する事項の範囲に限って、しかもその部門協約の優先適用を例外的に否定する限りの意味しかもたない。すなわち、それはいわば「例外の例外」の領域で機能するにすぎないのであるから、適用場面は狭められている。

第２に、有利原則は、複数レベルの協約の中から最も有利なものを選択させるという意味で、労働者の利益擁護を意味するものであった。これに対して、「同等性原則」は、「ブロック１」においては法律に基づき保留する、また「ブロック２」においては協約の定めにより保留する、部門協約の条項の優越的権限を、企業協定で「同等以上」の定めを置くことで、打ち壊すことに意味がある。その意味で、同等性原則は、企業協定の優先適用に裨益することにこそ意義を有するのであって、労働者の利益擁護を目的とするものではない。

第３に、この「同等」という言葉の意味については多様な指摘が見られる。ある見解によれば「有利」であるかは分析的（analytique）な比較により判定するが、「同等」であるかは全体的（global）な比較により判断する。すなわち、同等

第2節　労働協約の新しい序列とその連結　121

であるか否かは、個別労働者の労働条件ではなく事項ごとに検討され、また従業員全体の利益状況により判断される。しかも、「有利」ではなく、そのような意味で「不利でなければ」、企業協定に優先適用を譲ることになる。

　第4に、この「同等」の比較の指標であるが、ある見解はこれについて、①客観的に測定可能な同一の価値、②協約条文および公序において追求される目標について同一の有効性、③同一水準の社会的利益を挙げる。その上で、その決着は結局裁判で争われることになるが、この（「ブロック1」と「ブロック2」）の領域では部門協約の優越が法定原則であることからすれば、例外的な基準である、「同等以上」性を主張する方（＝企業協定の適用を主張する方）が立証責任を負担することになるとしている[33]。

　最後に、このように「有利原則」を否定して「同等性」基準を採用した法制の、その底に流れるロジックは何だろうか。「それは、次の立場による。労働の現実の組織条件に最も近い交渉された労働協約こそが、最も適合的であり、各生産組織の特殊性に対して最も適切な形で対応する。したがって、それが労働者の地位を下げるものでない限り、その意味で『同等』である限り、企業協定が適用されなければならない[34]。」

　しかし、その論理は、企業協定の優越性を根拠付けるために常に用いられるものであるが、企業協定というものが発展を始めていたときから警鐘を鳴らされていた危険な論理でもある。つまり、部門が後背に退いて、企業レベルで労働条件を統御することは、いつもソーシャルダンピングの危険と隣り合わせである。マクロン・オルドナンスは、この危険を現実化させるものではないだろうか。

　こうして、同等性原則の追いうちが加わる。「部門の協約規範の強行的効力性は、それが優先性を有する場所でさえ、低下しているのである[35]」。

---

32)　Jean.-François CESARO, *L'autonomne dans les branches professionnelles et quelques mesures portant sur la négociation collective*, JCP S 2017 1306.　同じ趣旨を述べるものとして、A. LYON-CAEN, *Présentation des ordonnances*, op.cit., p.9.

33)　Gille BÉLIER, Henri-José LEGRAND, Aurélie Cormier Le GOFF, *Le nouveau droit de la négociation collective*, 6e éd., 2018, p. 535 et suiv.

34)　Cécile NICOD, *Conventions de branche et d'entreprise : une nouvelle partition*, RDT octobre 2017 657.

3 「部門からの解放」

(1) 部門への国家介入

ここで忘れてならないのは、労働法改革では、こうした企業レベルの交渉・協約締結を重点化するにとどまらず、他方で、部門レベルでの交渉について役割を低下させる政策が、積極的に推進されていることである。それは、国家が部門レベルの労働協約のあり方に直接に介入することで、部門交渉や協約の本来の役割を弱めるという国家支配の意図が見え隠れする。そのための法改正が、協約政策として同時並行的に進行している。ポイントを掲げておこう。

(a) 国家による産業部門の再構築

まず、国は、散在する部門協約の整理統合に着手した。すなわち、労働大臣は「一般利益を考慮して」、一定の条件下にある産業部門の協約の適用範囲については、それと類似した社会経済的状況にある適用範囲と合併(fusion)させる手続を開始することができる。その条件とは、①適用対象が5000人未満の労働者であること、②協定数や実施された交渉テーマの数が低調であること、③部門協約の適用範囲が極度に地域的である場合、④部門に属する企業のうち代表的使用者団体に属しているものが5％未満である場合、⑤協約の交渉・解釈のための常設委員会が開催されていない場合、といった基準である。協約の統合は、5年の経過期間をもって実施される(L.2261-32条)。

これは、これまで約700存在していたといわれる職業部門の数を200部門に整理することを目標にしており[36]、それにより部門協約を合理化し効率化しようとするものであろう。しかし、職業部門は歴史的な経過の中で、その職業や地域の特性に応じて自律的に発展してきたものであり、これを合併させることは「より悪しき方向での平滑化(lissage)」をもたらす[37]。また、合併を政府が命令で指示しうるとすることは、部門の弱体化を意味するにほかならない。

---

35) Gilles AUZERO, op.cit., p.1021.

36) この統合の動きは、もともとコンブレクセル委員会報告書の提言に始まる。同報告書は、「3年以内に、5000人未満の部門の合併とその導入のための協約のメカニズムを定める」ことを提言していた(提言3-2)。Jean-Denis COMBREXELLE, *La négociation collective, le travail et l'emploi*, p.90-91.

37) Sophie NADAL, *Gouvernance du niveau et des règles de branche: les nouveaux visages de l'emprise étatique*, RDT octobre 2017 652.の指摘による。

第2節　労働協約の新しい序列とその連結　123

(b)　協約拡張の制限

　マクロン・オルドナンスは、部門協約の拡張のレベルでも、制限を課した。本書では詳細な紹介はしないが、フランスにも労働協約の拡張適用（extension）の制度がある。この国で拡張適用とは、代表的労働組合の請求または労働担当大臣のイニシアティブにより、部門協約や協定の規定が、それが代表的な使用者組織によって締結された協約であるという条件で、政府の出す命令（arrêté）により、当該協約・協定の適用範囲に属するすべての使用者および労働者に適用を拡張する制度である（L.2261-15条以下）。協約の拡張制度は、職業部門における協約・協定事項について、部門協約の支配力により企業間競争を規制する役割をもっており、競争規制にこそ本来の意義がある。

　ところが、マクロン・オルドナンスは、自由競争の名のもとに、政府が組合からの拡張申請を拒絶しうる旨の規定を定めた。すなわち、労働担当大臣は、「一般利益を考慮して、特に自由な競争に対する過度な侵害があることを理由に、労働協約の拡張適用を拒絶することができる」旨の定めである（L.2261-25条）。拡張適用が部門の労働協約制度の本来もつ、競争規制権限の現れであるとするならば、「自由な競争」の名において拡張の命令を拒絶することは、制度の本旨に反することになるのではないだろうか。また、この改革で「自由競争」という理念が持ち出されたのは、EU レベルの取引の自由が影響を与えたものといわれている。よく知られているように、ヴァイキング事件およびラヴァル事件の EU 司法裁判所の判決が好例であり[38]、このように超国家的規範の要請が伝統的な部門協約の支配力を牽制しようとしている。

(c)　部門の役割の分断

　マクロン・オルドナンスでは、「部門の使命」に関して定める規定で、次のような定めを置いた。「雇用および労働条件、ならびに L.2253-1条および L.2253-2条に定める条件のもとで、同条に定める事項の範囲内で、労働者に適用

---

38)　これらの判決は、いずれも EU 域内での国家を超えた団体行動や争議行為の正当性が争われた事件に対するものであり、2018年に EU 司法裁判所は、いずれについても経済活動の自由を理由にそれらの正当性を否定した。ヨーロッパで、大きな注目を集めた事件である。より詳細には、野田進「フランス労働契約法における契約外規範」季刊労働法250号（2015年）74頁、および同論文89頁で引用した各論考を参照。

される諸保障を定めること。」（L.2232-5-1条第1号）。この規定は、部門は交渉により関係労働者の雇用および労働条件を定めるが、その適用は上記のように「ブロック1」と「ブロック2」に限定されることを意味している。

ところで、改正前の同じ条文は、部門交渉の役割として、交渉の対象となる雇用・労働条件の事項を例示的にずらりと列挙した上で、これらを「交渉により」定めると規定していた。しかし、新規定では、その用語が抹消されている。このことについて、それが部門交渉による協約の適用が分断化されたことの表れであると指摘する見解がある。[39]

すなわち、部門協約は、たしかに現行法のもとでも「交渉により」締結されることに変わりないとしても、その協約事項は、「ブロック1」と「ブロック2」に確保されている事項以外（「ブロック3」）は、企業協定があれば適用されることがない。また、両ブロックに確保されている事項も、企業協定が同等以上の利益保障をしていれば、やはり適用されない。とすれば、部門協約の条項は、傘下企業の企業協定の状況いかんで適用されるか否かが不規則でまちまちとなり、その意味で部門協約の条項が分断されるといいうる。

こうして、一体的な包括協約として、部門内の労働条件を規律するという部門協約は、その適用面で虫食い状態になりかねず、その機能はこのように実質的に分断されることになる。この点でも、部門の役割の弱体化が指摘されるのである。

(2)　部門からの解放？

マクロン・オルドナンスは、部門協約と企業協定の連結問題について、上述のように「有利原則」を廃止した2004年法からの改革を推し進めたものである。その意味では、同オルドナンスは、2004年以降の改革、すなわち団体交渉システムにおける企業の重視をさらに継続し高めた政策と評価しうる。しかし、同オルドナンスにおいては、もはや企業レベルの協定の優越が原則となり、部門協約は留保された領域において例外的に適用優先を保つだけである。その意味で、ここでは連結問題において、原則と例外が逆転した姿が示されている。

---

39)　Sophie NADAL, op.cit., p.655.

こうして、我々がドイツを始めとする西欧大陸諸国の協約モデルとして理解してきた、横断的な産業別労働協約を基底にした協約規範の秩序は、フランスではもはや正面から否定されることになった。また、かつて「労働法の精神(l'âme du droit du travail)」とまでいわれた「有利原則」は頓挫し、個別企業や企業グループでの規範形成こそが最優先のものとして高められ、部門協約は一部を除き補足的規範としてのみ機能する。企業協定こそが優越するのであり、「部門からの解放」[40]が、高らかに宣言された。

第3節　企業交渉の新たな方式

　前節で見たように、フランスの団体交渉および労働協約の連結関係では、企業レベルが原則的かつ優先的な協約規範であり、例外的に部門協約に優先性が留保されている領域(「ブロック1」および「ブロック2」)に属する事項を除き、企業協定で締結された条項が労働条件を決定する。とすれば、協約規範の体系では、企業協定の条項こそが最大の重要性をもつことになる。

　しかし、一般に部門(職業部門)においては、労使はそれぞれの内部で職業的な価値基準に基づく協同体を形成しており、部門交渉はその協同体での利益対立を調停させる役割を果たしている。それにより、部門は、「部門協約の適用範囲に属する企業間の競争を調整する役割」(L.2232-5-1条第3項)、を有しているのであり(ドイツ法の表現では産業別横断組合の「カルテル機能」といえようか)[41]、かかる競争調整機能により、部門協約は当該部門において均衡的な、最適の労働条件の形成を期待しうることになる。これに対して、企業交渉においては、使用者は職業組織として追求すべき共同利益から切り離された個別企業の利益を優先させ、労働者側においても、特定企業への従業員としての帰属の方が、同じ部門の他の労働者との職業的連帯よりも優越する。したがって、企業交渉に均衡的で最適の労働条件の形成という役割を期待することはできず、企業協

---

40)　Cécile NICOD, op.cit.は、マクロン・オルドナンスは、「企業レベルの団体交渉を力強く持ち上げて、ついには部門からの解放にまで到達するサイクルを完成した」と述べる。

41)　ドイツ産別協約のカルテル機能とその近時における変容については、名古道功『ドイツ労働法の変容』(日本評論社、2018年)20頁、292頁以下。

定に規範としての優越性を承認することには大きな危険が伴うはずである。それでは、マクロン・オルドナンスは、どのような方法で、企業交渉に大きな役割を付与することの危険を回避する仕組みを備えているだろうか。

　以下では、マクロン・オルドナンスの改革趣旨を明らかにした上で、企業における団体交渉の方式について、労働者の数が50人未満の場合と50人以上の場合に分け、それぞれの仕組みを、①交渉における労働側当事者、②交渉事項、③協定の効力発生要件という、3つの観点から検討しよう。

1　多数派協定と従業員投票の一般化

(1)　多数派協定の一般化

　すでに明らかにしたように、もともと1つの交渉範囲に複数の組合が存在することを規範的な原理(複数組合主義)とするフランスでは、労働組合の代表理念においても、少数組合であれ「最も代表的」であるという条件を満たせば、当該適用範囲の労働者の全体を代表する仕組みが採られていた。しかし、すでに述べたように(本章第1節2(3)(a))、2004年のフィヨン法は、部門協約が「錠前条項」をもつ場合とそれをもたない場合について、それぞれ異なる方法で、企業協定が部門協約に対する抵触協定を定めることを認めることにし、その要件として、直近の職業選挙における有効投票の獲得数における「多数派原理」を取り入れたのである。その後、2008年法においては、この方式は「賛成多数」と「反対多数」を組み合わせた複合的なものとして精緻化された。

　そして、2016年エル・コームリ法もまた、積極的に多数派協定を取り入れたが、その導入にあたっては、段階的に次の2つの方法によるものと定めていた。

　第1に、企業協定は、〈労働時間・休息・休暇〉の事項については、2017年1月1日から、次の2つの方法に従うものと定められ、すでに施行された。これらの事項について定める企業協定は、①企業委員会等の直近の選挙の第1回投票で有効投票の50％を超える票を集めた代表的組合(複数の組合で合算してもよい)が協定に署名しているか、または、②同様に第1回選挙で30％を超える票

---

42)　以上については、Gilles AUZERO, Dirk BAUGARD, Emmanuel DOCKÈS, *Droit du Travail*, 31ᵉ éd. (2018), p.1618以下の叙述に基づいている。

43)　この方式の具体的内容については、第Ⅰ章第3節において詳細に紹介している。

を集めた代表的組合(同じく複数合算でもよい)が署名して、さらに協定がその後に従業員投票による意向確認(いわゆるレフェランダム)で有効投票の過半数の賛成を得ている場合には、有効に成立する。

　第2に、〈労働時間・休日・休暇以外のテーマ〉に関する企業協定については、急な改革を避けて、以上の有効要件の規定は、法施行の約3年後である2019年9月1日にしか適用されないものとされていた(2016年エル・コームリ法21条IX A第2項)。

　ところが、これまで見たように、協約規範の形成において企業交渉こそが主戦場になるべきであるとされ、企業交渉が労働条件設定における最優先の役割を果たすことが企図された。そのために、時期的に2019年9月1日の適用を待つことはできず、さらには労働条件全般に共通の企業協定の有効要件の定めを設けることが急がれるようになった。こうして、2017年9月22日のマクロン・オルドナンスは、エル・コームリ法の関係規定を全面改正し、多数派協定をさらに強化して一般化する法制を設け、その適用を2018年5月1日に繰り上げることとした(マクロン・オルドナンス2017-1385号第4章10条III項)。それだけでなく、組合代表委員が指名されていない企業についても、企業交渉を促進する新たな方式を導入した。

　これが、以下に紹介する企業交渉の新たな方式であり、ここでは特に、中小零細企業における団体交渉の実施に向けて、強力な誘導策が繰り広げられる。

(2)　使用者の主導による従業員投票

　次に、ここで最初に確認しておくべき基本的な改正点が、もう一点ある。

　企業協定が成立しても、それが少数派の組合が締結したものである場合、2004年法以降の法制は、その協定が多数意見を反映しているという「正統性」を付与するために、従業員の直接投票による批准の意思決定方式(consultation、[44]

---

44)　この従業員投票による意思決定方式は、法令上の用語は区別されており、50%未満30%以上の少数派組合の締結した協定に対する従業員投票については、従業員の「意向確認(consultation)」(L.2232-12条、L.2232-34条など)、組合代表委員のいない企業での非典型協定に対する従業員投票については、従業員の「賛同(approbation)」(L.2232-23-1条、L.2232-24条など)と表記されている。法令上はレフェランダムという言葉は用いられないが、学説や実務書はこの語を採用することが多い。

あるいは approbation。以下では、マクロン・オルドナンスの制度としては、これらを「意向確認」と訳すことにする。ただし、一般的表現として従業員投票という用語、あるいは機能的表現としての「レフェランダム」との文言を用いることがある)を有効要件とする制度を設けていた。そして、2016年エル・コームリ法でも、上記のように、直近の従業員代表選挙で過半数を得なかったが30％を超える票を集めた代表的組合が署名した協定については、それが効力をもつには、従業員投票で有効投票の過半数の賛成を得ることが条件とされていた。この点は、マクロン・オルドナンスの新方式でも変わらない。

　もっとも、これまでは、従業員投票を主導して実施を求めるのは、当該協定に署名した(少数派)労働組合であり、当該の署名組合が署名後１カ月の期間内に、この従業員投票を実施することが求められていた。

　ところが、2017年の新方式では、使用者の方からも、署名労働組合と同様にレフェランダムを主導し実施しうることになった(L.2232-12条。この条文の中に、「または、使用者の主導により」という文言が挿入された)。つまり、上記の署名組合が実施すべき１カ月の期間内に同組合が従業員投票を組織しないときには、使用者は、署名組合がそれに反対しない限り、その実施を直接に従業員に求めることができるようにしたのである。

　使用者が従業員に投票を求める方式は、以下に見るように、企業に組合代表委員が指名されていない企業では、協定の効力発生要件としても一般的に承認されている。この方式では、いずれの労働組合の組合員でもない者が、協定締結のための交渉を担当する可能性が予定されており、そのような場合に、従業員投票を労働組合に任せていたのでは、実施が確保できない。使用者が自ら従業員投票を要請するのは、企業協定を円滑に発効させるためには不可欠であるといえよう。

　しかし、企業協定の成立に関して、使用者の方から従業員に対してレフェランダムを要請し実施することが、法律上認められるのは、これまでの従業員投票の本質を塗り替えるものといえよう。これまでのレフェランダムは、少数派の組合(50％未満30％以上)が使用者と協定を締結する場合に、少数派であるがその正統性を裏付けるために、すなわち少数派労働組合のために用いられるものであった。ところが、使用者が主導するレフェランダム(意向確認)の場合、労

働組合のための労働協約の正統性の確保という目的は消滅し、単に使用者が企業協定（多くは、部門協定の水準を下回る協定）を取り結び、その効力を発生させるための手続である。レフェランダムによる意思決定は、むしろ使用者の利益のために用いられることになる。[45] そこに、真の意味で労使間の民主主義（フランスでいう「社会的民主主義」）[46] が成り立っているのかは、常に意識されるべき問題である。

2　労働者が50人未満の企業における団体交渉の奨励

(1)　中小零細企業における団体交渉の推進

　企業または事業所のレベルで、団体交渉を実施し、協定を締結する労働者側当事者は、一般的には「組合代表委員」である。すなわち、代表的労働組合は、権利として企業内に組合支部を設置することができ（L.2142-1条）、また、労働者が50人以上の企業で組合支部を設置する代表的組合は、当該企業の労働者の中から組合代表委員（délégués syndicaux）を指名することができる（L.2143-3条）。そして、この組合代表委員は法定の有給の専従時間を保障されて（L.2143-13条）、企業内組合活動に従事することができる。その活動の中核的な部分が、企業交渉の交渉担当にほかならない。ただ、従業員が50人未満の企業や、50人以上であっても組合代表委員が指名されていない企業では、交渉を担当し協定に署名する者を欠いていることになる。これを補うために生まれてきたのが、すでに説明した「非典型交渉」であった。

　マクロン・オルドナンスでは、これまで以上に、労働者数50人未満の中小企[47]

---

45)　もっとも、レフェランダムの方式を、不利益変更という文脈から切り離して考えるならば、この協定の伝統は1980年代から普及していた。特にそれは、社内預金の実施に際して、従業員代表組織のない中小企業で広く用いられた。2016年の統計でも、届出された企業協定のうち約21％（15,431件）がレフェランダムの方式（その3分の2は社内預金協定）によるものである。その意味では、労働法改革によるこの方式の利用も、すでに生じている現実を承認するものにすぎないとされる。この点につき、Guillaume GOURGUE, *Référendums d'entreprise et conflictualité sociale, Éléments pour un bilan des réformes du droit du travail*, RDT 2018 838.

46)　ただし、「社会的民主主義（démocratie sociale）」の用語は多義的であり、様々な立場が多くの含意で用いている。この点につき、Jérôme PORTA et Tatiana SACHS, *Qu'est devenue l'idée démocratique en droit du travail?*, RDT 2017 577. 本書第Ⅰ章注3）も参照。

47)　労働者数は、直近の継続する12カ月の平均で算定する。

130　第Ⅲ章　団体交渉システムの改革

業における企業交渉を促進する制度を設け、この非典型協定をいわば典型化する改革を導入したのである。以下に、その概略を示そう。

　新方式によると、労働者50人未満の企業では、その労働者数、従業員代表の新組織である社会経済委員会等[48]が設置されているか否か、および代表的組合から交渉委任を受けた労働者がいるか否かで、交渉方式が異なる。

(a)　「労働者数が通常11人未満の企業」および「労働者数11人以上20人未満であって社会経済委員会の設置されていない企業」

　これに該当する企業では、使用者は、直接に、すなわち労働組合の関与なしで、雇用する労働者に対して協定案を提示することができる。この協定案の内容は、企業協定において交渉をなしうるすべての事項（第2節**2**(1)(b)を参照）に及ぶことができる（L.2232-21条）。なお、この方式で使用者に求められるのは、協定案または協定の改定案を「労働者に提示する（proposer）」ことであり、それ以上に特定の労働者と交渉等の話し合いをすることは求められない。また、「提示」の具体的方法についても法令の定めはない。

　この協定案を各従業員に通知したときから数えて15日間以上を経過したときから、従業員の「意向確認」の手続が実施される。これにより、労働者の3分の2による賛成意見を得たとき、協定案は一括して承認（批准）されたことになり、有効な協定となる（L.2232-22条）。

　なお、ここに該当する企業では、この一般労働者への協定案の提示という方式だけが可能であり、これ以外に、例えば次の(b)で見る、代表的労働組合により交渉委任を受けた一般労働者との交渉という方式を採用することはできない。

(b)　「労働者の数が11人以上50人未満で、社会経済委員会が設置されている企業」

　これに該当する企業では、社会経済委員会の関与の可能性が生じる。使用者

---

48)　社会経済委員会とは、マクロン・オルドナンス2017-1386号で設置された企業内の従業員代表組織であり、従来の企業委員会、従業員代表委員、衛生安全労働条件委員会の3つを併合して組織された委員会である。ただ、社会経済委員会の設置は、今後、3つの従業員代表の任期満了の後に新たな職業選挙により完成されるので、それまでは、旧来の企業委員会の制度によることになり、このために、社会経済委員会「等」と表記している。この制度については、第Ⅴ章で検討を行う。

[表Ⅲ−3] 労働者50人未満の企業の交渉(対話)方式

方式	通常雇用する労働者の数	交渉(対話)・協定締結をする労働者	合意できる事項	協定の効力発生の条件
A方式	11人未満	なし(労働者への提示のみ)	法律の定めによる義務的事項	労働者の3分の2以上により承認(批准)されなければならない
	11人以上20人未満で、社会経済委員会を設置していない。			
B方式	11人以上50人未満で、社会経済委員会を設置している。	代表的労組の交渉委任を受けた1名または数名の一般労働者	法律の定めによる義務的事項	雇用される労働者の過半数の賛成投票による承認
		社会経済委員会の労働者側代表の委員		署名した委員が直近の代表選挙で有効投票の過半数の得票している

は、①代表的労働組合から交渉委任を受けた1または複数の労働者(社会経済委員会の委員であるか否かを問わない)、または、②社会経済委員会の労働者代表の委員(交渉委任を受けているか否かを問わない)と交渉することができる。このいずれを選択するかは、使用者の自由であり、使用者は社会経済委員会等の設置状況、当該交渉事項に対する労働者の対応状況等を勘案して、都合のよい方式を選ぶことになる[49]。

　そして、協定に効力が生じるにはさらに条件が加わり、①の場合には、労働者の意向確認によって過半数の賛成意見を得ること、②の場合には、協定に署名した従業員代表が、直近の代表選挙の第1回投票で有効投票の過半数を得ていることが必要であり、これが協定の効力発生の条件となる。なお、代表的労働組合は、各組合で1名ずつしか交渉委任をすることができない。

　この交渉においても、労働法典で認められたあらゆる交渉事項(再び、第2節2(1)(b)を参照)が、交渉の対象事項となる(以上、L.2232-23条、L.2232-23-1条)。

　以上を、簡略に図示すると、[表Ⅲ-3]のようになる。

---

49)　Yves de La VILLEGUÉIN (sous la direction de), op. cit., p.101.

132　第Ⅲ章　団体交渉システムの改革

(c)　従業員の意向確認(レフェランダム)の方式

　上記のように、50人未満で組合代表委員が指名されていない企業では、協定が効力を発生するためには、[表Ⅲ-3]のA方式の場合もB方式(上段の、委任を受けた一般労働者が交渉担当するとき)の場合も、従業員の意向確認をして、それぞれの賛成意見を得なければならない。その実際的な方式については、2017年12月26日のデクレ[50]で定めが設けられたので、概略を示しておく。

　まず、図表のA方式のグループ、すなわち労働者11人未満の企業、および11人以上20人未満で社会経済委員会の委員が未選任の企業では、次の方式による(労働法典 R.2232-10条～R.2232-13条)。

A方式の場合の意向確認の方法

〈1〉　意向確認は、①労働時間内に、あらゆる方法により実施され、その実施費用は使用者の負担による。②実施における「個別性および秘密性」は保障される。③意向確認の実施の際には、使用者は在席してはならず、その結果が出たときに直ちに使用者に伝達される。④意向確認の結果については調書が作成され、企業内であらゆる手段により公開されるとともに、この協定の供託の際に添付される(以上、R.2232-10条)。

〈2〉　意向確認の実施方法については、使用者は次の点を定める。①協定の文案を労働者に伝達する方法、②意向確認の場所および日時、③意向確認の組織および運営、④労働者の意向確認の対象となる協定の、賛否に関する質問文の作成(以上、R.2232-11条)。

　使用者は、意向確認の日の少なくとも15日前までに、その対象となる協定案と上記の実施方法を、各労働者に通知しなければならない(R.2232-12条)。

〈3〉　意向確認を行う労働者の名簿およびその意向確認の適法性に関して異議が生じたときには、その判断は所轄の大審裁判所の管轄に属し、同裁判所は事実審の終審として判断を下す(R.2232-13条)。

　次に、B方式の場合は、その手続の基本部分は、次の2で見る50人以上で組

---

50)　「零細企業における協定の賛同方式に関する2017年12月26日のデクレ2017-1767号(Décret n°
2017-1767 du 26 décembre 2017 relatif aux modalités d'approbation des accords dans les très petites
entreprises)」

合代表委員が指名されていない企業の一般方式と同様であるが（D.2232-2条〜D.2232-5条、以下の〈1〉〜〈4〉）、これらに固有の規定（D.2232-8条、以下の〈5〉）が加わる。

B（上段）方式の場合の意向確認の方法

〈1〉 意向確認は、①労働時間内に、封書または秘密投票による選挙方式でなされ、その実施費用は使用者の負担による。②投票結果は調書に記載され、企業内においてあらゆる方法で公表されるとともに、協定を労働監督署に届出がなされる際に添付される。③調書は、労働者に交渉委任をした代表的組合に対しても渡される（D.2232-2条）。

〈2〉 その実施の方式として、①締結された協定の文案を労働者に伝達する方法を定め、②意向確認の場所および日時、③投票の組織および運営について定めて、④労働者の投票の対象となる質問文（賛成か否かの質問文）の作成を行う（D.2212-3条）。

〈3〉 労働者には、投票日の遅くとも15日前までに、投票の日時、場所、ならびに問題となる協定の内容と質問文が通知される。

〈4〉 意向確認を行う労働者のリストおよびその適法性に関して異議がある場合、所轄の大審裁判所に公表の3日以内に訴えを提起し、同裁判所は事実審の終審として判断を下す（R.2232-5条）。

〈5〉 意向確認は、協定の締結から遅くとも2カ月までに実施されなければならず、使用者は、交渉委任を受けた従業員代表または労働者に対し、その方法について意見を聴取する。その方法について、遅くとも実施日の15日前までに、労働者に通知する（D.2232-8条）。なお、労働組合への通知は、義務づけられていない。

　A方式とB（上段）方式とを比べると重要な違いが見られ、それがとりわけA方式の特異な性格を際立たせる。

　第1に、A方式では労働組合の関与しない、使用者の協定案に対するものであるから、意向確認においても労働組合が関与することはない。そして、意向確認の計画、準備、運営、質問文の作成等のすべてが、使用者の負担と責任において実施される。労働者はその指示に従うだけである。これに対して、B

方式では、組合が交渉委任した労働者が交渉をして協定に署名したのであるから、原則としてその組合が意向確認を主導し、それがなされないときに上記のように使用者が主導しうることになる。

第2に、A方式の意向確認では、必ずしも投票方式によることも求められていない。個別性と秘密性が確保されていれば、「あらゆる方法」が可能とされており、その場に「使用者が在席していない」という自主性要件がかろうじて課されているにすぎない。(原文の)字義どおり、意向確認(consultation)にすぎない態様である。これに対してB方式では、秘密投票が義務づけられ、その意味で意見集約において最低限の民主性・公正性が求められている。

第3に、A方式では、意向確認の結果(3分の2の賛成による効力発生)が、労働組合に報告される必要もない。こうして、労働組合が手続だけでなく結果にも関知しない「企業協定」が、労働協約としての効力を付与されることになる。このようにして成立する企業協定が、部門協約に対して「優先適用」されるのが原則となることについては、上述(本章第2節)のとおりである。

第4に、A方式で、労働者の「3分の2以上」からの賛成で承認される(批准される、ratifié)協定の意義については、未解明の問題が残されている。それは法律上労働協約としての性格は付与されるとしても、そもそも集団的「合意」といいうるのか、それとも固有種の(sui generis)合意と見るべきか。例えば、その協定の当事者は、一方は使用者であるとしても、他方当事者は「企業の労働者」でしかないが、これを企業協定と解しうるのか。そもそも労働法典では、労働協約・協定の一般定義(L.2231-1条)では、代表的労働組合が労働側当事者となるとの定めであるが、本制度はその特則にあたることになるのか。また、この協定を破棄しまたは改訂する場合の方式であり、特に労働者側がどのような方式でこれを要求しうるのか。また、賛成した労働者が解雇・辞職により企業を去ったときの企業協定の効力いかん等の問題についても、定めは置

---

51) 使用者が一方的に組織し、方式を決めるこの決定方式は、選挙法の一般原則から問題であるとの指摘がある。Franck PETIT, *Les conditions d'organisation du référendum dans l'entreprise*, Droit social 2018 417.

52) この問題提起は、Antoine LYON-CAEN (sous la direction de), *Ordonnances Macron*, op.cit.p.39による。

かれなかったのである。

(2)　小括──労働組合不在での団体交渉

マクロン・オルドナンスは、一般に組合代表委員の指名がなされていない50人未満の中小零細企業で、団体交渉を実施させて、企業協定の締結を促進するために、多様な仕組みを作り上げた。その新たな団交システムの特色を改めて確認すると、次のとおりである。

第1に、この50人未満の企業で締結される協定は、社会経済委員会の委員が交渉担当した場合を除き、いずれも企業の労働者の多数（3分の2以上または過半数）による支持または賛成があることが効力発生の条件とされている。このように、中小零細企業では、労働者の多数の賛成による「多数派協定」の方式が常に採用される。

第2に、いずれの方式においても、組合代表委員以外の者が交渉（あるいは対話）の相手方となることが可能とされており、「非典型」協定であることが当然に予定されている。したがって、もはや「非典型（atypique）」という形容そのものが意味をなさない。

第3に、とりわけ注目されるのは、従業員11人未満の企業および11人以上20人未満での社会経済委員会の労働側委員の未選任の企業の場合の方式（A方式）であり、使用者は、直接に、誰であれ一般労働者に対して協定案を提示して対話をもち、その上で協定を締結し、労働者全体の意向確認により協定の効力を得ることができる。上述のように、これまでの「非典型協定」とは、組合代表委員に代わり、従業員代表制度の労働者委員または労働組合から交渉委任を受けた労働者が交渉を担当した協定をいうものであった。ところが、ここでは、使用者が対話者として相手にするのは、それらのいずれでもない一般労働者であり、そこでは、労働組合の存在は影さえも見られない。この国の団体交渉システムにおいて、このように組合の存在を抜きにした交渉を容認するのは、初めてのことである。

第4に、この場合に、AとB（上段）の方式によるときには、従業員の意向確認または投票が、協定の効力発生の要件とされる。そして、これらの意向確認・投票は、従来は企業協定に署名した（1または複数）労働組合組織だけが、

なしうるものであったところ、新方式においては、署名組合だけでなく、使用者の側からこれを主導して実施することができる。このように企業協定の締結のための、使用者の主体的な役回りが、新方式の顕著な特色である。

3　従業員50人以上の企業における団体交渉の方式

(1)　中規模以上の企業での団体交渉の促進

常時50名以上の労働者を有する企業においては、組合代表委員が指名されているから、企業協定はこの委員に委ねておけばよいはずである。しかし、実際にはこれが指名されていない企業が多いから、その場合にも、企業交渉を可能にするための様々な方式を設けておく必要がある。

団体交渉の方式は以下に順次示す(a)～(e)のとおりであるが、採用すべき方式は、(a)から(e)への段階を踏んだ順序によらなければならない。つまり、例えば、(a)を実施できないときにはまず(b)を実施しなければならず、直ちに(c)や(d)の方式を採ることはできない。

なお、ここでは団体交渉の労働側当事者として、マクロン・オルドナンスで発足した新制度である、企業審議会(conseil d'entreprise)という企業内制度が登場する。これは、企業内に組合代表委員が指名されているか否かにかかわらず、当該企業の企業協定に基づき設置されるものであり、社会経済委員会の権限を代行するとともに、「企業協定を交渉し、締結し、および改定するための権限」を付与される(制度の詳細は、本章第4節2で検討する)。

(a)　「組合代表委員または企業審議会」との交渉

従業員50人以上の企業においては、代表的労働組合が求めれば、企業内に組合支部が設置されねばならず、各組合においては組合代表委員が指名されるのが通常である。その場合には、使用者は、労働法典で認められたすべての交渉事項について、組合代表委員と団体交渉を行うことができ、その際に特別の条件や効力発生要件はない。企業審議会が設置されているときも同様である。

ただし、企業協定の一般ルール(多数派協定ルール)に従い、①署名組合は直近の従業員選挙で有効投票の50％を超える票を得ているか、②50％以下で30％を超えているときには、労働者の意向確認の投票で過半数の賛成票を得なければならない(L.2232-12条)。この②の場合には、署名組合は、使用者および他の代

表的組合に対して、協定締結の日から1カ月以内に企業の労働者の意向確認（consultation）の実施を書面で要請しなければならない（D.2232-6条）。

(b) 「交渉委任を受けた選出代表」との交渉

次に、組合代表委員の指名も企業審議会の設置もなされていない企業においては、使用者は、社会経済委員会の労働者代表と交渉し、協定の締結または改定をすることができる（L.2232-24条）。ただし、この方式では、その労働者代表である委員は、当該部門の代表的組合（それがないときには全国または職際レベルで代表的組合）から、明確に交渉委任を受けていることが条件となる。

交渉事項には、一般的な制限はないが、組合から交渉委任された事項に限られる。また、締結された協定が効力を発するには、ここでも意向確認の従業員投票が必要であり、有効投票の過半数による賛成が条件となる。

(c) 「交渉委任を受けていない選出代表」との交渉

さらに、(b)における社会経済委員会の選出代表がいない企業では、使用者は、「交渉委任を受けない」選出代表（社会経済委員会の労働側委員）と協定を交渉し、締結・改定することができる（L.2232-25条）。ただし、この交渉は、法律により交渉の実施が企業協定に従う旨定められた事項に限られる。また、この方式による協定やその改定付則の効力発生は、直近の社会経済委員会の選挙で、有効投票の過半数を得た社会経済委員会の委員が署名していることが条件である。

(d) 「交渉委任を受けた一般労働者」との交渉

企業が、以上の方式を利用できない事情にある場合、すなわち交渉委任を受けた社会経済委員会等の委員がおらず、さらにこれらの委員が自発的に交渉に応じようとしない場合には、どうなるか。この場合には、使用者は、部門における代表的な1または複数の労働組合組織（部門にいなければ職際レベルでも）から明確な交渉委任を受けた、1または複数の労働者（非組合員でもよい）と交渉を行うことになる（L.2232-26条）。

それをなすための前提として、次の2つのいずれかが必要である。すなわち、組合代表委員または企業審議会のない企業で、第1に、社会経済委員会等の労働者の選出代表が手続期間の終了までに交渉に応じる意向を示さないとき、または、第2に、組合代表委員または企業審議会のない企業において、使用者が

138　第Ⅲ章　団体交渉システムの改革

[表Ⅲ-4] 50人以上の企業における企業交渉の労働側当事者と方式

労働側当事者	交渉のための条件	交渉事項	特別の効力発生要件
(a)組合代表委員または企業審議会	組合代表委員の指名または企業審議会の設置	限定なし	多数派協定ルール
(a)を欠くとき (b)交渉委任を受けた選出代表	社会経済委員会の選出代表に対して、部門の代表的組合が交渉委任	限定はないが、受任事項のみ	意向確認投票における有効投票の過半数による賛成
(b)を欠くとき (c)交渉委任を受けない選出代表	交渉担当の交渉委員が社会経済委員会の選出代表	法律により企業協定に復するとされた事項	直近の選挙で有効投票の過半数を得た社会経済委員会の委員の署名
(c)を欠くとき (d)交渉委任を受けた一般労働者	組合代表委員や企業審議会の委員に交渉意向がない、または、社会経済委員会の委員の欠員証明	限定はないが、受任事項のみ	意向確認投票における有効投票の過半数による賛成
(d)を欠くとき ⇒企業交渉なし	使用者は、企業交渉を実施することができず、同じ事項を定める部門の労働協約が適用される。それがないときには、労働法典の基準による		

社会経済委員会等を設置しておらず、労働者の選出代表が存在しないことについて欠員調書(procès-verbal de carence ＝法律に違反して同委員会を設置していないことの確認書)が作成されることである。なお、この方式による場合、1つの組合組織は、1名の労働者に対してしか、交渉委任をすることができない。

　この方式で交渉・締結される協定は、労働法典に基づき企業または事業所協定で交渉するものとされるすべての事項(第2節2(1)(b)を参照)に及ぶ。また、交渉委任を受けた労働者が署名した協定が効力を発生するためには、その後に実施される従業員投票において過半数の賛成票により承認されることを要する。

(e)　「企業交渉ができない」場合

　以上の(a)～(d)の方式に合致する交渉相手がいない場合、使用者は企業交渉を試みることはできない。なお、11人未満の企業で認められていた、労働者への協定案提示という方式は、50人以上の企業では認められていない。この場合、使用者としては部門の労働協約を適用することになり、その協約も存在しないときには、労働法典の規定に服するしかない。

　以上の方式の流れをまとめると、[表Ⅲ-4]のようになる。

(2) 小括——企業交渉の原則

以上の序列関係を見ると、企業交渉の新たな方式からは次のような原則が見て取れる。

第1に、この方式では、50人以上の企業において、企業に組合代表委員が指名されていない（または企業審議会が設置されていない）場合でも、企業交渉を実施することができるようにする様々な仕組みが設けられており、使用者は各状況に応じて、法律で命じられる各方式を利用すべきことになる。

第2に、この方式で、(a)から(d)に順に段階を踏んで交渉方式を採用すべきであるとする趣旨は、とりわけ(d)の方式に至ることを阻止することにあるといえよう。企業内に組合代表委員がいない場合に、すぐに一般労働者に交渉委任を要請するのではなく、まずは社会経済委員会の委員に交渉を担当させることを求め、それを欠くときには——という段階を次々と踏むことを求めている。

第3に、別の観点から見ると、この方式は、労働者が代表的組合から交渉委任を受ける方法よりも、社会経済委員会の労働側委員である者の方との交渉を優先させており、一般労働者への交渉委任の方式は、社会経済委員会の労働側委員に交渉担当させることができない場合に限り用いることのできる、副次的手法である。同じ「非典型協定」であっても、まず従業員代表制度の委員に交渉させるという立法意思は、2004年フィヨン法以来の伝統によるものであり、二元的代表システム（デュアルシステム）の尊重が、ここでは維持されている。

第4に、従業員50人以上の企業の企業交渉の方式は、細部を除いては、2016年エル・コームリ法の場合と、大きく変わっていない。しかし、上述の従業員50人未満の中小零細企業の方式を合わせ考えると、マクロン・オルドナンスにおける、企業交渉と企業協定の締結の強烈な推進政策が見て取れる。この政策のもとでは、企業レベルでは団体交渉の実施から利益を得る当事者、あるいは団体交渉を積極的に実施する当事者は、むしろ使用者である。使用者は、部門協約が自らの企業に適用されることを回避するために（前述の「部門からの解放」）、積極的に企業協定を締結して、部門協約から抵触すること、すなわち労働者に不利益な基準を設定することを選ぶであろう。この点では、団体交渉システムは、もはや労働法ではなく「企業法」の領域に属しているといえよう。[53]

とはいえ、現実の問題として、例えば従業員10人程度の中小零細企業の使用者が、企業協定の案を作成し、労働者に同案を提示し、15日経過した後に、意向確認(レフェランダム)を実施して企業協定を有効化するという、法に則ったそれなりに面倒な交渉システムを実施するだろうか。そのような「制度化」されたシステムを、進んで取り入れるだろうか。また、労働者は、部門協約に抵触して自らに不利益となりかねない企業協定の作成に、積極的に協力するだろうか。要するに、実際のところ、新システムはどこまで機能するだろうか(終章第2節2を参照)。

第4節　企業交渉を支える制度枠組み

1　企業交渉の促進と統御の補助システム

　本章の第3節までに見てきたように、企業レベルの協定は産業部門の労働協約に対して優先的に適用されるのが原則であり、さらに第Ⅳ章で見るように「集団的成果協定」が締結されると、その協定の条項は個別労働契約に優先して適用されうる。企業協定は、そのような強力な権能と役割が付与されている以上、これを促進しつつも、統御することが必要となり、そのための補完的なシステムが不可欠と考えられる。

　その法的なシステムには、まずは、マクロン・オルドナンスにおいて、従来の企業委員会と従業員代表委員、安全衛生労働条件委員会を併合して設置した、社会経済委員会(comité social et économique)に目を向ける必要があるだろう。しかし、同委員会の機能は、成立経緯からしても幅広く膨大であり、企業交渉・企業協定に関する役割はその全機能の中のごく一部である。そのため、同委員会についての検討はここでは差し控え、第Ⅴ章で改めて紹介・検討することにする。そこで本節では、企業交渉および協定の補助システムとして、**2・3**では、新たに設置された企業審議会および団体交渉観測所の制度を、**4**では労働協約の「確実化」の諸制度を検討する。

---

53)　Michèle Bonnechère, *L'articulation des normes*, Droit Ouvrier., n° 823, (2017), p.66.

2 企業審議会

(1) 企業審議会の設置

マクロン・オルドナンスの一つである「企業内の社会的経済的対話の新しい組織に関連して労働組合の責任の行使と価値評価を高めるオルドナンス」は、企業内の従業員代表組織を再編成すること（特に、社会経済委員会の設置）を主目的とするオルドナンスであるが、それとともに、第2編「団体交渉の実施条件を整備する」との編立ての中で、企業審議会（Conseil d'entreprise）という新しい企業内制度を設立した（労働法典 L2321-1条以下）[54]。企業審議会は、新設される社会経済委員会の業務を一部代行するために企業に設置される制度である。しかし、それ以外に、企業協定を交渉し締結、改定、解約する権限が付与されており、ここでは後者に注目する。

企業審議会は、労働協約（協定）に基づき設置されるが、その労働協約の方式は、組合代表委員が指名されている企業であるか否かで異なる。組合代表委員の指名されている企業では、企業審議会は、本章の第3節で見た多数派協定の方式（L.2232-12条第1項）にもとづき、多数派協定の条件で締結される（L.2321-2条）。他方、組合代表委員の指名されていない企業では、企業審議会の設置は、同じく第3節で見た組合代表委員がいない企業での企業交渉・協定の方式によるのではなく、部門協約（拡張適用される部門協約）によってその設置が決定される。

後者の場合に、産業部門の協約で企業審議会に関する協定を締結されたからといって、その適用下の企業で企業審議会の設置が労使に強制されるわけではないと解されている[55]。しかし、企業協定の締結に積極的な企業では、組合代表委員に代わる協定当事者の機能をもつものとして、労使は（特に使用者は）これを受け入れることになろう。

企業審議会を定めるこれらの協定は、期間の定めのない労働協約として締結される（L.2351-2条）。この点は、労働協約の期間を5年とする一般原則とは異なる例外的な定めであり、この制度が常設の組織として設置されることが予定

---

54) マクロン・オルドナンスの制定時は、L.2320-1条以下であったが、その後の改正で条数が変わっている（内容にも部分的な修正がなされている。）

55) Antoine LYON-CAEN (sous la direction de), *Ordonnances Macron,* p.181 et suiv.

されていることを意味する。また、企業審議会が設置されるのは、産業レベルだけであり、事業所レベルでは認められない。ただし、企業審議会で特定の事業所だけに適用される事業所協定を締結することは可能である。

　本章第3節で見たように、労働者50人未満の企業では、多様な「非典型」の労働者側当事者が、法律で認められたすべての事項について、使用者と交渉をすることが可能であり、その意味で企業審議会の設置のメリットは相対的なものにとどまる。これに対して、50人以上の企業では、特定の交渉事項について委任を受けた者はその事項の限りでしか交渉をなすことができないところ、常設の企業審議会を設置していれば、生じうるすべての交渉事項について交渉が可能であり、設置の実益が明らかである[56]。さらには、労働者50人以上の企業で、部門の代表的労働組合が組合代表委員を指名せず、また社会経済委員会の労働者側代表に交渉委任もしないとき、要するに労働組合が当該事項についての団交に消極的であるときにも、その企業の使用者としては企業審議会を設置しておけば団交を実施するチャンネルが常に残されていることになる。

(2)　設置協定の内容

　企業審議会を設置するための企業協定については、次の事項が義務的な協定事項として定められている。①交渉が事業所のレベルで実施されるための方式。②企業審議会の同意を得なければならない事項のリスト（例えば、職業的平等に関する事項）。③審議会の委員が有給で活動することのできる、会議参加のための時間数、および審議会委員の出張費用の償還等である[57]（L.2321-2条以下）。

　また、任意的条項として、この設置協定では、企業審議会の委員が協約交渉に参加する際の委員の構成、交渉事項の全部または一部について定期的開催の頻度を定めておくことができる（L.2321-7条以下）。

---

56)　Antoine LYON-CAEN（sous la direction de）, *Ordonnances Macron*, p.182.

57)　政令（2017年12月29日のデクレ第2017-1819号第1条）で、最低時間数が定められており、1カ月当たり、従業員149人までの企業では12時間、150人～499人で18時間、500人以上で24時間と定められた（R.2321-1条）。

（3） 企業審議会の構成

　法律では、企業審議会を構成する委員の数や資格について、何も定めを設けていない。しかし、実際には、社会経済委員会の労働者側の選出メンバーが、これを構成すると考えられている。一定規模の企業で複数の事業所が存在するときには、中央社会経済委員会の委員が、企業審議会の委員の立場で事業所レベルでの団体交渉の任に就くことになる。なお、指名された組合代表委員が、企業審議会の委員となりうるかは1つの問題とされているが、組合代表委員の資格で団体交渉への参加時間について賃金保障されることは考えがたく、組合代表委員の資格で企業審議会の委員になることは想定されていないといわれる。

（4） 企業審議会の権限

　企業審議会は上記のように企業の社会経済委員会と同じ権限を有するとともに、それに加えて、組合代表委員に成り代わって企業レベルの団体交渉を行い協定に署名することができる。社会経済委員会の設置されている企業では、後者の権限こそが企業審議会の独自の権限である。部門の労働組合が、当該企業に組合代表委員を指名しない事情にあるときに、企業としてはその代替として企業審議会を設置することで、スムーズな企業交渉・協定を実施することになる。

　ただし、企業審議会による企業協定では、経済的事由による解雇の際の雇用保護計画（plan de sauvegarde de l'emploi）の内容に関する協定（L.1233-24-1条）、従業員代表の選挙前協定の議定書に関する協定（L.2314-3-1条）、および本書第Ⅳ章で見る集団的成果協定（L.2254-2条）の3種については、協定を結ぶことができない。これらの規定は、関係労働者の労働契約や雇用への効力・利害が直接的であることから、労働組合のなす協定（または非典型協定）だけがなしうる権限とされ、企業審議会の関与の範囲外に置かれたものである。

　企業審議会による企業協定の締結に当たっては、同審議会における委員の過半数による署名、または、直近の職業選挙において有効投票の過半数の投票を得た委員（1名または複数）の署名による必要があり、これが協定の効力発生要件となる（L.2321-9条）。

(5) 拒否権

企業審議会の設置を定める企業協定では、その重要性に鑑み、必ず企業審議会の同意意見に服しなければならない協定事項のリストを定めておくことができる。このリストの中には、重要な雇用・労働条件に当たるものが組み入れられることが考えられ、法律では、職業訓練に関する事項や、職業上の平等取扱い条項が例に挙げられている(L.2321-3条)。このルールは、企業での規範設定について企業審議会という組織の同意意見を要件にしたことになり、逆にいえば使用者の措置に対する拒否権(droit de veto)を付与したものともいいうる。この機能は、ドイツの事業所委員会の方式をモデルにしているとの評価がある[58]。

3 交渉観測所

以上とは観点を異にするが、マクロン・オルドナンスでは、地方の労働行政のレベルで、企業交渉および協定(広くいえば「社会的対話」)を促進するとともに観測(監視)しようとする、新たな制度が創設された。直訳すると、「社会的対話および交渉の分析と支援のための観測所(observatoire d'analyse et d'appui au dialogue social et à la négociation)」といわれるものである。

これは県レベルでの国の労働行政当局により設置される組織であり、その役割は、当該県における労働者数50人未満の企業の内部において、社会的対話および団体交渉の発展を促進し奨励することにある(L.2234-4条)。

観測所は、三者構成で組織され、労働者側の委員、使用者側の委員に加えて、労働行政からメンバーが出される。労働側委員はその県レベルで代表的な労働組合組織から、使用者側は職際的なレベルで代表的な組織から指名され、この要件を満たす労働側および使用者側の各組織は、このセンターに1議席を保有する。行政庁の代表が、これに加わる。労使の一方の代表が交代でその活動を

---

58) ここでは、ドイツの事業所委員会(Betriebsrat)における共同決定方式が念頭に置かれている。このように、フランスにおける企業審議会の設立が、ドイツの事業所委員会への接近の第一歩であるとして、両者の類似点と相違点を検討する興味深い論考がある。Patrick RÉMY, *Le conseil d'entreprise: un premier pas ver le conseil d'établissement allemend ?*, Droit social 2017 1050.

もっとも、本章では検討しないが、社会経済委員会こそがドイツの事業所委員会をめざすものであるとの評価も見られる(J.BARTHELEMY et Gilbert CETTE, op. cit.)。第Ⅴ章第5節を参照。

第4節　企業交渉を支える制度枠組み　145

主宰し、行政官庁の代表が事務局を担当する(L.2234-5条)。

　観測所の任務は、次のとおりである。①その県における「社会的対話」の実情について、年度報告書(bilan annuel)を作成する。②企業内での交渉に際して発生したあらゆる問題について、労働組合および使用者の組織から解決を付託される。③その管轄下の企業に対して、社会法の領域における法律専門家の協力を提供する。なお、新機軸の制度である、この社会的対話および交渉分析支援観測所については、その設置および運営の細則(特に委員の指名方法等)について、規則[59]が定められている。

　この観測所の観測ないし監視の役割が、上記のように「50人未満の企業」の交渉である以上、その実際上の役割は明らかである。上記のように(第3節2、[表Ⅲ-3])、中小零細企業における団体交渉は、使用者の主導により、労働組合の関与なしで実施される「対話」にすぎず、使用者側の一方的な提案に押し切られる可能性がある。そこには集団的な規制力は乏しく、協定内容は労働者の利益を著しく害し、雇用を奪うことにさえなりかねない。そこで、この観測所は、各県内の企業での交渉状況を観察・監視し、問題が生じたときにはこれを是正しようとするものであろう。企業交渉の孤立から生じる危険を、行政および労使の組織的関与により補正する制度であり、日本の状況とも合わせ考える[60]と興味深い。

4　労働協約の確実化

(1)　労働協約の確実化

　マクロン・オルドナンスは、これまで見てきたように、企業交渉・協定を助成し推進するための多様な制度的枠組みを構築してきたが、さらには成立した企業協定の効力を「確実化(sécurisation)」するための政策も設けている。この確実化の政策は、企業協定だけでなく労働協約一般にも妥当するが、特に基盤

---

59)　「社会的対話および団体交渉分析支援センターの設置に関する2017年11月28日のデクレ第2017-1612号」が制定され、各規定は労働法典規則部に組み入れられている。

60)　この制度については、日本の都道府県労働委員会との類似性を思いつく。特に、都道府県労働委員会の労働争議調整(団交拒否事件)は、現実には、企業別労組(または合同労組)の団体交渉における交渉力の弱さをサポートする役割を果たしている。

146　第Ⅲ章　団体交渉システムの改革

の脆弱な企業協定において配慮された政策と見ることができる。そうした観点から、以下では、労働協約における適法性の推定、労働協約の無効訴訟の出訴期間、および無効判断の効果についての定めを検討しておく。

(2)　労働協約における適法性の推定

「適法性の推定」とは、法律の条件を満たして締結された労働協約・協定については適法性が推定されるという趣旨である(マクロン・オルドナンス4条)。新設された労働法典の条文(L.2262-13条)では、「労働協約または団体協定においては、それを支配する法的諸条件に合致していないことを証明する責任は、その労働協約または団体協定の適法性に異議を申し立てる者に帰する。」と規定して、その趣旨を簡略に定めている。

　この適法性の推定という趣旨は、法文上は労働協約全般に及ぶ文言であるが、ここでも企業協定を念頭に置いたものと考えられている。それは、例えば同条に関する立法趣旨として、マクロン・オルドナンスの授権法案の趣意書では、[61]「企業交渉の当事者たちが、信頼に満ち溢れた、広大な〔交渉という〕作業現場に身を投じることを、私たちが望むとするならば、協約の〔法的〕確実性は不可欠である。」(下線引用者)と論じていることからも明らかである。言い換えると、特に中小企業の団体交渉を促進するにあたっては、それが法的知識の専門家の介在しない場でなされることが多いことから、後になって労働者側から「そんなつもりでなかった」と問題を蒸し返されても困る。そこで、適法性の推定を確認することにより、その適用の確実性を保障する必要があると考えられたといえよう。

　もっとも、労働協約における適法性の推定の理論それ自体は、近年の破毀院判決で繰り返されたものであり、確立した判例法理と考えられていた。すなわち、破毀院社会部は2015年の判決で、適法に交渉・署名された労働協約または団体協定は「正当であると推定され、したがって、それが職業的属性のあらゆる考慮に反して不当であることの証明は、それを争う者に課せられる。」と判

---

61)　Projet de loi d'habilitation à prendre par ordonnances les mesures pour le renforcement du dialogue social, 27 juin 2017, p.27.

断して、このことを確認し、その後にも別の労働者間の均等待遇の事案で、同様の趣旨の判決が繰り返されていた。したがって、新設された上記 L.2262-13 条はこうした判例法理を確認したものにすぎず、これまでの法理（民事訴訟上の立証原則）を変更するものでもない。むしろ、そのような定めを置くことで、ともすれば変動しやすい労働協約について、安定的な法理の形成を狙おうとしたものと解されている[63]。

(3) 労働協約または団体協定の無効訴訟の時効期間

労働協約または団体協定の「確実化」の第2弾は、労働協約または団体協定における無効を求める訴訟の出訴期間(prescription)が、2カ月に短縮されたことである。この種の訴訟は、民法典の定める一般原則に従い（民法典2224条）、出訴期間は5年であったところ、マクロン・オルドナンスはこれに特別規定を設けた（同オルドナンス4条）。

すなわち、「労働協約または団体協定の全部または一部の規定の無効を求める訴権は、……2カ月の期間内に着手しなければならず、これを過ぎると不受理となる」（労働法典 L.2262-14条）。そして、この期間の起算点は、①企業内に組合支部を有する労働組合組織があるときには、使用者がこの組合に対して企業協定を通知したとき、それ以外の場合には、②労働協約または団体協定を公示したとき（具体的には全国データベースで公開されたとき。L.2231-5-1条）である。

このような短期の出訴期間を設定した趣旨として、上記授権法の立法趣意書は、それが部門協約または企業協定を確実化するために有効であるのみならず、協約の無効判決が下された場合にも、短期間の適用しかなされていないから、

---

62) Soc. 27 janv. 2015, n° 13-22.179. 予防コンサルタント・研究会社の従業員で組織する全国連合体(CGT 傘下)が、技術研究者・エンジニア・技術コンサルタントの全国労働協約において、エンジニア・幹部職員のカテゴリーと一般職員・技術員・職工長のカテゴリーとの間で、解雇予告期間その他6事項について、処遇における格差が設けられており、平等取扱いの原則に反するとして、それらの協約条項の無効を求めて訴えを提起した。破毀院は、次のように判断して、請求を棄却した。「労働者の権利と利益を擁護する権限を与えられ、労働者が投票により直接に参加する代表的労働組合により交渉・署名された労働協約または団体協定において、そこに処遇の格差が認められるとしても、それは正当であると推定され、したがって、それが職業的属性のあらゆる考慮に反して不当であることの証明は、それを争う者に課せられる。」

63) Jean-François CESARO, op.cit., p.19.

無効の効果の遡及効による影響を限定的にするという点を掲げている[64]。この方策も、適法性の推定の場合と同様に、企業協定の効力をより確実にする趣旨をもっており、特に中小企業における使用者に対して、企業協定への不安を緩和して、協定の締結を促進しようとする狙いがある。

(4)　協約無効判断における遡及効の調整

　労働協約の全部または一部条項が所定の要件を満たさないとして効力が争われ、裁判所がそれらの条項の取消(annulation)を命ずる判決を下したときには、取消の遡及効により当該条項は遡って効力を失うのが原則である。しかし、裁判所では、これまでも取消の効果を調整することにより、労働協約の無効の遡及効を限定する可能性を保有すると解されていた。もっとも、裁判所のこの権能は実際にはほとんど使われることもなく、法律の定めもなかったため、不明確な状況にあった。

　しかし、年間固定労働日数制[65](forfait annuel en jours)に関する協定についての一連の紛争により、こうした状況が問題視されるに至った。すなわち、この年間固定労働日数制の導入のため、一部職業部門(化学、建築土木、卸売業等)では、同制度に関する部門協約の条項を締結していたところ、破毀院は、対象者の拘束時間や責任がこの制度の法定要件に照らして合理性を欠き(L.3121-60条参照)、労働者の安全および健康を保障するものでないと判断して、同条項を無効とする判断を次々と下した。そのために、年間固定労働日数制の個別合意も無効となり、使用者は多数の労働者に対する時間外労働の割増賃金の支払い義務を課せられることになった。政府は、この問題を重視して、「規範のわかりやすさと裁判所に残された評価の幅を尊重する」との立場から、この原則の法典化を推進した。

　こうしてマクロン・オルドナンスは、労働法典に新規定(L.2262-15条)を設けて、不遡及の制度を「確実化」した。すなわち、裁判所が労働協約・団体協定

---

64)　Projet de loi d'habilitation à prendre par ordonnances les mesures pour le renforcement du dialogue social, 27 juin 2017, p.28.

65)　年間労働日数制は、年間の労働日数とそれに対する報酬を合意しておく制度である(L.3121-58条以下)。より詳細には、第Ⅱ章第3節2(3)を参照。

の全部または一部規定を取り消す判決を下す場合、裁判所は一定の場合には取消に遡及効を認めず、またはその効力発生時を調整することができる。裁判官は、この遡及効の制限を、取消のもたらす効果、客観情勢、一般利益などから見て、無効の効果の遡及が過度な結果をもたらすとみなすときに行使することができる。

　この定めは、労働協約一般に関するものではあるが、やはり上記の時効期間の制限と同様に、実際には特に企業協定において確実化の効果をもたらす。取消の遡及効が及ぶことを懸念して、その締結をためらう使用者に対して、その不安を除去することで、企業協定の利用を促進する趣旨であろう。

第5節　むすびに代えて——企業法のサブシステム

1　際立つ企業レベル交渉の優越性

　以上、本章では、マクロン・オルドナンスにおける団体交渉システムの改革の状況について、改革に至るまでの法理上の発展経過を確認した上で（第1節）、企業協定の部門協約に対する優越的な地位を保障する制度（第2節）、特に中小零細企業において企業交渉・協定締結を強力に促進する仕組み（第3節）、および企業交渉・協定を促進するための制度的枠組み（第4節）を紹介し、検討してきた。

　この一連の検討の流れからわかるように、マクロン・オルドナンスによる団体交渉システムの改革拠点は、常に企業である。同オルドナンスにいう「社会的対話」とは、企業レベルでの団体交渉または企業内の労使対話にほかならない。企業レベル交渉の優越性は、両方面において、際立っている。すなわち、企業交渉・協定は、一方で産業部門のそれに対して優越し、もう一方では、第Ⅳ章に見る「集団的成果協定」の仕組みにより、個別労働契約に対しても優越的な地位を誇る。こうして、企業協定はフランスの労働規範の中で、突出した優越性が保障されたのである。

　こうした優越性の保障を背景に、企業交渉・協定は、強力な誘導策により締結が促進される。わけても、中小零細企業に対する「対話」の促進策は、これまでの共通理解であった労働組合を中核とする集団的労働関係法の基本原則さ

え逸脱しており、もはや一線を越えた領域に至っている。さらには、企業審議会などによる企業交渉・協定の支援策は、いわば「あの手この手」での誘導策の観がある。

しかし、このように企業を中核とする交渉システムへの転換に内在する問題は、これまでも繰り返し指摘してきた。P. Lokiec 教授によれば、その議論は、要約すると次の3点に収れんする[66]。

第1に、そもそも企業交渉では、部門レベルでの交渉に比べて、交渉当事者間の力の不均衡が大きいという問題があり、とりわけ雇用情勢の不安な時期には、決まり文句になる切り札の言葉で「雇用への脅し（chantage à l'emploi）」の脅威が投げかけられる。

第2に、「アラカルト労働法」の危険である。すなわち、毎年新たに35000件もの数で生み出される企業協定に対しては、裁判所も労働監督官も、それらの適法性のコントロールは困難である。本来は、膨大な量の企業協定の規制よりも法律や部門別協約による一律規制の方が効果的な部分が多いはずである。ところが、企業交渉は広い範囲で優先適用が認められることから、その企業限りの自前の（アラカルトの）規範が可能となる。

第3に、これらにより、今日、企業協定によるソーシャルダンピングという危険が生み出されてくる。それは、かつては抽象的な危機のレベルで論じられていたが、今日では具体的な危険になっており、特に報酬の引き下げは直接的な危機を招き、諸手当（報酬の重要な部分）は企業協定の優先領域に入り込んで、引き下げ競争の事態が生じている。労働時間においても、時間外労働の割増率は企業手当の決定領域になっており、その低下が報酬の引き下げを招く。

2　企業協定の機能のベクトル

このように企業協定の危険を指摘し、その台頭を警戒する議論は、今に始まったわけではない。本章の第2節で述べたように、1971年の法律により企業協定の締結の可能性が導入されたときに、それがごく狭い事項でしか認められな

---

66)　Pascal LOKIEC, *Hiérarchie des normes et négociation: le pari de la confiance*, Droit ouvrier 2018 p. 142.

かったこと、および、2004年のフィヨン法で企業交渉・協定の範囲が広く認められたときにも、いわゆる「錠前条項」により実際には広がりが制限されたこと、これらは企業交渉・協定のもつ、上記のような危険が意識されたからに他ならない。

ところで、これも本章第2節で示したように、フランスの労使関係法の、1970年代から1990年代までの時期でも、今日と同じように、社会的パートナーおよび立法者が集団的労使関係による規範の主軸を企業に移し、企業協定を重視した時期があった。それは、この国の高度経済成長の基調を背景に、企業レベルで生じた利益増大を、賃金上乗せにより労働者に直接に還元することを可能ならしめるためであった(賃金ドリフト)。企業の利益を労働条件の向上に適切に反映させ、それによる購買力の向上を企業の発展に結び付けるという、規制緩和により企業の合理化を可能とする経済政策(競争的ディスインフレ政策)が、企業交渉の活性化を導いた。そのために、企業交渉を中心に据えた団体交渉システムの改革が、実態面でも法制面でも推進されたのである。

これに対して、現在、マクロン・オルドナンスによる団体交渉システムの改革は、同じく極度に企業交渉を中心とした改革をさらに進行させるものでありながら、そのベクトルは逆向きである。企業協定の部門協約に対する優先適用、および個別労働契約に対する優先性は、いずれも、公序を除く労働条件のほぼすべてについて、労働者権益の効果的な引き下げを可能にするための仕掛けであり、さらには確実にして迅速な雇用調整を可能にするための方策であるといって過言ではない。等しく企業に注目し企業協定を推進しながら、その方向は労働者の権益という観点では逆向きのものである。

こうした改革のもとでは、団体交渉システムのもつ労働条件保護と雇用保障のオプティマム(最適)な解決という機能は、二つながら後退することになる。そこでは団体交渉を通じた労働条件の引き上げという目的は後退する一方、労使間の「社会的対話」を通じた雇用保障の実現という目的も理念も失われてしまい、「確実な」雇用調整を導く方策が幾重にも用意されている。そして、そのための企業レベルでの団体交渉や社会的対話の促進こそが、企業活動の「確実化」を生みだし、企業全体の「集団的成果」を向上させると考えられている。

こうして、等しく企業レベルでの「社会的対話」の推進という理念を掲げな

がら、マクロン・オルドナンスにおいては、団体交渉や労使対話は、労使関係法というよりは、むしろ企業法のサブシステムに位置づけられているように見える。その意味で、新しい団体交渉システムは、過去の法理の発展と断絶するものであり、そのことのもつ意味の深長さを、我々は比較法的観点からも肝に銘ずべきであろう。

第 Ⅳ 章

集団的成果協定

第 1 節　制度改革の経過

1　企業協定と労働契約の新たな連結方式

　何度も恐縮ながら、2 頁の ［図］（第Ⅰ章の ［図Ⅰ-3］ 参照）をご覧いただきたい。本章が検討するのは、［Ⅱ］ の労働協約領域のうちの、企業協定とそこから矢印が下った労働契約との関係であり、この両規範の関係（連結）において生じた「規範の逆転」の問題である。第Ⅲ章で見たのは、［Ⅱ］ の内部での、企業協定と部門協定の関係であり、企業協定が、同一事項について定めるときには、例外を除き、企業協定の方が優先適用されるのが「原則」とされる構造を見てきた。そして本章で見るのは、企業協定が労働契約に対しても、優先性を発揮する場面である。

　労働協約である企業協定と労働契約との関係——そこには本来、有利原則の支配のもとで、労働契約の優先適用が光彩を放っていた。フランスの私法理念の根底に位置する意思自治（autonomie de la volonté）の原則（民法典 6 条）のもと、労働契約は、労働法における至高の規範であるとの考えが確立している。ゆえに、すでに締結された労働契約の内容（労働条件）については、当事者は一方的に契約を変更して引き下げることはできない（＝契約の強制力。民法典1134条）。さらに、同じくすでに締結された労働契約の内容に対して、より低い水準の労働条件を定める労働協約の条項を適用することはできない（＝有利原則）。労働

契約は、このように契約強制力と有利原則という強力な「武器」に守られた規範であり、労働法の規範ピラミッドの基底に位置して、最高水準の利益保障のための力を発揮する(28頁の［図Ⅰ-2］を参照されたい)。フランス労働法という「建築物」は、そのことを前提に構築されていた。

　この点、日本の労働契約には、それらの「武器」は初めから不足がちである。労働契約の内容設定の場面においても、確定した契約内容の変更の場面においても、契約の強制力は「就業規則」という契約外の規範によって後退させられる(労契法7条・10条)。労働協約との関係でも、有利原則を否定する(労働協約よりも有利な労働契約内容も無効とされる。労組法16条)のが、定説である。日本の法理では、フランスで認められるような意思自治の支配は乏しい。

　ところが、そのフランスにおいても、その武器が解除されようとしている。「武装解除」をもたらしたのが、本章で検討しようとする、2016年エル・コームリ法による「雇用保持発展協定」であったし、それをさらに進化させたマクロン・オルドナンスによる「集団的成果協定」である。ここに、労働協約と労働契約との連結のあり方が、「コペルニクス的」に逆転することになる。

　そのことの実務的な影響はもちろん大きい。しかし、筆者の見るところ、労働法の理論面におけるインパクトは、さらに大きい。それは、この国の労働法における、集団と個人との関係のあり方が、見直しを迫られることを意味するからである。

2　雇用保持発展協定から集団的成果協定へ

　その経緯を明らかにしておこう。

　2017年9月22日のマクロン・オルドナンス[1]は、第3章「特定の団体協定の利用条件と内容の調和と簡略化」において、労働法典 L.2254-2条の規定を全面改正して、内容を大幅に改めた。ところが、この同じ条文の改正前の内容は、2016年8月8日のエル・コームリ法において設置された規定であり、ここでも

---

1)　本章で「マクロン・オルドナンス」とは、第Ⅲ章と同様に、フランスのエマニュエル・マクロン大統領が2017年9月22日付で発令した5つのオルドナンスのうちの、「団体交渉の強化に関するオルドナンス第2017-1385号(Ordonnance n° 2017-1315 relative au renforcement de la négociation collective.)」を指している。

新規の規定として理論上・実務上も大いに注目されていた。[2]同条は1年余の短命のうちに、ほぼ全面的にマクロン・オルドナンスにより書き換えられたことになる。

改正前の旧 L.2254-2条に基づき設置された、「雇用保持発展協定(accord de la préservation ou du développement de l'emploi)」の意義と性質については、本書の第Ⅰ章第4節3において、ある程度詳細に紹介している。そこでは、この協定が、契約の強制力と解雇規制の理念を打ち破るものであり、それまでのフランス労働法の基本理念から断絶して、「攻撃的協定(accord offensif)」と評価された[3]ことを明らかにした。このような雇用保持発展協定のもつコンセプトは、2016[4]年エル・コームリ法が有する労働立法のシステム改革の本質を体現するものであり、その成否は「労働改革法の実験場」として注目されていたのである。

ところが、上記のように、2017年マクロン・オルドナンスは、雇用保持発展協定を創設した L.2254-2条の旧規定を、わずか1年1カ月余の後に、全面改正する挙に出た。2016年エル・コームリ法と2017年マクロン・オルドナンスとの間の、協約システムの改革に関するコンセプトの関係については、先に簡略に説明したところである(第Ⅲ章第2節1)。そして、L.2254-2条の新規定は、そこで示したマクロン・オルドナンスの特性、すなわち、エル・コームリ法における労働立法のシステムの改革(協約規範の逆転)という理念を継承・発展させつつも、企業活力の発展と競争力強化を促進するという理念を、この新しいタイプの企業協定に注入したものといいうる。

一方、新 L.2254-2条の規定は、一面では旧条文の改訂版であるが、別の側面ももっている。すなわち、この規定は、これまで労働法典の中で定められていた、企業協定が労働契約の内容を優越的に変更することを部分的に容認する

---

2) 筆者も、この協定の重要性に注目して、内容を紹介する論考を書き下ろしていた。野田進「フランス『雇用保持発展協定』のインパクト——労働改革法の実験場」法政研究84巻3号(2017年)246頁を参照。この論文の脱稿時期は2016年9月6日であったが、その直後の9月22日に発令されたマクロン・オルドナンスによる改正の経緯については、同論文の初校作業の段階で、末尾に「追記」として簡単に書き加えることしかできなかった。

3) Yves de La VILLÉGUERIN et al., Loi Travail, analyse et code consolidé, 2017, p.70.

4) 野田進「労働契約終了の理論課題——『攻撃的』雇用終了という視角」日本労働法学会誌131号(2018年)3頁も参照。

タイプの種々の規定（本章では、これらの協定を「雇用関連協定」と称することにする。後掲の［表Ⅳ－1］を参照）を、集大成した規定という性格ももっている。この点では、労働法典における膨大で込み入った規制を簡略化することをめざす、マクロン・オルドナンスの改革理念の表れでもある。ただし、各種規定を本条に集大成するに当たって、単なる規定統一ではすまされない、種々の実質改正がなされたことについては、後述のとおりである。

3 「集団的成果協定」という名称付与

マクロン・オルドナンスにより導入された新しいタイプの企業協定は、いかなる局面で、いかなる範囲で雇用保持発展協定を刷新したと言いうるだろうか。

名は体を表す。本条に基づく企業協定には、同オルドナンスの成立当初（2017年9月22日）の段階では、法律に基づく名称が付いていなかった。このために関係の論文や実務書では、例えば、「競争力協定（accords de compétitivité）」、「雇用協定（accords emploi）」、「リストラ協定（accords de reconstruction）」などの区々の名称で論じられていた。ところが、2018年に至り、同年3月29日の法律（オルドナンスの批准法）において、新L.2254-2条にさらに部分的な修正が加えられ、その一環として、この協定に「集団的成果協定（accord de performance collective）」なる名称が付与された。すなわち、文言修正された新条文は、規定の冒頭で、「集団的成果協定は、企業の良好な運営につながる必要性に応え、雇用を保持しまたは発展させるために、次のことをなすことができる。」との文章から始まる規定に改められたのである（下線は引用者。以下、本章において同じ）。

この集団的成果協定（accord de performance collective）という新名称は、これまでの雇用関連協定であった、雇用維持協定（2013年）や雇用保持発展協定（2016年）という名称（［表Ⅳ－1］を参照）と比べると、「雇用」の文字が消え失せて、

5）「社会的対話の強化のための諸措置をオルドナンスにより講じる2017年9月15日の授権法第2017-1340号を基盤にして設定された各種オルドナンスを批准するための2018年3月29日の法律第2018-217号」（Loi n° 2018-217 du 29 mars 2018 ratifiant diverses ordonnances prises sur le fondement de la loi n° 2017-1340 du 15 septembre 2017 d'habilitation à prendre par ordonnances les mesures pour le renforcement du dialogue social）。

第1節　制度改革の経過　157

雇用への関心が薄れているかに見える一方、何より企業全体の成果や利益にこそ重点を置くべきであるとの趣旨を鮮明に表示しているように見える。それは、あたかもその本質を直截に表現しているように見えるが、どうだろうか。

　重要性にかんがみ、この新L.2254-2条を訳出して、以下に掲載するので、本章の叙述において適宜参照されたい。

〈参考〉マクロン・オルドナンスによる新L.2254-2条（2018年3月29日オルドナンスによる一部改正を含む）の訳出

新L.2254-2条（〔　〕内の挿入は、訳者注である）
Ⅰ．─集団的成果協定は、企業の良好な運営につながる必要性に応え、雇用を保持しまたは発展させるために、次のことをなすことができる。
　─労働時間、その組織態様、配分を調整する。
　─SMIC（職際増加制最低賃金）および協約最低賃金を遵守の上で報酬を調整する。
　─企業内部での職業的または地理的移動の条件を決定する。
Ⅱ．─この協定は、前文の中でその目標を明確に定め、さらに次の事項を定めることができる。
　⑴　その全期間中の協定の適用と追跡調査に関する労働者への情報提供、および必要あるときには、協定期間中における労働者の状況の検証の方法。
　⑵　全期間内で、次に定める者が、労働者に要求される努力に見合った努力を果たす条件：
　　─協定の適用領域内で活動する労働者たる管理職。
　　─経営および監査機関の権限への尊重の下での、会社の代理人および株主。
　⑶　労働者の職業生活が、その個人生活または家庭生活と調和がとれるようにする方法。
　⑷　労働者の個別支援、ならびに、本条Ⅵにいう命令で定める最低額を超えた職業訓練の個人勘定の増額の方法。
　　協定が、特に週を超える対象期間での労働時間の調整の方式を実施するときにはL.3121-41条〔週超え単位での労働時間の調整〕、L.3121-42条〔同左〕、L.3121-44条〔団体交渉の対象事項〕およびL.3121-47条〔変更の予告期間は7日〕の規定が適用される。
　　L.3121-53条からL.3121-66条までの規定〔定額制に関する合意〕は、協定が年間定額制の体制を実施または変更したときに適用される。ただし、単純変更の場合のL.3121-55条およびL.3121-64条5号はその限りでない。
　　協定が年間定額制の方式を変更するとき、本条ⅢおよびⅣにしたがった、協定の適用についての労働者の同意は、法律上当然に、年間定額制の方式に関する協定の約定の適用を引き起こす。

Ⅲ．一協定の約定は、報酬、労働事間および企業内の職業的または地理的移動を含んだ、労働契約の反対または両立しない条項に、法律上当然に置き換えられる。

労働者は、協定の適用により生ずる労働契約の変更を、拒否することができる。

Ⅳ．一労働者は、その拒否の意思を書面で使用者に知らせるために、使用者からその通知を受けた日から数えて１カ月の期間が認められる。使用者からのこの通知は、確実かつ明確な日付、協定の存在とその内容、およびこの協定を労働契約に適用することに同意しまたは拒否することについての労働者各人の権利について述べ、あらゆる方法でなすことができる。

Ⅴ．一使用者は、解雇手続に着手するために、労働者から拒否の通知を受けてから２カ月の期間が認められる。この解雇は、真実かつ重大な理由を構成する特有の事由に根拠を置くものとする。この解雇は、L.1232-2条から L.1232-14条〔人的事由による解雇〕、ならびに、L.1234-1条から L.1234-11条〔解雇予告、解雇通知〕、L.1234-14条〔公共部門での解雇予告〕、L.1234-18条〔命令の規定事項〕、L.1234-19条〔雇用証明書〕および L.1234-20〔精算書〕に定める方法と条件のみに従う。

Ⅵ．一労働者は、解雇から生じた求職者として登録され、個人別支援を受けることができ、L.5422-20条にいう協定〔失業補償に関する契約〕の定める条件で補償を受けることができる。本条Ⅱの第４号にいう約定が定められていないときには、使用者は、労働者の個人別職業訓練勘定に資金組み入れする（abonder）。この資金組み入れは、毎年度この勘定の貸方に記入される〔職業訓練の〕時間数、および L.6323-11条にいう上限の計算方式の中には算入されない。

第2節　集団的成果協定の意義

1　集団的成果協定の意義

第１節で見たように、新 L.2254-2条に基づく集団的成果協定は、マクロン・オルドナンスの指導理念を体現するものであるが、ここでは同条の解釈法理を論じる前の総論的な考察として、同協定のもつ法政策的な意味合いを、いま一度、２つの側面で検討しておこう。

(1)　労働契約と労働協約の関係——労働契約の強制力

(a)　原則としての労働契約の優先性

本条で取り上げている、L.2254-2条の全体の趣旨の概略を述べると、①集団的成果協定という企業協定が締結されると、②同協定は、それが適用を受ける

労働者の労働契約を直接に規律して、労働契約の内容の不利益変更をもたらすことを可能にし、③労働者がこの不利益変更を拒否した場合の解雇の法的帰結を定める、というものである。

しかし、この②のように、労働協約が個別労働契約の内容を直接に規律するという効果を認めることは、この国の労働協約の法理においては、日本とは異なり、例外に位置するはずであった。労働協約と労働契約関係の原則は、同条の直前の規定である、L.2254-1条の定めるところによる。すなわち、同条は、この関係を次のように定める。「使用者が労働協約または協定の条項に拘束されているときには、Ⓐ労働契約の方がより有利である場合を除き、Ⓑ協約の条項は、この使用者と締結された労働契約に適用される。」(記号挿入、下線は筆者)

同条はごく短い条文ながら、フランス労働協約制度における2つの大原則を明らかにしている。第1に、下線部Ⓑは、「普遍適用の効力(l'effet *erga omnes*)」、すなわち、使用者がある労働協約に拘束される[6]と、その協約の規定は、その使用者の締結したすべての労働契約に適用されるとする原則を定めている[7]。さらに、第2に、下線部Ⓐは、労働協約と労働契約との関係について、次のような規律のもとに置くことを意味する。すなわち、(i)同種の労働条件について、労働協約の規定に定める水準が労働契約のそれを上回る(有利である)ときには、適用されるのは労働協約である。他方、(ii)同種の労働条件について、個別労働契約に定める規定の水準が労働協約のそれを上回る(有利である)ときには、労働者に適用されるのは労働契約であり、労働協約の規定ではない。以上は、フランスの労働法規範全体を支配する「有利原則」の、労働協約と労働契約の関係における適用の帰結である。注意を要する点として、(i)において労働協約の条項が適用されるのは、同条項が「労働契約の内容になる」からではなく(内容化体説の否定)、「労働契約に置き換えられる」ものとして労働協約が直接に

---

6) 労働協約に「拘束される(être lié)」とは、使用者が労働協約を締結した使用者組合の一員であること、あるいは使用者が自ら労働協約を締結すること等により、労働協約の適用を受けることを意味する。その結果としての、普遍適用の原則については、第Ⅰ章第2節1の説明も参照。

7) したがって、労働協約は非組合員にも他組合員にも、あまねく適用される。この普遍適用原則から生じた多数派協定の問題については、第Ⅲ章で検討した。

規律するからであり(外部規律説)、労働契約はそのことにより単に「適用され
なくなる」からにすぎない。

　もう少し詳しくいうと、(i)の状況にあるために、労働協約が労働条件を直接
に規律している部分については、労働協約の変更は、直ちに労働条件の変更を
もたらす。すなわち、協約の変更は労働者を拘束することになり、労働者は、
不利益変更であることを主張して、労働契約の変更法理を援用することはでき
ない。これに対して、(ii)の状況にある労働条件について、労働協約の規定が変
更(不利益変更)されたとしても、使用者はそれによる労働契約の変更を主張す
ることはできない。ここでは、労働契約の強制力が真価を発揮する。変更を望
む使用者は、個別に労働契約の変更を申し出なければならず、労働者がそれを
拒否する場合には、この変更を断念するか、または解雇手続に着手するしかな
い。

　以上が、L.2254-1条で定められている、労働協約(企業協定)と労働契約との
間の関係(連結)についての「原則」である。この原則は、有利原則を前提にし
た、個別労働契約の集団的合意(労働協約)に対する優位の表れであり、言い換
えると「労働契約の労働協約に対する抵抗力(résistance)」を意味するものであ
った。

　ところが、この原則に対して、改正された L.2254-2条は、まず、(ii)の場合
における上記原則を否定する例外を持ち込んだことを意味する。すなわち、以
下に検討するように、同条に基づく集団的成果協定が締結されたときには、労
働協約の条項が「労働契約における反対のまたは両立しない条項に、法律上当
然に置き換えられる(se substituer)」と定めたからである。この規定が、どこま
での射程をもつのか、すなわち契約の強制力に基づく「労働契約の抵抗力」が、

---

8)　判例によれば、ある契約の要素がもっぱら協約を淵源とするとき、この要素についての協約にお
　ける改定について、労働者は協約の変更を直ちに強制されることになり、労働者は労働契約の変更
　法理を援用することができない。Soc. 28 févr. 2006, n° 04-14. 202(金融機関の合併による企業協定の
　改定にともなう補足報酬の減額に関して); Soc. 19 mars 2014, n° 13-10. 021(保険会社の一般従業員全
　国協約の改定にともなう報酬体系の改正に関して)。
9)　フランス労働法において、労働契約における契約の強制力の理念が、本条により衰微しようとす
　る法的状況を問題にして、学説の諸論考では、「契約の抵抗」という表現(肯定的にも否定的にも)が
　散見される。

いかなる範囲で衰微することになるのかが、後述のように同条の解釈において
重要な検討課題となる。

(2) 各雇用関連規定の「調和」と廃止

改正後の L.2254-2条の意義としては、先に触れたように、もう一つの側面
がある。今日まで、この国の労働法の発展では、上記の有利原則に対する部分
的な例外規定として、労働者の雇用を保障する代わりに、労働協約で定めた労
働者に不利な労働条件を労働契約に押しつけることを例外的に許容する協定
(雇用関連協定)が設けられ、労働法典の中にそのための規定が設けられていた。
列挙すると、①労働時間短縮協定、②雇用維持協定、③内部異動協定、および、
④雇用保持発展協定である。これらの協定は、[表IV-1]で一覧するように、
それぞれ固有の法的制度であり、異なる目的と利用条件、労働者の拒否の場合
の異なる取扱いを定めており、労働法典においてもそれぞれ別個の章立ての中
に定めが置かれていた。ところが、マクロン・オルドナンスは、これを法的な
混乱であるとして、改正 L.2254-2条による集団的成果協定に統合して一本化
したのである。このように集団的成果協定は、労働法典における雇用関連協定
の統一という、もう一つの意義を有する。これにより、上記①～③の協定の根
拠とされていた労働法典の条文はすべて2017年9月23日付けで削除され、④の
協定は、その根拠規定が新条文(本規定)に全面改正されて、いずれも集団的成
果協定として書き換えられたのである。

ここでは、マクロン・オルドナンスにより廃止された、これらの4種の雇用
関連協定の根拠立法、目的、労働契約との関係、およびその適用を拒否した労
働者の解雇のあり方について、要点を略記することにし、これを[表IV—1]
で対比することにしよう。

(a) 労働時間短縮協定

労働時間短縮協定(accord de réduction de la durée du travail)は、もともと週35時
間労働制を具体化した「交渉による労働時間の短縮に関する2000年1月19日の
法律第2000-37号」[10](いわゆるオブリ第2法)の30条IIに定められたものであり、

---

10) Loi n° 2000-37 du 19 janvier 2000 relative à la réduction négociée du temps de travail.

162　第Ⅳ章　集団的成果協定

[表Ⅳ-1]　廃止・統合された雇用関連協定

協定名	根拠立法 (廃止規定)	目的と方法	協定に反する 労働契約への作用	拒否した 労働者の解雇
労働時間短縮 協定	2000年1月19日の (略称)オブリ第 2法(旧L.1222-8 条)	週の労働時間を35時 間以下とする時短を 促進する	時間数が減少して も「労働契約の変 更とはしない」	人的事由による解 雇とする
内部異動協定	2013年6月14日の (略称)雇用確実 化法(旧L.2242-19 条)	人員削減目的でない ことを前提に、「企 業内で職業的または 地理的異動」を可能 とする	労働契約の規定 は、「協定の有効 期間には停止され る」	経済的事由による 個別的解雇とされ る
雇用維持協定	2013年6月14日の (略称)雇用確実 化法(旧L.5125-1 条)	景気悪化による経営 困難の際に、雇用維 持を前提に賃金や労 働時間の調整を認め る	労働契約の規定 は、「協定の適用 期間には停止され る」	経済的事由による 個別的解雇の方法 により言い渡さ れ、真実かつ重大 な理由に基づく
雇用保持発展 協定	2016年8月8日の (略称)エル・コー ムリ法(旧L.2254- 2条)	「雇用の保持または 発展を目的として」、 報酬・労働時間等の 定めをするが、月例 報酬引き下げは認め ない	契約条項は「置き 換えられ」、労働 契約の約定は「書 かれてないものと みなされる」	真実かつ重大な理 由を構成するもの とされ、「経済的 事由による個別解 雇」の手続による

　同条は旧 L.1222-8条として労働法典に組み入れられていた。同条に基づき企業レベルで労働時間短縮協定が締結され、この「協定の適用により、労働契約に定められた時間数が減少するとしても、それだけでは労働契約の変更とはならない。」と定めた。そして、「労働者が、労働時間の短縮協定の適用に際して労働契約の変更を拒絶するときには、〔それによる〕解雇は経済的事由に基づかない個別的解雇であるものとし、労働法典(旧)L.122-14条(新 L.1232-2条)から(旧)L.122-17条(新 L.1234-20条)の規制に服する。」と定める。その結果、労働時間短縮協定の適用による労働時間の減少を拒否した労働者の解雇は、人的事由による個別的解雇に属するものとされ、それにより使用者は、経済的解雇であるならば通常は義務づけられる労働者の再配置(reclassement)や、従業員代表制度への諮問手続等の義務を免れるものとされた。[11]

　本来ならば、所定労働時間の短縮は「労働契約の本質的要素の変更」といい

うるから、それを拒否したことを理由とする解雇は経済的解雇に分類される[12]。しかし、この規定は、週35時間労働を実現した上記2000年法における定めであり、同法はワークシェアリング（労働の分割（partage du travail））政策の重要な手段として、労働時間短縮協定という企業協定を促進している。このために、労働時間短縮協定の適用拒否を理由とする解雇について、時短政策推進の目標のために、人的事由による解雇という、より軽便な処理によることを認めたものである。

（b）　内部異動協定

この内部異動協定（accord de mobilité interne）を創設したのは、2013年6月14日の「雇用確実化法[13]」の第15条Ⅰの規定であり、同規定は労働法典（旧）L.2242-21条以下に組み入れられた。すなわち、使用者は、企業の人員数を削減する目的でないことを前提とした組織改革をなすときには、労働者の「企業内での職業的または地理的異動」を可能とする企業協定を締結することができる。日本式にいえば、配転条項を認める企業協定である。この協定はその企業で雇用された労働者の労働契約に適用され、この「協定に反する労働契約の規定は停止される」（旧 L.2142-22条）。言い換えると、配転を制限する労働契約の条項は「停止」するのである。そして、労働者が、この内部異動協定の適用を拒否すると、使用者は労働者を解雇しうることになるが、「その解雇は……経済的事由による個別的解雇の方法により実施され、解雇付随措置や再雇用措置の権利の道を開く」（旧 L.2142-22条）。すなわち、内部異動協定の適用拒否の解雇の場合は、なお経済的事由による解雇の扱いを受け、使用者による雇用保護計画の策定や雇用確保措置の実施が義務とされた。

---

11)　労働時間短縮協定から生じる労働契約の変更については、奥田香子「『三五時間法』をめぐる諸問題——フランス時間法制の新たな展開」労働法律旬報1476号（2000年）4頁を参照。

12)　労働法典 L.1233-3条は、経済的解雇の定義として、「雇用の削減もしくは変動、または労働契約の本質的要素の変更を労働者が拒否したことに起因する……解雇」と定めており、労働契約の変更を拒否したことによる解雇は、経済的解雇とするのが原則である。

13)　Loi nº 2013-504 du 14 juin 2013 relative à la sécurisation de l'emploi. この法律は「雇用安定化法」と訳されることがあるが、この法律の狙いは雇用安定化（stabilisation de l'emploi）政策とは明らかに異質であるので、本書では「雇用確実化」と訳しておく。この法律および内部異動協定・雇用維持協定について紹介する邦語文献として、柴田洋二郎「フランスにおける2013年雇用安定化法——フランス型フレキシキュリティ」季刊労働法247号（2014年）47頁。

164　第IV章　集団的成果協定

（c）　雇用維持協定

　雇用維持協定(accord de maintien de l'emploi)も、内部異動協定と同様に、2013年の雇用確実化法で定められていたものであり（同法第17条）、労働法典（旧）5125-1条以下の7カ条に組み入れられていた。同協定は、「企業の景気悪化による重大な経済的困難の状況が生じた場合」で、これを代表的な労働組合とともに診断・分析したときに締結される企業協定であり、雇用の維持を約束することの代償として、関係労働者の労働時間や報酬について調整を認めるものである。そして、内部異動協定と同様に、ここでも協定に反する労働契約の規定は、協定の適用期間は「停止される」。また、労働者がこの協定の労働契約への適用を拒否するときには、「その者の解雇は経済的事由に基づくものとし、経済的事由による個別的解雇の方法により言い渡され、それは真実かつ重大な理由に基づく」(L.5125-2条第3項)。その結果、解雇は正当な根拠による、経済的事由による個別的解雇であるものと、法律上みなされていることになる。

（d）　雇用保持発展協定

　雇用保持発展協定(accord de la préservation ou du développement de l'emploi)については、すでにやや詳細に検討したところであるが、ここでは上記3種の協定との比較の上で概略を示しておく。同協定は、2016年エル・コームリ法により労働法典に挿入された、(旧)L.2254-2条に基づき設けられた。この協定は、雇用維持協定と異なり、「雇用の保持または発展を目的」として、すなわち、企業の危機的状況を前提とすることなく、広く企業の経営戦略的な意図から締結することが認められる。また、「雇用の保持または発展」のために、協定でどのような措置を定めるかについては無限定であり、ただ労働者に「不均衡な不

---

14)　実は、「雇用確実化法」の制定時には、この引用条文のうち「それは真実かつ重大な理由に基づく」という文言は存在せず、単に「経済的事由による個別的解雇の方法により言い渡される」とのみ定められていた。しかし、2015年の立法（「成長、活動および経済的機会の平等に関する2015年8月6日の法律」）287条で、この文言が挿入されている。Loi n° 2015-990 du 6 août 2015 pour la croissance, l'activité et l'égalité des chances économiques. この法律は、通称「マクロン法」といわれるもので、マクロン氏が当時は経済担当省の大臣であったときに主導して制定した法律であり、この時期から、解雇規制を後退させて企業のリストラを推進しようとする意欲が窺われる。この法律については、第VI章第2節2(3)も参照。

15)　第I章第4節3を参照。

利益」を課す場合に、対応措置を講じることが求められる。そして、雇用保持発展協定の条項は、それに反する労働契約の規定に「置き換えられる（se substituer）」ものとされ、そのような労働契約の約定は「書かれてないものとみなされる」。同協定の適用を拒否した場合、解雇は「特有な事由（motif spécifique）」によるものとして、「真実かつ重大な理由」を構成するものとみなされ、「経済的事由による個別解雇」の手続により処理される。

　以上の4種の雇用関連協定の内容を略記して比較したのが、**［表Ⅳ-1］**[16]である。これら4種の雇用関連協定で共通なのは、労働協約（企業協定）と労働契約の関係における労働契約優位の原則の例外として、企業協定が労働契約を拘束するという取扱いである。しかし、それらが追求する目的は多様であるし、実現のための技術も同じではなかった。とりわけ、協定の適用を拒否した労働者に対する解雇の取扱いについては、まちまちの定め方がなされていた。

　ところが、マクロン・オルドナンスは、これらの協定をすべて廃止し、新L.2254-2条において集団的成果協定を設置することにより、「企業の運営に結びついた必要性に応え、または、雇用の保持もしくは発展のため」という目的をもった、企業協定に統合したのである。集団的成果協定では、労働時間短縮、企業内異動、および賃金減額等のいずれの不利益変更も包括的対象としうることになったからである。

　以下に、その内容を、締結・目的および効力に分けて検討しよう。

---

16)　表に記載している4種の雇用関連協定のほかに、当初の改正構想では、労働時間の変形制（aménagement du temps de travail）に関する協定も予定されていた（「社会的対話の強化のための措置をオルドナンスにより講じるための2017年9月15日の法律2017-1340号」第1条を参照）。これは、1週間を超える期間での労働時間の変形制の導入についての企業協定の適用を、労働者が拒否した場合に「その実施は……フルタイムの労働者にとっては労働契約の変更とはしない」と定めており（L.3121-43条）、労働時間短縮協定と同じ法的効果を予定するものである。その後に成立したマクロン・オルドナンスでは、この規定は削除されることなく、労働法典に取り込まれているので、［表Ⅳ-1］の「廃止・統合された」規定の表には書き入れなかった。

2　集団的成果協定の目的と締結

(1)　集団的成果協定の目的・目標および内容

(a)　目的・目標

　集団的成果協定は、新規定によれば、上述のように、①企業の良好な運営につながる必要性に応え、または、②雇用を保持しもしくは発展させることを目的として、締結される。この2つの目的のうち、②は上述の雇用保持発展協定の目的をそのまま取り込んだものである。一方、①は目的を特定できない広い範囲をカバーするものであり、「がらくた箱(fourretout)」のようなものと評されている。そして、法文上①と②とは「または」という接続詞でつながれているが、①は②を包摂する意義をもつと考えられるから、②を残す必要はなかったのではないかという指摘がある[17]。また、「それは、網羅的に列挙することの不可能な、数多くの状況を包括することが認められており、例えば、企業の経営困難や経営再編のための企業の再組織なども当然に含まれる。[18]」この見解では、その目的にほぼ限定はなく、経済的困難にとどまらず通常の経営計画に基づくものも含まれる。もっとも、これに対して、①の「必要性」という文言を重視して、この必要性とは、「言葉の正確な意味で《必要な》、《不可欠な》、さらには企業運営のために《絶対的に現実化された》ものでなければならない」とする見解もある[19]。

(b)　協定の締結事項

　集団的成果協定は、上記の目的を達成するために、次のことを定めうるものとされる。①労働時間の長さ、その組織方法、およびその配分の調整、②部門協約の階層的最低賃金を遵守の上での報酬の調整[20]、③企業内部での職業的また

---

17)　Antoine LYON-CAEN (sous la direction de), *Ordonnances Macron, Commentaires pratiques et nouvelles dispositions du code du travail*, 2017, p.67.

18)　Yves de La VILLEGUÉRIN (sous la direction de), *Réforme du code du travail, Ordonnances Macron et code consolidé*, 2018, p.105.

19)　Jean.-François CESARO, *L'automne dans les branches professionnelles et quelques mesures portant sur la négociation collective*, JCP-S (La semaine juridique social) 2017 1306.

20)　法文上は、「L.2253-1条1号にいう階層的最低賃金」と定められており、これは本書第Ⅲ章で紹介した、「部門協約が当然に優先適用される事項」(ブロック1)の、①号に定められる事項のことである。第Ⅲ章第2節2の[表Ⅲ-1]を参照。

は地理的異動の条件の決定、の３つである。

　これまでの４つの雇用関連協定を１つの協定に統合させたことにより、集団的成果協定では、労働時間関係、労働者の職種や勤務地の変更(異動)関係、および報酬関係についての条項を設けることができるようになったことが示されている。

　何より注目されるのは、報酬についての定めである。これについては、上記の②に見られるように、部門協約の最低賃金さえ遵守すれば、歯止めのない報酬減額が可能となる。この点、2013年の雇用維持協定では、「時間あたり賃金を、職際最低賃金(SMIC)の20％増しの額以下に引き下げることは認められない」旨定められていたし(旧L.5124-1条)、また、2016年の雇用保持発展協定では、「協定は、労働者の月例報酬[21]を減額させる効果をもつものであってはならない。」と定められていた(旧L.2254-2条)[22]。ところが、集団的成果協定ではこれらの歯止めがなくなり、部門協約の協約最低賃金さえ遵守すれば足りることになる。それにより、例えば、企業協定で設定していた基本賃金を減額したり、企業独自に設けていた手当を廃止したりすることが、集団的成果協定の条項によって可能になるであろう。こうして、「法定および協約所定の最低賃金の遵守を別にすれば、もはや賃金についてのガードレール(garde-fou)は失われてしまった。[23]」

　他方、報酬以外の労働条件を見ると、職業格付けに関するガードレールも、やはり失われている。というのは、かつての内部異動協定では、この協定が締結されることで、使用者は労働者の転勤や職種変更を命じることになるが、その場合も労働者の職業格付けが維持されることが義務づけられていた。しかし、集団的成果協定ではそのような歯止めもなく、職業格付けの引き下げを伴う異動(いわば降格配転)も可能となったのである。ただし、「企業内部での……異動」という表現は保持されているため、グループ内会社間異動(日本的にいえ

---

21)　ここで月例報酬の金額は、協定の署名前の３カ月間に労働者に支払われた報酬の１カ月当たりの平均額等と定められていた(旧D.2254-1条)。

22)　これらの規制については、野田・前掲注2)論文470頁を参照。

23)　Jean.-François CESARO, op.cit.

ばグループ内出向）は、本条項によってもなしえない。

（c）　義務的な合意条項の縮小・廃止

集団的成果協定では、各種の雇用関連協定では義務づけられていた種々の義務的記載事項が廃止され、当事者は、協定の作成において、内容を決定する自由度が大幅に高まった。例えば、雇用保持発展協定では義務的条項として定められていた条項の一部が、集団的成果協定では当事者が自由に定めうる任意的条項とされた。

すなわち、まず協定の前文について見ると、新規定では、協定は「その前文の中で目標を明確に定める」ことが義務づけられている。この前文で、上記の、①労働時間の調整、②報酬の引き下げ、③労働者の企業内配置転換のうちの、いずれを目標とする協定であるかを明確に定めることが求められる。しかし、従来の雇用保持発展協定では、同じく前文で目標を定めることが求められるだけでなく、そのような協定前文がないと協定は無効と定められていた。これに対して、集団的成果協定ではそのような無効の定めは見られない。つまり、前文における目標記載は義務であるとしても、違反に特別の制裁はない。

さらに、協定の条項においても、義務的条項がなくなってしまった。雇用保持発展協定では、必ず定めなければならない条項として、①その適用により「個人生活または家庭生活に対する不均衡な侵害を被ることを主張する労働者の地位を考慮して、とられるべき措置」、②「その適用とその期間内におこなう追跡調査についての労働者への情報提供の方法」が明示されていた。ところが、集団的成果協定では、「次の事項を定めることができる」とする任意規定のみであり、そのようなものとして、①協定の適用にともなう追跡調査とその情報提供、②協定による労働者の不利益に見合った管理職や経営陣の不利益、③労働者の職業生活と個人生活の調和、④労働契約の変更を拒否した労働者に対する解雇後の付添支援（accompagnement）の方法に関する条項が掲げられている[24]。これらの条項は、締結が奨励されているだけで、義務ではない。

最後に、協定の有効期間についても、集団的成果協定には何も定めがない。

24）　この④の条項は、L.2254-1条を全面改正した2017年9月のマクロン・オルドンナンスには定められていなかったが、2018年3月のオルドンナンス（前掲注5）を参照）で追加された。

特段の定めがない以上、労働協約の一般原則によることになり、それによれば、①協約または協定は有効期間を定めまたは定めることなく締結することができ、②期間に関する定めがないときには5年とされる（L.2222-4条）。この点、旧規定における雇用保持発展協定では、協定は有期でなければならずその上限が5年とされていた。集団的成果協定は、有効期間においても、自由度が高まったといいうる。

(2) 協定の交渉と締結

集団的成果協定は、個別労働者の負担において、企業収益を高めようとするものであるから、その交渉は一般的には使用者の主導で開始され、この点では、これまでの雇用関連協定と同様である。しかし、改正前の旧規定では、雇用維持発展協定を締結するときには、その目的である「雇用の保持または発展」を確認するために、使用者は労働組合組織に必要なあらゆる情報を伝達し、「共有された診断」を確定することが要件とされていた[25]。しかし、集団的成果協定ではそのような労働組合の関与の義務は消滅しており、団体交渉の方式も緩和された。

その交渉および締結の方式は、第Ⅲ章で見た、多数派協定の方式でなされる（マクロン・オルドナンス1385号の第17条でその旨が明記されている）。すなわち、企業に組合代表委員が指名されて、これらの委員が交渉を行い、協定を締結するときには、①直近の従業員代表選挙で50％を超える投票を得た代表的組合が署名するか、または、②50％以下であるが30％を超える代表的労働組合が署名をし、それに加えてレフェランダム（意向確認）による賛成投票が要件となる。さらに、企業に組合代表委員が指名されていないときには、企業が労働者50人未満の企業と同50人以上の企業とで、それぞれ「非典型」協定の方式が認められている。その場合には、労働組合組織から交渉委任を受けた労働者や、零細企業では労働組合組織の関与しない一般労働者との交渉と従業員の意向確認により、協定の効力が生じる方式も可能であること、第Ⅲ章第3節で説明したとおりである。

---

25) 野田・前掲注2)論文および本書第Ⅰ章第4節 **3** を参照。

170　第Ⅳ章　集団的成果協定

　ということは、中小零細企業の例で改めて確認すると、例えば労働者１人で、社会経済委員会を設置していない企業では、使用者は企業の労働者に対して集団的成果協定を提案し、その後レフェランダムで３分の２以上の賛成投票を得れば、この協定は企業協定として成立する。そのことのもつ意味の重大性を、考えていただきたい。[26]

第３節　集団的成果協定の効力

1　協定に反する労働契約の条項への置き換え (substitution)

　集団的成果協定は労働協約（企業協定）にほかならないが、契約の拘束力や有利原則という、上記の労働契約の一般原則に反して、次のように定めている。「この協定の約定は、報酬、労働時間および企業内の職業的または地理的移動を含んだ、労働契約の反対または両立しない条項に、法律上当然に置き換えられる。」（新 L.2254-2条パラグラフⅢ）。その結果、労働者には労働契約よりも集団的成果協定の条項が優先的に適用され、言い換えると労働契約において定められていた労働条件等の水準を「引き下げる」効果を認めるものである。そして、この効力自体は2016年の雇用保持発展協定において認められていたが、集団的成果協定は、この効力を、報酬、労働時間、労働者の企業内異動という労働条件にも可能とするものであり、これこそが新協定の眼目である。

　すなわち、この集団的成果協定は、上記のように、４種の雇用関連協定、すなわち労働時間短縮協定、内部異動協定、雇用維持協定および雇用維持発展協定を廃して一本化したものである。それゆえに、集団的成果協定はこれまでの各協定が分担していた、特定分野の企業協定の優位を、すべて取り込みうることを明記している。

　これによる効果の広がりは大きい。報酬面でいうと、例えば労働契約で合意して支給されていた企業固有の手当について、一方的に廃止することが可能と

---

26)　フランス・ベルギー映画『サンドラの週末』（原題 deux jours, une nuit、ジャン＝ピエール＆リュック・ダルデンヌ監督、2015年)を参照。本制度の導入前の作品であるが、かかる状況を活写している。野田進「『サンドラの週末』とエル・コムリ法案──『民主的』対話の皮肉」労働法律旬報1863号（2016年）４頁も参照。

なる。また、労働契約における勤務地限定合意や職種限定合意は、これを排除する協定が契約の内容に「置き換えられる」ことになり、効力を失う。その際に、例えば旧規定に見られた「人員削減をしないことを前提に」という、留保も失われうる。さらに、労働時間については、すでに「週の労働時間を35時間以下にする」というオブリ第2法のワークシェアリングによる雇用創出の役割は前面から退き、単純に労働時間の延長や配置・調整を含む変更一般が可能となる。

さらに、同条パラグラフⅢの第2文では、このように労働契約の規定が「置き換えられる」ことを、「労働契約の変更」と表現している。このことは、労働契約の内容が、集団的成果協定により同協約の存続期間に限り暫定的に置き換わるのではなく、終局的に変更されてしまうことを意味する。[27]

2　労働者の解雇
(1)　労働者の変更の拒否
L.2254-2条第Ⅳパラグラフによれば、「労働者は、協定の適用により生ずるその労働契約の変更を、拒否することができる。」

具体的な進行としては、この協定が締結されると、使用者は、「確実かつ正確な日付、協定の存在とその内容、ならびにこの協定を労働契約に適用することに対して、同意しまたは拒否することができる旨の労働者一人ひとりの権利に言及した」通知を、あらゆる方法でなすことができる。これを受けて、その適用を拒否する労働者は、通知を受けた日から数えて1カ月の期間内に書面で使用者に通知する。

この手続は、労働契約の変更と拒否に関する、一般的な法定手続に準拠したものである。

(2)　「労働契約の変更」の法理
ここで、労働契約の変更法理と立法の概要について、概略を説明しておこう。[28]

---

27)　この点については、Pascal LOKIEC, *Hiérarchie des normes et négociation: le pari de la confiance*, Droit ouvrier, mars 2018 p.142.　ただし、同教授は、そのような解釈には慎重であるべきであるとする立場である。

172　第Ⅳ章　集団的成果協定

　この国でかつてダイナミックな議論の展開を見てきたこの論点は、近年では、破毀院の1987年の判決[29]を契機に、法理および法制の一応の定着を見るようになった。理論の流れをいうと、①期間の定めのない労働契約において、使用者が労働条件の変更をなした場合、それが「契約の変更」であるか、それとも使用者の労務指揮権の行使の範囲内の変更であるかが、最初に問題になる（事実審裁判所において判断される）。②契約の変更である場合、使用者は労働者が「承諾」しないとき（または、労働者が「拒否」するとき）、これをなすことができない。③それでも使用者が契約の変更を実施すると、それは解雇として取り扱われ、労働者はこれを争うことができる。④この労働契約の変更が「真実かつ重大な理由」に基づくと判断されるときには解雇は相当であり、そうでないときには、裁判所は違法な解雇に対する賠償手当その他の支払いを命じうる。また、⑤使用者は解雇手続に着手しなければならない。

　上記のうち、②の労働者の承諾の意思表示は「推定されない」。すなわち、承諾は明白に表明されていなければならず、不利益変更に対して、労働者が特に意思を表明せずに勤務を継続しても、承諾したとは認められない。ただ、この状況が続くことは、法的な不安定をもたらすことから、1993年の立法で、経済的事由による労働契約の変更の場合だけは、意思確認のルールが法律で定められており、変更の通知を受けてから1カ月以内に労働者が書面で拒否の意思表示をしたときには拒否と認められるが、これをなさないときには変更を承諾したとみなされる[30]（L.1222-6条）。

　このように見ると、集団的成果協定において、その適用を通知されて1カ月以内に郵送文書で拒否の意思表示をしなければならず、これをなさないときには承諾とみなすという処理方法は、経済的事由による労働契約の変更の場合の

---

28)　野田進『労働契約の変更と解雇——フランスと日本』（信山社、1997年）。特に、120頁以下を参照。

29)　ラカン事件判決（arrêt Raquin,）と称される判決である。Soc. 8 octobre 1987, Bull. Soc. V, no 541, p. 344. 野田・前掲注28)書74頁を参照。

30)　立法当時は L.321-1-2条。同条には、その後2014年に会社倒産の場合の特則が設けられたが、基本は変わりなく維持されている。なお、経済的事由ではなく、人的事由による労働契約の変更の場合には、こうした手続は定められていないから、書面による通知や承諾または拒否期間の制限もない。この事情についても、野田・前掲注28)書120頁以下を参照。

法的処理と共通であり、これを倣ったと見ることができる。ということは、L. 2254-2条は、集団的成果協定による労働契約の「置き換え」の法的効果を、経済的事由による労働契約の変更の一手法（または、それに準ずる手法）として規定したと解することができよう。

(3) 「特有種の」解雇

協定の適用拒否の通知がなされると、「使用者は、解雇手続に着手するために、労働者から拒否の通知を受けてから2カ月の期間が認められる。この解雇は、真実かつ重大な理由を構成する特有の事由に根拠を置くものとする」（同条第Vパラグラフ）。次の点が指摘される。

第1に、使用者は、拒否の通知を受けると2カ月以内に解雇手続に着手しなければならないことになるが、この期間制限は改正前の雇用保持発展協定の場合には定めがなかった。労働者の地位の安定のためには、必要な期間制限である。

第2に、この定めによれば、本条での解雇は経済的事由による解雇や人的事由による解雇といった、解雇の分類のいずれに属するかの言及がなく、したがって解雇の規制立法のらち外にある、いわば特有種（*sui generis*）の解雇であると解される。この点、これまでの雇用関連協定では、拒否がなされた場合の解雇について、解雇手続や解雇事由の取扱いを明確にするために、経済的解雇であるか否か・個別的解雇であるか否かという、分類上の位置づけが示されていた。しかし、本条では、それらの位置づけそのものが放棄され、集団的成果協定に由来する解雇という、特有種が設けられたことになる。

第3に、この解雇は、始めから「真実かつ重大な理由を構成する」と定められているから、労働者は裁判所（労働審判所）に対して、解雇理由の不当性（真実かつ重大な理由を欠くこと）を争って訴えを提起することが妨げられる。この点では、雇用保持発展協定の適用拒否の場合の解雇では、「経済的事由による個別解雇」の手続によると定めていたから、なおそうした解雇としての一般的な不当性を問題にする余地が残されていた。これに対して、集団的成果協定を拒否したために生じた解雇において、労働者がその不当性を主張しうるのは、①協定の成立が一般的な法定要件に反していること、②本条の要件を満たしてい

174　第Ⅳ章　集団的成果協定

ない（例えば、協定の目的・目標が特定されていない）ことしかないと解されている[31]。

　この解雇においては、本条で特定された手続、すなわち、事前面談の義務、解雇の書面通知、解雇予告と予告補償手当、解雇手当、雇用証明書の発行、金銭の清算の手続きだけが義務づけられる。

　このように、集団的成果協定に由来する解雇は、経済的事由による労働契約の変更の手続を模していながら、その結果としての解雇については通常の解雇規制を逸脱した取扱いがなされる。これにより、簡便な解雇手続が課せられるにとどまり、裁判所の適法性審査からは除外される。この国で1970年代に形成され発展してきた、解雇の実体的要件を免れ、手続的規制が軽減される。解雇規制という「公序」が、企業協定の締結により侵奪されることになる。

(4)　労働者の再就職支援

　旧規定による雇用保持発展協定では、同協定により生じた解雇について、労働者の再就職のための個人別支援への誘導政策が特徴的であった。すなわち、使用者は解雇の事前面談に際して、労働者に個人別支援コース（parcours d'accompagnement personnalisé）を提案しなければならず、労働者がこれに同意したときには、労働契約は解雇によらない方法で終了するものとされた（ただし、解雇手当は支払われる[32]）。労働契約の終了を、再就職のための職業訓練につなぐ方式であった。

　これに対して、集団的成果協定ではこれらの施策は廃止された。新規定では、こうした積極的な職業訓練への誘導策は定められず、被解雇者は雇用センター（Pôle-emploi）で、「求職者として登録され、個人別支援を受けることができ、……失業保障を受けることができる」にすぎない。他方で、使用者は、職業訓練のための資金提供を行うことが求められるにとどまる。すなわち、使用者は集団的成果協定に基づき、または協定にその条項がないときにはみずからの判断で、被解雇労働者の個人別職業訓練勘定に資金組み入れする（abonder）ものとされる。

---

31)　Pascal LOKIEC, op.cit., p.144
32)　詳細は、第Ⅰ章第4節 **3** (6)を参照。

第4節　小括——集団的成果協定の評価

1　労働法の理論サイクルの破綻

　以上のように、集団的成果協定は、労働時間削減協定、雇用維持協定、内部
異動協定、および雇用保持発展協定を統合するというコンセプトで設けられた
ものであるが、統合するというだけでは説明できない、強力で幅広い効力をも
つものとなった。

　第1に、その目的は、かつての雇用関連協定における、労働時間の短縮、企
業内人事異動、雇用の維持、雇用の保持または発展という目的を統合して、
「企業の運営に結びついた必要性に応え」るという目的のもとで、①労働者の
報酬の減額措置、②労働時間の延長や調整、③企業内配置転換という、労働条
件の根幹部分について、集団的合意を取り結ぶことができるようになった。

　第2に、この措置は、労働契約の変更をもたらすものであることを前提に、
労働者がこれを拒否した場合の解雇には従来にない処理がなされるものとされ
た。すなわち、その解雇は、端的に「真実かつ重大な事由を構成する特有の事
由」と定められて、解雇の手続的規制のみを受けるにすぎない。それは、この
国で発達した解雇制限の法制から離脱し、解雇規制を空洞化する可能性をはら
む。

　第3に、この解雇による雇用の喪失について、使用者は労働者の再就職や職
業訓練について特段の配慮をなす必要もなく、それらについては公的機関（雇
用センター）にいわば丸投げして、その個人別勘定に資金組み入れをするだけで
足りる。

　大枠でいうならば、この国の労働契約と雇用に関する法理は、労働契約の強
制力（不利益変更を禁ずる効力）が、解雇を制限する法理と制度を生み出し、それ
が雇用保障につながるという契約法理を基盤とする連鎖に支えられてきた。と
ころが、この連鎖は、この集団的成果協定の締結によるときには、大きく書き
換えられてしまい、労働契約の強制力の低下（不利益変更の許容）が、解雇制限制
度の低落をもたらし、それが雇用保障の後退をもたらすという、新しい連鎖に
転換された。2016年エル・コームリ法で設けられた「雇用保持発展協定」は、

176 第Ⅳ章 集団的成果協定

限定された範囲と条件のもとで、企業協定の労働契約に対する優越を定めるものであり、労働法改革の「実験場」といいうるものであった[33]。ところが、集団的成果協定の場合は、もはや実験ではなく、「攻撃的協定」の実践現場そのものなのである。

2 集団的成果協定の評価

(1) 「労働契約の抵抗力」の排除

このような従来の理念の破綻と転換を正当化するのは、集団的成果協定が「企業の良好な運営に結びついた必要性」を目的とする企業協定であることのただ一点であり、そこに集約された一般利益ということになろう。学説には、この観点から企業交渉・協定を最大限に評価する立場も見受けられる[34]。次の主張である。

フランスのこれまでの労働立法では、労働協約はより有利な労働契約に対して、常に補足的な規範として甘んじなければならず、新しい協約規範に対する「労働契約の抵抗力」が常に障害となった。「労働協約のネットワークは、経済発展と労働者保護の調和という利益のもとに、各〔職業部門の〕の歴史的経緯の中で作り上げられたのに、その実質的な効果は、労働契約により縛られてきた。」このような「労働契約の抵抗力」を打ち破る集団的成果協定という新しい制度は、次の2点において、歓迎されるべき改革である。「第1に、その実施にあたっては、企業運営の必要性または雇用の保持発展を援用するだけで足り、必ずしも経済的困難に見舞われている必要はないこと。第2に、雇用維持協定ではその締結にあたって課されなければならなかった、また、そのために協定の成功に障害をもたらしていた、困難な手綱(締結手続や協定事項の制限)は、もはや存在しないことである。」このように、フランス労働法を支配してきた、労働契約という規制(労働契約の抵抗力)からの解放こそが、集団的成果協定の最大のメリットとなる。

この理解によれば、労働契約は、企業の発展と労働者の保護という役割をも

---

33) 第Ⅰ章第4節 **3**を参照。

34) J.BARTHÉLÉMY et Gilbert CETTE, *Contrat de travail et accord collectif : une bienheureuse nouvelle articulation*, Dr.soc. 2018, p.70.

つ労働協約の機能を妨げる障害物にほかならず、労働契約に対する労働協約の優位を認める関係性こそが、「新しい至福の連結」（この論文の副題）に他ならない。その効力は、さらに労働条件全般に及ぶ一般的な範囲に及ぶべきである。

「オルドナンスは、労使に対し、みずから労働関係を支配する規範を作り出すことを可能にすることで、社会進歩を強く押し進めた。」新しい企業協定の制度は、「経済的有効性と労働者の保護の両方を引き上げることで、企業の活力化の強い可能性をもたらす」。

(2)　至高の合意としての「企業協定」

こうして、集団的成果協定は、これまでの雇用関連協定を統合し、その効力を一般化したものであり、それが成立すれば、協定に定める広い領域で労働契約の効力が変更されてしまう。これを可能ならしめる理論的な根拠は、どのように説明されるだろうか。これを、P. Lokiec 教授の巧みな整理を借りて説明[35]しておこう。

すなわち、このように企業協定を労働契約に優位させることについては、3種類の考慮が論拠としてこれを支えている。第1に、フランスの伝統的法理における個別合意の絶対的価値を示す法諺「契約を語る者は、正義を語る(Qui dit contractuel dit just.)」を、「協約を語る者は、正義を語る(Qui dit conventionel dit just.)」へ言い換えようとする理念。つまり、労働法における正義の追求のためには、使用従属関係という怪しげな理念に支配される労働契約よりは、団体的意思に基づく合意を優先させるべきであるとする考慮である。第2に、企業協定こそが、労働関係の主要な調整方式にならなければならないという理念。その考慮は、第Ⅲ章で見た、合意規範のヒエラルヒーにおける上位規範(＝部門協約)に対して及ぶだけでなく、下位規範(＝労働契約)に対しても及ぶべきであるとする。そして、第3に、いわゆる「ギブ・アンド・テイク」交渉から派生した議論である。すなわち、雇用を守るために、労働契約上の有利な定めを放棄させることもやむなしという理念であり、これは企業協定と個別労働契約間の連結原則を支配していた「有利原則」そのものを破壊することにつながっ

---

35)　Pascal LOKIEC, *Accord collectif et contrat de travail*, Dr.soc. 2017, p.1024.

た。これらの考慮が総合されて、契約の強制力に基づく「労働契約の抵抗力」
を、封じてしまう。

　これまでの雇用関係協定では、前記の［表Ⅳ-1］にも記載したように、それぞれ「週35時間以下労働制の導入」、「企業の人員削減の回避」、「雇用の保持または発展」という、政策の追求する一般利益と結びついた、「緊急やむを得ない措置という考慮」（considérations impérieuses）という、正当化の根拠（いわば大義名分）が見られた。ところが、マクロン・オルドナンスによる集団的成果協定には、そのような正当化の根拠は求められず、「企業の運営に結びついた必要性」だけで十分とされる。この点で、この協定はこれまでの雇用関連協定とは異質であり、状況に対してオープンな制度である。労使は、賃金、労働時間、配転に関する合意をなすにあたって、ごく一般的に、それが直接に労働契約を変更する（そして、拒否すると解雇されうる）タイプの協定を選択することができるようになったのである[36]。

　かくして、集団的成果協定の締結は、労働契約の抵抗力を失わせ、「契約の大いなる武装解除」[37]を迫る。

---

36)　P. LOKIEC, op. cit. したがって、例えば労働時間の調整（＝変形制）について企業協定を締結しようとする場合に、それは通常のタイプの変形制協定（L.3121-4条）であることも、この集団的成果協定であることも可能であり（後者であれば、拒否すると解雇されうる）、労使は、当該協定でそれがいずれであるかを明確にしておく必要がある。

37)　Isabella MEYRAT, *Droit du travail et droits des travailleurs: le grand désarmement*, Droit ouvrier, 2018, p.207.

第Ⅴ章

社会経済委員会の設置

第1節　はじめに

1　社会経済委員会の創設

　ここで検討する対象は、2頁の［図］（第Ⅰ章の［図Ⅰ-3］参照）の中には描かれていない。しかし、場所をいうならば、図の［Ⅱ　協定（団体交渉）］のゾーンから横出しで並置されて、労働契約の適用規範に制度的に影響を及ぼす規範の分野である。

　集団的労使関係法の重要な目的の一つは、従属的地位にある労働者のために、その団体や組織が労働者の利益を「代表」することにあるといえよう。「代表」するということの意味合いはもとより多様であり、そのあり方は、代表をなす団体や組織によって異なるというしかない。一般的に言って、多くの国では、労働者の団体である労働組合を通じた団体交渉を中心とする代表システムのほかに、企業内の労働者組織を通じた「従業員代表システム」が存在しており、その意味で二元的な代表システムが併存していることが多い。日本でも、労働者の「代表者」として労働組合が団体交渉や団体行動を行う代表制度（労組法1条、7条2号）のほかに、労働者の過半数代表者（労基法36条など多数）や労使委員会（同38条の4など多数）等の、法律により特定の役割を課された従業員の利益代表の制度がある。

　フランスにおける、団体交渉システムとそれに対する改革については、第Ⅲ

章および第Ⅳ章で検討した。そして、これとは別に、2017年9月のマクロン・オルドナンスでは、企業における従業員代表組織として、社会経済委員会（comité social et économique、以下 CSE と略することがある）の制度が創設されることになった。この組織は、新規に設立されたものではなく、これまで一定人数以上の企業に設置が義務づけられていた、企業委員会（comité d'entreprise、CE と略することがある）、従業員代表委員（délégué du personnel、DP と略することがある）、および安全衛生労働条件委員会（comité d'hygiène, de sécurité et des conditions de travail、CHSCT と略することがある）という３つの従業員代表組織を、１組織に「合併（fusion）」するものである。この合併の第一次的な目的は、これまで３つの組織に分けられていた従業員代表を１つにまとめることにより、労使間の対話に「単純さ」と「操作性（opérationnel）」をもたらすこととされている[1]。

　しかし、これまでの各制度は、フランスの労使関係の中で70年余に及ぶ歴史的な発展により広く定着したものであり、これらを１つの組織に統合することは、まずは実務的に大きな問題を引き起こす。各制度は、制度目的や委員の任務だけでなく、設置すべき企業の規模、委員の任期、選任方法なども異なり、その統合は技術的な困難を伴う。すでに紹介したように、2017年のマクロン・オルドナンスは６つのものからなり、そのうち社会経済委員会の設置を扱うのは、「企業内における社会的経済的な対話の新しい組織に関するおよび組合の責任の行使と価値評価を促進するためのオルドナンス第2017-1386号[2]」であるが、それが最も分量の大きい膨大な条文数からなるのは、実務的課題に対処するためであるところが大きい。

　しかしながら、社会経済委員会の創設は、単に実施上の問題だけでなく、重要な理論的問題も孕んでいる。

　第１に、社会経済委員会では、これまでの３つの従業員代表の各組織に認め

---

1)　Antoine LYON-CAEN, *Ordonnances Macron*,（Dalloz, 2017）, p.12 et suiv.　また、2017年9月23日付けの立法趣意書である、Rapport au Président de la République relatif à l'ordonnance n° 2017-1386 du 22 septembre 2017 relative à la nouvelle organisation du dialogue social et économique dans l'entreprise et favorisant l'exercice et la valorisation des responsabilités syndicales も参照。

2)　Ordonnance n° 2017-1386 du 22 septembre 2017 relative à la nouvelle organisation du dialogue social et économique dans l'entreprise et favorisant l'exercice et la valorisation des responsabilités syndicales.

られた権限が合同されることにより簡素化され、また、そのために各組織の独自制度に込められた制度理念が貧困化しかねないことが懸念される。のみならず、新制度の内容には、これまでにない新たな理念が注入されることにもなり、制度が全体として変質する兆候も見られる。新制度に批判的な多くの学説が指摘するのは、これらの点である。

　第2に、この国の労働者の利益の二元的な代表システムでは、①後述のように1946年に発足した従業員代表委員および企業委員会の制度により確立された従業員代表組織と、②1950年の法律で整備された団体交渉による代表システムとが並置され、相互作用の中で機能してきた。この二元的代表システムは、歴史的経緯の中で質的な変更を加えられながらも、明確な形で維持されており、フランスの集団的労使関係を駆動する車の両輪として機能してきたといいうる。ところが、マクロン・オルドナンスによる改革では、後者②の団交・労働協約システムにおいて、企業交渉・企業協定を優先させる重大な改革が実施された（第Ⅲ章で見てきた）。とすれば、前者①における新制度である社会経済委員会には、団体交渉システムの改革との対応関係において、実質的な改革がもたらされたに違いない。これにより、70年近くにわたり維持されてきた、二元的代表システムの内容に新たな転換が生じたことが予想されるのである。

2　日本の従業員代表制論議との関わり

　このことは、実は日本における従業員代表システムの未成熟の問題と重なり合う。

　日本では、従業員代表制や労使協議制の論議は、すでに相当以前から活発になされており、議論自体はそれなりの熟度に達しているといいうる[4]。しかし、現実には、それらの議論は制度改革として結実することがなかったし、現行法の解釈法理としてもほとんど活かされることもなかった。たしかに、法令上は、上記のように、過半数代表者等による事業場協定や意見聴取の利用はますます

---

3)　詳細は、野田進「フランス労使関係法の展開過程——二元的代表システムの確立とその後の変容」季刊労働法257号（2017年）19頁を参照。

4)　その議論の経緯と今後の課題を展望した近年の論考として、竹内（奥野）寿「従業員代表制と労使協定」『講座労働法の再生　第1巻　労働法の基礎理論』（日本評論社、2017年）159頁を参照。

182　第Ⅴ章　社会経済委員会の設置

拡大しており、また、労使委員会(労基法38条の４)や労働時間等設定改善委員会(労働時間等の設定の改善に関する特別措置法７条)が常設の代表組織として導入された。しかし、それらが従業員代表制の実体と機能をもつとは解しがたく、あるいは、それらが従業員代表制の確立のための準備や試行段階であるというほどの実績もない。

　一方、近年の政策や判例法理の上では、「労使の話し合い」や「労使自治」の必要性、すなわち労使対話の役割が強調されることが多くなっているが、そこに言われる「話し合い」が労働組合という代表者による団体交渉だけを意味するとは解しがたい。そこには、別ルートの労使対話(フランスの表現であれば社会的対話)のための代表システムが念頭に置かれているはずである。つまり、日本では、従業員代表制の機能と必要性は強く期待されているのに、それを受け持つ制度の法的または自主的な取り組みは不十分であるという、奇妙な自己撞着にある。結果として、現実の労使関係においては、従業員代表を通じた話し合いの実態は乏しく、団体交渉の実績も限定的であることから、使用者の一方的決定により問題処理が図られることになる。また、そこでは従業員代表組織と労働組合との間の機能の関係性(両者の相克と協調)、とりわけ少数組合機能との関係性の問題が、おそらく最大の課題であるところ、長らく未解決のまま先送りされてきた。日本におけるこうした課題は、まさしくフランスでこれまでに経験してきたものであり、かつ、社会経済委員会の設置で新たな展開を迎えた。フランスの新制度を通じた二元的代表システムの展開は、日本にとっても示唆的なものとなるに違いない。

　以上の問題意識のもとで、本章では、第１に、これまでの３つの従業員代表組織の制度概要を確認し(第２節)、その上で、新制度の特質や問題点を確認する(第３節)。

――――――――――――――――

5)　この点につき、詳しくは、第Ⅱ章第２節２を参照されたい。

6)　日本でも、過半数代表者による事業場協定の効力と、過半数に達しない少数労働組合の団交権等との相克が問題になることがある。不当労働行為事件として、国・中労委(ブックローン)事件・東京高判平成22・９・９別冊中央労働時報1397号81頁(同東京地判平成22・２・10労判1002号20頁)、地位確認等請求事件として、京濱交通事件・横浜地川崎支判平成22・２・25労判1002号５頁など参照。

第2節　従業員代表組織の生成および概要

1　総説──二元的代表システムの変容の構図

(1)　二元的代表システムの確立

従業員代表の発足、発展および変容の経緯を、二元的代表システムをキーワードに確認しておこう。

フランスでは、1946年第4共和国憲法前文[7]において、「第6項　何人も、組合活動によりその権利と利益を擁護し、その選択により労働組合に加入することができる。」との規定、ならびに「第8項　すべて労働者は、その代表委員を介して、労働条件の集団的決定および企業の管理に参加する。」との規定を設けている。前者は組合活動権(le droit syndical)の保障の根拠、後者は従業員代表制度の根拠となる規定ということができ、いずれも、1936年の政労使協定であるマティニョン協定における合意事項が、10年を経た戦後に至って憲法の中に確認されたものであった。

その後1950年には、それまでの労働協約制度の発展を総合する形で、労働協約法が成立し、それが今日に至る労働協約の基本構造を確立した。1950年法の体制は、労働協約に対する国家のコントロールを維持しようとする政府の意向と、労働協約に対して完全な自由を獲得しようとする労働組合・使用者組合の要求との、妥協の産物と解されている[8]。このため、労働協約は、全国・産業(部門)レベルで交渉・締結される「部門協約」を上位規範として優先させ、その下位レベル(地方・地区または企業)の協約は、同一事項に部門協約の定めがないときに限り許容されるなど、狭い権限しか与えられなかった[9]。

一方、企業レベルでは、後述のように、1946年に従業員代表委員と企業委員会という2つの制度が確立する。それらは成立の経緯と役割を異にするもので

---

7)　現行の1958年第5共和国憲法前文は、1946年憲法前文が、人権規定の一部をなすものとして尊重することを「おごそかに宣言」している。

8)　Michel DESPAX, *négociations, conventions et accords collectifs*, 2e éd., 1989, Dalloz, p.54.

9)　より詳しくは、第Ⅲ章第1節1(2)を参照。また、野田・前掲注3)「フランス労使関係法の展開過程──二元的代表システムの確立とその後の変容」も参照。

184　第Ⅴ章　社会経済委員会の設置

あるが、いずれも企業内の従業員代表システムの制度であった。両制度は、この国独特の「参加」と「代表」の理念を発展させながら、企業内の制度として定着する。

　したがって、この1950年以降の約20年間、この国の労働者の代表システムは次のように特徴づけることができる。すなわち、企業を超えた職業部門のレベルでは労働組合を通じた団体交渉による代表機能により、また、企業レベルでは従業員代表組織の参加的な代表機能により、階層を異にする二元的代表システムが成立し、両者は棲み分けしていたといいうる。

(2)　二元的代表システムの変容

　ところが、この国の高度経済成長を背景に、企業レベルでの独自の団体交渉や協約協定締結の要求が強まり、1971年、1982年、2004年の各立法を通じて、一定の範囲の条項について、企業交渉・協定において、部門協約への抵触(délogation)が認められるようになり(抵触協定)、その範囲は次第に拡大するようになる。他方で、企業委員会等の従業員代表組織は、従業員の利益代表という機能の延長上に、企業内に団体交渉の担当者が存在しない場合にこれを担当するようになり、判例において一定の条件で労働協約としての効力が容認されるようになった(非典型協定)。

　この、抵触協定と非典型協定の拡張を通じて、二元的な代表システムの構図が変容する。すなわち、団体交渉を通じた代表システムと従業員の代表システムは、ともに企業レベルで棲み分けをする二元的代表システムへと変容した。そして、前者が機能しないとき、後者は、部分的に補完する機能を果たす。そのような関係である。

　以上の、大枠での発展経緯を確認した上で、以下では、3つの組織について制度の概略を説明する。各組織は、固有の発展経緯と制度目的を有しており、それぞれに複雑であるが、社会経済委員会への合併の前提として必要な限り、詳細は略して概要を示す[10]。なお、これらの制度は、上記のように2019年末までに社会経済委員会に統合され、2020年1月をもって消滅することになる[11]。

2 従業員代表委員

(1) 成り立ち

従業員代表委員(DP)の制度の発祥は、1936年6月7日の政労使合意(マティニョン協定)にさかのぼる。同協定第5項では、10名を超える労働者を雇用する事業所に、労働者の苦情提出の権限を有する労働者代表委員(délégués ouvriers)の設置が約束され、同制度は、ただちに1936年7月24日の法律で実現した。しかし、同法は戦時体制のもとで運用停止となり、戦後の1946年4月16日の法律で制度復活を遂げた。同制度の目的は、従業員の個別または集合的な苦情を受理し、企業に適用される労働法令や協約等の遵守を図ることにあるが、労働組合等の団体的な要求行動には結びつかないことに特徴がある。

(2) 設置

従業員10名を超えるすべての企業に設置される。このように中小企業でも設置が義務づけられているのが特徴である。代表委員は、1年の在職年数を有する満18歳以上の労働者から選任され、その人数は従業員数に応じて増加する(11〜25人で1名、……750〜900人で9名など)。委員の任期は4年で(部門協約や企業協定で、2〜4年とすることができる)、再任可能である。

労働者300人未満の企業では、使用者は、統一従業員代表制度(délégation unique du personnel, DUP)という方式を選ぶことができ、この場合には、従業員代表委員は企業委員会の労働者委員を兼任することができる。もっとも、このDUP は、従業員代表委員と企業委員会とが組織的に合併するわけではなく、組織として委員の兼任が認められる制度にすぎない。

従業員代表委員の設置を促進するために、50人未満の労働者を雇用する複数企業を集めて、複数企業間の企業協定に基づき、従業員代表を設置することが

---

10) 以下の説明は、マクロン・オルドナンスによる制度改革前の概説書、教科書に依拠している。全体として、Jean-Maurice VERDIER, Alain COEURET, Marie-Armelle SOURIAC, *Droit du travail*, 16ᵉ éd. 2011, vol. 1, p.110 et suiv.の叙述により、詳細部分は Gilles AUZERO, Dirk BAUGARD, Emmanuel DOCKÈS, *Droit du Travail*, 31ᵉ éd.(2018)で補充した。

11) これら従来の制度については、すでに廃止された・または廃止されるものであるので、説明に際しては労働法典上の根拠条文を示さないことにする。

可能である。また、中小企業の集まる工業ゾーンや商業センターなどで、通常50人以上が働く地区(site)では、10人以下の複数の事業所に対して、県の労働局長は、地区代表委員(délégué de site)の選任を命じることができる(ただし、どちらも実施例は乏しいといわれている)。

(3) 職業選挙

　従業員代表委員の選挙(職業選挙(élections professionnelles)と呼ばれる)は、その実施を確保するために、使用者に基本的な義務が課せられている。すなわち、選挙の公報(4年ごと)、立候補の呼びかけ、選挙の運営等は使用者が行い、これらを怠ると、妨害罪(délit d'entrave)として罰則が適用される。なお、従業員代表委員の選挙は、企業委員会の労働者代表の選挙と同日に行われる。

　使用者は、その企業または事業場で代表的な労働組合組織を召集して、選挙の運営方法等について、選挙前議定書(le protocole préélectoral)を締結する。同議定書は、労働協約の一種であるが、協約の通常の方式と異なり、多数決方式で一本化される。

　選挙資格は、16歳以上で3カ月以上の在職期間をもつ労働者で、パートタイム労働者も含まれる。選挙人団(collège)が組織され、「現場労働者、職員」グループと「エンジニア、技術者、管理職、職工長」グループに分けられて、別々の選挙がなされる(その具体的区分は、選挙前協定で確定する)。ただし、25人以下の事業所では単一選挙人団も可能である。

　投票は、非拘束名簿の比例代表方式であり、2回の投票が予定されている(原則として労働時間内に実施)。第1回投票で候補者名簿を提出することができるのは、企業内の「代表的な組合組織」[12]に限定され、これにより選挙の正統性を保障し、使用者の妨害を排除する実質的権限が付与される。第2回投票は、登録選挙人の半数未満(白票や無効票は含まれない)しか投票しなかったときなど

---

12)　この代表的な組合組織とは、①企業または事業場において代表的とみなされるか、全国職際レベルで代表的な組合組織に属している組合組織、および、②それがない場合にも、共和国の価値の尊重、使用者からの独立性、財政の透明性、最低2年間の活動歴、選挙に基づく支持、活動と経験による影響力、組合員数と組合費の基準により判断される。詳細は、小山敬晴「フランスにおける代表的労働組合概念の変容(2・完)」早稲田大学法経論集141号(2012年)153頁を参照。

に行われる。

(4) 権限

上述のように、その職務権限の中核は、労働法典および当該企業に適用される労働協約の適用に関する、賃金等の労働条件に関する従業員の個別または集合的な苦情（réclamation）を提出・処理することである。この苦情提出は、従業員代表委員の使用者との毎月の定例会議の2日以上前に書面でなされ、それに対する書面の回答が、この会議に引き続く6日以内になされる。これによる改善がなされないと、代表委員は労働監督官に申告をなすことができる。なお、従業員代表委員によるこうした苦情伝達があるとしても、個別労働者の独自の苦情申立権の行使が妨げられるわけではない。

この苦情処理活動のほかに、従業員代表委員は、実際には、要求活動（revendication）として、労働条件制度の改善を求めることがあり、判例ではこのことが容認されている。

その他、従業員代表委員は、第1に、苦情処理の延長上の活動として、企業を臨検に来訪した労働監督官への随行、労働者の自由や心身の健康への侵害、差別的取扱いについての使用者に対する警告権（droit d'alerte）[13]の行使、企業委員会および安全衛生労働条件委員会からの情報収集等の権限が認められる。第2に、企業委員会や安全衛生労働条件委員会の設置義務のない50人未満の企業について、これらの委員会の任務を代行する権限が付与される。特に、30日に10名以上の経済的事由による解雇が実施される場合の、従業員代表の諮問手続を担当するのは、この従業員代表委員である。

(5) 権限行使の保障

従業員代表委員は、企業内外での活動のために、有給の専従時間（crédit d'heures）を保障される。その時間数は、50人以上の企業で1名につき月15時間、50人未満の場合は月10時間である。なお、企業委員会の経済的活動を兼務する

---

13) ここにいう警告権は、従業員代表委員の固有の警告権であり、後述のように、職業上の危険が存在する場合に安全衛生労働条件委員会が行使しうる警告権とは異なる。

代表委員は月20時間が追加され、また上記の単一代表の場合には全体で20時間とされる。この専従時間は、労働時間とみなされ、通常の賃金が支払われる。この時間には、本来の勤務場所を離席して企業の内外を巡回することができる。

月に1回以上、企業長と定期の会合をもつことができる。緊急の場合には、組合代表とともに特別の会合をもつことができる。企業長により、従業員代表委員が利用することのできる事務室が提供される。さらに、組合掲示板および作業場の入り口に連絡事項のビラを掲示することが認められる。

3　企業委員会

(1)　成り立ち

企業委員会(CE)の制度は、もともとド・ゴールの率いる臨時政府のもとで、1945年2月22日のオルドナンスで創設された。しかし、同政府が退陣に追い込まれると、憲法制定議会のもとで、より強化された権限をもつ新制度が翌1946年5月16日の法律により成立し、現行法の土台が設立された[14]。企業委員会の目的は、企業活動において、従業員を企業運営に参加させ、使用者の権限を害することなく、また労働組合と競合することもなく、労使間の協力(corporation)を設定することにある。すなわち、企業委員会の本来の役割は、純粋に諮問的な権限であり、他の諸国におけるような共同決定・共同管理の本質をもつものではない。ただ、この制度で「諮問を受ける」権利、「情報を与えられる」権利の意義は、共同決定でないからといって決して軽視できるものではなく、一種の「下からの統制(dirigisme)」による参加システムとして機能してきた[15]。また、企業委員会の役割は、次第に領域を拡大するようになり、特に1982年の法律以降は雇用の分野における事実上の統御の機関としての役割を果たすようになる。

---

14)　フランスの企業委員会制度の創設の経緯、その目的の理解に関する議論、1946年オルドナンスの特色等については、野田・前掲注3)「フランス労使関係法の展開過程——二元的代表システムの確立とその後の変容」で論じたので、参照されたい。

15)　フランスの参加制度における「下からのディリジスム」の思想的伝統については、小田中直樹『フランス政治史』(岩波書店、2018年)30頁、71頁等を参照。

第2節　従業員代表組織の生成および概要　189

(2)　設置

50人以上の労働者を雇用するすべての企業は、企業委員会の設置義務がある。この労働者数は、過去3年間で12カ月以上（連続していなくてもよい）到達していることを条件に算定される。

企業が複数の事業所から成るときには、企業委員会と同じ条件で事業所委員会が設置される。この委員会は、事業所長に委ねられた権限の範囲で、または企業の一般的決定が事業所に適用される範囲で、企業委員会と同じ権限を有する。その上で、各事業所委員会で選任された代表委員から構成される、中央企業委員会が設置され、企業全体の一般運営や事業所委員会の権限を超える経済的事項について取り扱う。

(3)　選任

従業員代表委員の場合と同じく、企業委員会の選出代表委員の選挙は4年ごとに行われるが、企業協定や部門協約などでその期間を短縮すること（2年まで）が認められる。

職業選挙は従業員代表委員の場合と同様に、使用者の主導で行われる。

選挙権者も従業員代表委員の場合と原則として同じであり、その算定を簡易にするために、有期契約労働者や間歇的契約労働者、出向労働者も算入される。

企業委員会の委員選挙に当たっても、従業員代表委員の場合と同様に2つの選挙人団が構成されるが、企業に25人以上の幹部職員（cadres）が存する場合には、幹部職員からなる第3の選挙グループを組織することが義務づけられる。また、500人以上の企業で幹部職員が25人に達しない場合には、エンジニア等のグループの議席の中に特別枠として1名の幹部職員の議席が割り振られる。

(4)　委員会の構成（三者構成）

委員会は三者により構成される。第1に、企業長（個人の使用者、会社の代表）であり、企業長は委員長となり会議を主宰する。また、会社幹部に授権して任務を代行させることができる。第2に、労働者の選出代表であり、その委員数は企業の労働者規模に応じて、3〜15人の範囲で定められており、また企業協定で増員することができる。また、上記のように500人以上の企業では、1名

の幹部職員代表が選任される。なお、労働者代表の委員は、従業員代表委員との兼務も可能である。第3に、企業における各代表的労働組合の代表が指名されて参加することができ、200人未満の企業では、組合代表委員がこの任に就くことも認められる。この、労働組合代表を含む三者構成という方式が、企業委員会の特質を表現している。

(5) 委員会の運営と手段

企業委員会は法人格を取得することができ、動産・不動産の取得と売却、訴訟追行など、法人として権利行使をし、義務を負担する。

企業委員会の会合は、300人以上を雇用する企業では1カ月に1回以上、300人未満では2カ月に1回以上（上記DUPを採用した企業は1カ月に1回以上）となる。事業所レベルで設置される事業所委員会も同様の回数であるが、この場合には中央企業委員会の会合を6カ月に1回以上実施する。そして、従業員の代表が会議に出席する時間は、実働時間とみなされて賃金が支払われる。なお、選挙で選ばれた補欠委員も会議に出席して発言することができ、このために大企業では多人数が同席する会議体となる。

企業委員会の決議は、出席委員（議長を含む）の過半数により決するが、議長である企業長は、自身が企業委員会に意見を求めている議題（例えば、経済的解雇に関する諮問、従業員代表の解雇についての諮問）については、議決に参加することができない。

企業委員会の作業準備、研究、深い技術情報の収集などのために、300人以上の企業では専門部会（commission）の設置が義務づけられる。職業訓練専門部会、住宅専門部会、職業平等専門部会などであり、1000人以上ではさらに経済専門部会の設置である。

選出代表委員は、任期中、1年に5労働日にわたり、関係の教育機関で、経済関連の研修を受けることができる。研修期間にも給与は支払われ、また毎月の専従時間とは別に保障される。この専従時間は、選出代表委員1名に対して、月に20時間の有給の専従時間を保障され、この時間には、勤務場所を離席して企業の内外を巡回することができる。

企業委員会は、その活動の充実を図るために、企業の費用で会計専門家を招

聘することができ、会社の毎年の財務分析、企業管理の上の問題の予測、警告権の行使、経済的解雇に関する諮問などに関して、専門的意見を求めることができる。また、企業に新技術を導入するときには、300人以上の企業では、企業委員会は技術的な専門家を招くことが認められる。

(6) 権限
(a) 諮問的権限が原則
　企業委員会の権限は、企業の経営および財務上の活動については、諮問権限（consultatif）であり、社会的・文化的な活動に限って決定権限（décisoire）が認められている。企業委員会の諮問権限の及ぶ領域は、今日では多くの分野に広がり、特に雇用、能力開発、労働条件等の問題領域について、次第に広い範囲で重要な役割を果たすことが法律上求められている。そうした状況のもとでも、企業委員会の使用者との「協力関係」という本質は損なわれることはなく、したがって使用者の決定権限を奪うことはない。企業委員会は、あらかじめ情報の提供を受け、それにより諮問的意見を述べることで、使用者の雇用・労働条件等の決定に対して重要な影響力を行使することができ、一定の範囲でコントロールを行使することができると解されている。

　この点につき、企業委員会の役割の定義として、労働法典の改正前 L. 2323-1条は次のように定めていた。「企業委員会は、労働者の集団的な表現を保障し、もって企業の経営的・財務的管理と見通し、労働組織、および生産技術に関する決定において、労働者の利益への恒常的な配慮を可能ならしめることを目的とする。」「企業委員会は、その主導により、または企業長の要請により、労働者の雇用・労働条件、ならびに企業における生活条件を改善することのできるあらゆる提案を策定する。」

　このために、企業長はあらかじめ、その決定前の適切な時期に諮問をなさねばならず、これを実質的に怠ると、企業委員会の運営への妨害行為をなしたものとして処罰される。特に人員削減案などについては、あらかじめ適切な時期に企業委員会に意見聴取（諮問）をなさねばならない。

(b) 経済的領域における義務的な諮問
　第1に、経済的領域では情報提供と諮問とが企業長に義務づけられる。略記

192　第Ⅴ章　社会経済委員会の設置

[表Ⅴ-1]　企業レベルの二元的な代表システムの目的別機能 (1968年以降)[16]

代表のタイプ＼目的	選出代表制 （職階別選出、企業内部的）	指名代表制 （全職階的、企業外部的）
協働・協議	企業委員会	団体交渉 経営参加（paritarisme）
要求・抗議	従業員代表委員	企業内組合支部 組合代表委員

すると、諮問を義務づけられている項目は、①企業の一般的な運営状況、②企業の経済的または法的な組織状況の変容、③新技術の導入などであり、企業委員会の定例会合で取り上げられる。

　第2に、雇用・労働に関する権限でも、諮問的な調査報告が中心である。すなわち、①企業における雇用の推移と以後の予想について検討し、企業の執行部に提出する。②人員削減案を受けたときには、解雇回避や雇用改善のための諮問を行い、提案をなす。労働条件についても諮問をなす項目は多いが、③特に、労働時間の長さと調整や年次有給休暇の割り当てに関する事項が重要である。職業訓練についても、その一般情勢、職業訓練の計画などが諮問される。

　第3に、以上の定例的な権限とは別に、企業が経営困難に陥ったときに企業委員会の権限は格別に重要である。ここでは、企業経営の困難についての予防措置として、委員会への早期の情報提供、委員会の警告権、特別の保護手続きなどが定められている。

(c)　社会・文化的な事業や活動の管理

　従業員の社会・文化活動については、企業委員会は、それを監督し、参加し、さらには管理する独占的な権限を有する。その財政負担は、使用者の助成金によるものであり、従業員に支払った賃金総額を基準に年度ごとに算定されて支給される。日本的に表現するならば、福利厚生的な活動である。

　ここで、次に見る安全衛生労働条件委員会を除いた状況で、従業員代表システム（企業委員会、従業員代表）と、労働組合の代表システムについて、各目的の

---

16)　Dominique MARTIN, *Les systèmes de négociation et de représentation dans l'entreprise*, Droit social, 1976 p.92.の挿入図より。なお、ここにいう経営参加は、国営企業等で実施されている参加方式である。

類型分けを示しておこう（[**表V-1**]）。二元的代表システムは、目的別に複合的な性格規定が明らかにされる。[17]

4　安全衛生労働条件委員会

(1)　成り立ち

安全衛生労働条件委員会(CHSCT)は、[18]1982年12月23日の法律において、従来の安全衛生委員会と企業委員会の労働条件改善専門委員会とを統合する新しい委員会として発足した。CHSCT はこれにより、企業委員会、従業員代表委員とならぶ第3の従業員代表組織としての位置づけを得ることになる。そして、これを機に、特に労働災害の予防措置および労働条件の改善措置を重視する観点から、従業員代表組織としての権限拡大が図られた。

その主要な役割は、企業内における職業危険の予防(prévention)対策の策定である。その政策は、もともと1989年6月12日の EC 指令[19]とそれに基づく1991年12月31日の法律に由来し、CHSCT は従業員代表組織として、「労働者の安全と健康に対するリスクを評価する」使用者の義務につき、その履行を実現させる。

(2)　適用対象

50人以上の労働者を雇用するすべての事業所に適用されるのが原則だが、労働監督官は50人未満の事業所でも、その業務や場所を理由に設置を命じることがある。

(3)　委員会の構成

従業員の代表と、事業所長とで構成される。このうち、従業員の代表は、こ

---

17)　企業レベルでの二元的な代表システムに関する、邦語文献として、シルヴェーヌ・ロロム「フランスにおける企業内従業員代表制度」日本労働研究雑誌630号（2013年）26頁。

18)　邦語文献として、笠木映里「労働者の精神的健康の保護——安全衛生問題の射程の拡大と従業員代表の役割に関する一試論」菅野和夫先生古稀記念論集『労働法学の展望』（有斐閣、2013年）355頁。

19)　「労働の場における労働者の安全と健康の改善を促進するための措置の実施に関する1989年審議会指令（DIRECTIVE DU CONSEIL du 12 juin 1989 concernant la mise en oeuvre de mesures visant à promouvoir l'amélioration de la sécurité et de la santé des travailleurs au travail）

194　第Ⅴ章　社会経済委員会の設置

[表Ⅴ-2]　CSE に統合される 3 つの従業員代表組織の概要
（委員数等は時期によって異なる場合があり、併合前の時期を基準に作成）

	従業員代表委員 （DP）	企業委員会（事業所委員会） （CE）	安全衛生労働条件委員会 （CHSCT）
設立	1946年 4 月16日の法律 （現制度）	1946年 5 月16日の法律（現制度）	1982年12月23日の法律
設置	10人を超える労働者を雇用するすべての企業	50人以上の労働者を雇用するすべての企業	50人以上の労働者を雇用するすべての事業所。労働監督官は50人未満の事業所でも、設置を命じうる
目的	従業員の賃金、個別的・集合的な労働条件に関する苦情を提起	企業活動において、従業員を企業運営に加担させ、労使間の協力関係を設定する	企業内における、職業危険の予防のための政策・措置の策定
委員と構成	委員は職業選挙で選出。企業規模に応じて 1 名以上。任期は 4 年（更新可）	三者構成。職場選挙による選出代表（規模により 3 〜15名、任期 4 年）、企業長（議長）、各代表的組合の代表（議決権なし）	従業員代表と、事業所長（議長）で構成。従業員代表は、CE の選出委員が職階別に従業員から選出（規模により 3 〜 9 名、任期 2 年）
運営（活動手段）	月15時間以上の有給専従時間、月に 1 回の企業長との会合	法人格を付与。月に 1 回（300人以上）または 2 カ月に 1 回（同未満）の会合。専従時間	独自に法人格を付与。独自の専従時間を保障。3 カ月に最少 1 度の定例会合。独自の専従時間
主な権限	苦情提出権。労働監督官への苦情伝達。CE および CHSCT が設置されていない企業での権限代行。警告権も	企業の経営および財務問題については、諮問権限、社会・文化的活動については決定権限。諮問活動の前提としての、情報収受権（違反すると罰則）	職業危険のリスク分析、定期的な職場監察、提案、諮問的意見の表明。使用者の負担による専門家の鑑定要求。警告権

　れまで見た従業員代表委員、企業委員会の選出委員が単一の選挙人団を構成し、それにより選任される。委員数は、企業の規模により 3 〜 9 名（そのうち 1 〜 3 名は幹部職員）である。

　事業所長（またはその代理人）が議長として、会議を運営する。また、以上の委員以外に、労働医の資格をもつ者が、非構成メンバーとして参加することができる。

（4）　権限とその手段

　その主要な役割は、「企業または事業所の労働者、および派遣労働者等の外部企業の指揮命令による労働者の身体的または精神的健康の保護」という点にある。具体的には、職業危険の分析、労働現場の定期点検、有効な予防措置の主導と提案、ハラスメントに関する予防措置の提案、労働災害や職業病が生じた場合の調査の実施等である。

　また、委員会は企業における労働条件の変更に当たって、諮問を受ける権利を有する。特に、作業用具の変更、製品や労働組織の変更による労働ポストの重大な変動、生産工程のノルマや回数の変更などについて、事業所長は必ずCHSCTの意見を求めなければならない。

　CHSCTの委員は、「重大かつ差し迫った危険の原因」があることを主張して、警告権(droit d'alerte)を行使することができる。その行使を受けた使用者は、ただちに委員とともに調査を開始し、必要な措置を講じなければならない。

　以上のまとめとして、社会経済委員会に統合される、3つの従業員代表組織の制度概要の一覧を［表Ⅴ-2］に掲げておく。

第3節　社会経済委員会

1　従業員代表制度の統合への動き

　社会経済委員会は、上述のように、これまで見た3つの従業員代表制度を合併させたものである。

　ただ、この制度統合の動きは、2017年9月のマクロン・オルドナンスが最初に着手したわけではなく、それまでに少しずつその議論が起こり、現実の動きが始まっていた。特に中小企業においては、制度の複雑さを緩和するために統合の方向性は、早い段階から試みられており、1993年12月20日の法律は、従業員代表委員の兼務という方法による実質的な統合を図ろうとするものであった。すなわち、200人未満の労働者を雇用する企業では、使用者は、企業委員会(CE)における従業員の選出代表について、従業員代表委員(DP)を充てることが認められていた。これにより、同一人物が企業委員会と従業員代表委員の両方の委員を兼務することが制度として可能になり、両方の制度を別組織として

維持しつつ、委員の任務だけを統合させていたことになる。

そして、直近では、2015年8月7日の法律（Rebsamen法）において、統合に向けての具体策が示されており、マクロン・オルドナンスより2年前の前政権の段階で、その方向性や理念は示されていたといいうる。ここでは、統合の方式として、企業の労働者規模に応じて、2つのタイプが認められていた。

(1) 使用者の一方的決定による統合

上記の2015年の法律では、すでに見たように統一従業員代表制度（délégation unique du personnel、DUP）という組織方法が認められた。それによれば、300人未満の労働者を雇用する企業においては、使用者はその決定により、従業員代表委員（DP）に企業委員会（CE）の選出代表だけでなく、安全衛生労働条件委員会（CHSCT）の委員も兼務させることができるようになり、1人の委員が、3つの従業員代表制度の全体の権限を兼務することができるようになった。前制度と比べると、兼務の可能な企業の規模が拡大し（200人→300人未満）、かつCHSCTを含む従業員代表制度全体の任務をカバーできるようになった。この段階に至っては、もはや単に委員の任務の兼務に止まらず、実質的には委員の権限の再編成といいうるものとなった。そして、3組織で任務を担当するとなれば、実際には、委員は会合の日程調整などにおいて、各会合を同一期日で行うなど3組織の一体的運用を実施するようになり、その意味で実質的な組織統合は準備されていたのである。[20]

(2) 企業協定に基づく統合（「アラカルトDUP」）

上記2015年の立法は、もう一つの統合の方法として、企業協定による統合の可能性を認めていた。すなわち、300人以上の企業では、企業レベルの労働協約である企業協定に基づき、統一従業員代表組織を設置することができる。企業の多数派協定（最後の職業選挙の第1回投票で、有効投票の50％以上を得た1または複数組合組織による企業協定）では、DP、CEおよびCHSCTの全部またはそのう

---

20) この点を強調する、マクロン・オルドナンス以前の時期の論文として、Franck PETIT, *Une représentation du personnel à la carte*, Droit social 2016 p.544.

ちの任意の2組織の再編制を定めることができ、再編された組織はその内部に統合された組織の有する権限の全部を行使することができるものとされた。

このために、企業協定では、統合する組織（全組織または2組織）、委員の構成、任期、人数など、多くの点を定めなければならず、また、有する法人格についても変更の手続き、所有財産の承継や割当等々、多くの問題を合意しておく必要がある。また、当該企業に異なる事業所が存在する場合の、従業員代表組織のあり方も問題となる。こうして、その結果として成立するDUPは、当該企業の使用者と多数派組合の団体交渉による、当該企業の実情に即した、いわば注文仕様の形態とすることができ、そのことから、「アラカルトDUP」とも称されたところであった[21]。

ただ、使用者の決定方式も企業協定による方式も、実際にはほとんど利用されることはなく、組織統合は普及していなかった。

こうした統合に向けてのプロセスを経て、2017年マクロン・オルドナンスは、3つの従業員代表組織の合併と社会経済委員会の発足を迎えたといいうる。それは、どのようなコンセプトを有するか。その概要を、以下に説明して、フランスの上記二元的代表システムの変容を確認することとする。

2 社会経済委員会（CSE）の制度概要

(1) 緒説——新しい制度としての出発

企業内で設置を義務づけられている従業員代表組織は、2020年1月1日までに、それまでの各従業員代表組織の任務期間を遵守しつつ、社会経済委員会（CSE）として合併（fusion）しなければならない。

その合併の考え方として、労働者50人以上の企業では、その実情からして、CSEは企業委員会（CE）が置き換えられたと解すべきであり、実質的にはCEの中に従業員代表委員（DP）および安全衛生労働条件委員会（CHSCT）が吸収されたものと解されている。その意味で、ここにいう合併の実質は吸収合併である。これに対して、労働者11～49人の企業では、もともとDPしか設置義務が

---

21) 論文のタイトルに示されるとおりである。F. PETIT, *Une représentation du personnel à la carte*, op.cit.

なかったのであるから、CSE は、その意味では、実態としては DP の新しい
名称ともいいうる[22]。

この CSE としての合併は、上記の2015年の DUP による合併的運用の方式
とは明確に異なっている。それは、CSE の場合は、DUP のように使用者が権
限としてまたは企業協定に基づき統一しうるというのではなく、選択の余地な
くその設置が法律上義務づけられているという点である。この、権限から義務
への転換という点で、CSE はフランスの従業員代表制度のもとで、新機軸の
労使関係秩序をもたらしたといいうる。

次に、新制度は、なにより従来の3組織を1組織に義務として統合する点に、
大きな変革がある。これにより、50人以上の企業の CSE では、これまで権限
の重複や過度の専門化という課題があった体制を合理化し、権限の集中と当該
企業の必要に即応した配分による体制に移行しうる。一方で、労働者11〜49人
の企業では、DP が廃止されて CSE に代わることになるが、もともと先に示
したように、部分的に CHSCT を代行するような広い権限を有していた DP の
権限は縮小されざるをえない。

(2) CSE の設置と委員の選出

労働者が11人以上の企業では、2019年12月31日までに、CSE を設置しなけ
ればならないことから、まずその移行措置が課題となる。上記のように、CE
および DP の選出代表を選ぶ職業選挙は、4年ごとに行われることから、新制
度の公布時期や施行時期との関わりで複雑な移行方式が定められている（オル
ドナンス1条）。ただ、これはフランスの企業の実務的な課題であることから、
本書では紹介を省略する。

CSE の従業員選出委員は、これまでの DP および CE の選出委員の場合と同
様に、職業選挙で選任される。

委員の定数は、企業の労働者数に応じて細かに区分されており、11〜24人で
1名、25〜49人で2名、50〜74人で4名、75〜99人で5名と増員され、細かい
段階区分なので一部を取り出すと、500〜599人で13名、1000〜1249人で17名

---

22) この指摘については、Antoine LYON-CAEN, *Ordonnances Macron,* op.cit.,p.12

…2000〜2249人で22名…5000〜5249人で29名…最大の10000人で35名とされている（R.2314-1条所定の表）。これらの員数は、企業協定（選挙前協定）の定めにより増員することができる（L.2314-1条4項）。

　なお、CSEの設置義務の生じる労働者数については、若干の変更がなされており、「継続する12カ月の間に、11人以上に達しているときにのみ」義務とされる（L.2311-2条2項）。これまでのCEやDPの設置は、上記のように「過去3年間で12カ月以上」（連続していなくてもよい）に各人数に達することが要件とされていたから、設置基準がやや限定されたことになる。この11人要件を満たすと直ちに設置義務が生じ、かつ50人の設置義務に達すると直ちに合併型のCEの組織に変更する義務が生じる。逆に、これらの人数を切ると、委員は次の交代期で更新されないことになる。

(3)　CSEの構成
(a)　構成

　CSEは、これまでの企業委員会（CE）の構成を基本的に引き継ぐ委員構成によるが、部分的に新しい要素が加わる。

　第1に、使用者側を見ると、会合においては、使用者またはその代理人が議長を務める。また、使用者は、必要に応じて3名までの協力員（collaborateurs）を随行することができ、これらは諮問的意見を述べるのみで議決権はない。

　第2に、労働者側は、上記の人数の選出委員であり、議席数は選挙前協定で増員しうる。任期については、重要な変更がなされ、1回の任期は従来どおり4年であるが、選出回数が3回に制限された。ただし、この回数制限は任期の更新の中断があれば失われ、新たに3回までの任期が可能になる（L.2314-33条）。また、1回の任期4年は、部門協定、企業協定等の定めに基づき、2〜4年の範囲で短縮することができ（L.2314-34条）、例えば任期2年にすると、更新による合計年数の限度は6年（2年×3回）になる。これらは、選出委員の固定化や専門化を緩和する目的によると解されている。

　第3に、CEの場合と同様に、300人以上の企業では、各代表的組合は委員会での組合代表を指名することができ、これらの代表は諮問的立場（議決権なし）で、CSEの会議に参加して発言権が認められる（L.2314-2条）。このように、

上記の CE における三者構成は維持されている。

　以上のほかに、CSE の会合が安全衛生面である場合には、この問題に諮問的意見を述べる参加者として、労働医（医療チームの代表）、労働条件の安全や健康面での責任者、その他の出席が可能である（L.2314-3条）。

(b) 専門部会

　CSE の内部に、専門部会が設置される。

　特に重要なのは、新たに設けられる、安全健康労働条件専門部会（commission santé, sécurité et conditions de travail、CSSCT と略すことがある）であり、労働者300人以上の企業・事業所、および労働者数に関わらず原子核基盤施設などで設置が義務づけられる（L.2315-36条）。その任務は、労働における健康・安全を取り扱うことであるが、他の専門部会と異なり、安全および健康に関してCSE に認められた権限の全部または一部を、付託を受けて行使しうるという点に特徴がある（L.2315-38条）。CSSCT の委員は CSE 委員の中から指名され、最少３名で各選挙人団の代表を含んでいなければならない。また、CSSCT の会合においても、使用者が議長を務める（L.2315-39条）。他方、これに委員数を上乗せする場合の委員数、CSE から付託されるミッション、運営方法（専従時間数など）、委員の教育方法等については、企業協定で定めるのが原則である。ただし、それらについての企業協定が締結されないときには、使用者と CSEとの間で定める内部規則により運営する（L.2315-44条）。

　CSE の内部には、CSSCT 以外にも多様な専門部会が設置される。それらの設置は、企業の実情や必要に応じて企業協定で定めうるが、協定がないときには、次の専門部会の設置が義務づけられる。すなわち、300人以上の企業では、職業訓練専門部会、住宅情報・援助専門部会、職業上の平等専門部会、市場専門部会の設置であり、加えて1000人以上の企業では、経営部会の設置が義務とされる。

(4) CSE の運営

(a) 法人格

　50人以上の企業の CSE は、これまでの CE と同様に、法人格を付与される（L.2315-23条）。一方、50人未満の場合は、これまでの DP と同様に法人格は認

められず、委員は個人として権利を行使するしかない(L.2315-19条)。

(b) 事務室・掲示板

50人以上の企業では、CSE はその任務遂行や会合のために、必要な設備を備えた事務室を利用することができる(L.2315-20条)。掲示板についても、組合掲示板と区別されたものが保障される(L.2315-26条)。50人未満の企業でも、その任務遂行に必要な部屋を利用させるものとする(L.2315-20条)。

(c) 専従時間

有給の専従時間数については規則で細かに定められており、基準の概略としては、11〜24人の企業では委員1名につき月に10時間(合計10時間)、24〜49人の企業では同じく10時間(合計20時間)、50〜74人の企業で18時間(合計72時間)、75〜99人で19時間(合計95時間)、100〜124人で21時間(合計126時間……10000人以上で34時間(合計1190時間))となっている(R.2314-1条)。

この専従時間は、委員の日常活動に用いられるものとされ、①重大かつ急迫の事務などの緊急の予防措置、②委員会および専門部会の会合時間(限度あり)、③重大な労働災害の調査に要する時間は、専従時間から差し引かれることなく、実労働時間とみなされる(L.1255-11条)。ただし、これまでの CE での取扱いでは、内部的な会議一般が労働時間とみなされており、CSE についてこのように列挙されたことでむしろ限定的なものになったとの指摘がある。

さらに、従来の安全衛生労働条件委員会(CHSCT)のメンバーは、CE の委員として専従時間が認められていたが、CHSCT 委員の独自活動(独自会合、調査、警告権の行使に要する時間)については専従時間から差し引かれない取扱いであった。これに対して、CSE のもとでは、CHSCT が消滅したこともあってそうした特別措置は認められていない。特に、問題視されているのは、安全健康の予防体制の中核的な権利の一つである警告権(droit d'alerte)の行使に要する時間について、特別の保障が認められなくなったことである[23]。

(d) 委員の研修

50人以上の企業の CSE の正規委員は、経営および財務の能力養成のために、使用者の費用で最大5日間の訓練を受けることができる(L.2315-63条)。従来は

---

23) Antoine LYON-CAEN, op.cit., p.134.

202 第Ⅴ章 社会経済委員会の設置

補欠委員も研修を受けることができたが廃止された。他方、CSSCT の委員または必要に応じて CSE の委員は、安全衛生に関する職務の遂行のために研修を受けることができ、研修期間は、300人以上の企業では5日間、300人未満の企業では3日間とされる（L.2315-40条）。これらの費用についても、使用者が負担する（L.2315-18条）。

(e) 会合

これまでの CE の場合と同様、300人以上の企業では月に1回、50人以上300人未満の企業では2カ月に1回、定例の会合がもたれる（L.2315-27条）。なお、委員の過半数の要請があれば臨時に会合を追加することができる。また、年4回以上の会合では、その全部または一部に、健康安全に関する CSE の権限が議題とされなければならない。なお、これまで CHSCT に認められていた独自の会合は、制度の廃止とともに予定されていない。

50人未満の企業では、CSE の委員は、月に1度、使用者またはその代理人のもとで会合をもつ（L.2315-21条）。そのために、委員は会合の2労働日前までに質問事項を送付し、使用者は会合の6労働日後までに回答を行う（L.2315-22条）。

(f) 予算

予算は制度の運営と経済的権限のための支出と、協定や使用者決定に基づく社会文化活動の支出に分けられる。これまで CE については、総賃金額の0.2％と定められていたが、CSE においては、2000人以上の企業で総賃金額の0.22％と改正され、大企業では予算増額が図られている。

なお、新制度では、CSE が専門家の鑑定報告を求める場合、その費用の20％を CSE が負担し、残り80％を使用者が負担するものとされた。ただし、①企業の経営財政問題、②企業の社会的政策および労働雇用条件、③経済的解雇、④重大な危険により急がれる諮問の鑑定費用については、使用者のみが負担する（L.2315-80条）。

3 社会経済委員会の権限

(1) 11〜49人の企業における CSE の権限

労働法典の新規定は、CSE の従業員選出委員の権限について、従来の従業

員代表委員(DP)の権限に関する規定を、ほぼ変更することなく繰り返している。すなわち、その第1のミッションは、法律や労働協約に定められた、賃金や法律・協約の適用状況に関しての、個別または集合的な苦情(réclamations)を使用者に提出することである。また、企業内の健康・安全と労働条件の改善を促進するとともに、労災職業病について調査を実施する(L.2312-5条1・2項)。これらは以前のDPのミッションに関する規定と同じである。

労働監督官に対して、法令の適用状況に関する苦情や指摘について告発する権限を有する点は、従来のDPの権限と変わりなく維持されている。

しかし、重要な権限縮小が存在する。すなわち、上記のように権利侵害等に対する警告権は、従前にはDPの独自の権利として認められていたところ、改正後には50人未満の企業のCSEについてはその規定が消滅しており、その権利の行使は50人以上の企業にしか認められない(詳細は第4節 **2** (1))。

(2)　50人以上の企業における CSE の権限
(a)　3つの旧委員会の統合

CSEはそれまでの3つの従業員代表組織を統合したものであるから、その権限も、概略的には3つの組織の権限を統合したものとなる。しかしながら、組織の簡素化のために、かつて存在していた権限の一部が失われている。なお、ここでは、権限内容を列挙して説明することは避けて、概要のみを掲げるにとどめる(問題指摘は、第4節)。

(b)　一般権限

CSEの一般権限の第1グループとして、従来の企業委員会(CE)を引き継いだ経済的な権限がある。すなわち、「企業の経済および財政、労働の組織、職業訓練ならびに生産技術の展開と管理に関する使用者の決定について、労働者の利益を常態的に反映させるように、その集合的な意見表明を確保する」というのがそのミッションである(L.2312-8条)。そのために、CSEは企業の組織、管理および一般的運営状況について、情報を与えられかつ諮問を受ける権利を有する。委員会が諮問を受ける一般的内容は、「企業の戦略的方向性」、「企業の経営および財政上の状況」、「企業の社会的方針、労働および雇用の条項」である(L.2312-17条)。それに関わって、経済的社会的データベース(略して、BDES

と呼ばれる)を収集することになる。雇用および労働については、具体的には、労働者の量と構成に影響を及ぼす措置、その組織変更、雇用および労働条件ならびに職業訓練、新技術の導入などについて、情報提供と諮問を受ける。

　次に、第2グループとして、安全衛生労働条件委員会(CHSCT)を引き継いだ、健康、安全および労働条件の領域における権限がある。それらは、従来のCHSCTについての規定と変わりなく、職業的危険の分析の実施(L.4164-1条)、女性の雇用アクセスの促進、妊娠・出産、障害者雇用、モラル・ハラスメント、セクシュアル・ハラスメントの防止措置の促進などが掲げられている。

(c)　定例的な会議における諮問・情報提供

　ここでは、エル・コームリ法で採用された、規範の三層構造、すなわち、「公序」、「協約規範」、「補足規範」という「3部構成見出し付けスタイル」が、このマクロン・オルドナンスによる新組織の付議事項の定めに用いられている。[24]

　まず「公序」として、企業の戦略的動向、経済状況、社会政策という3つの事項につき諮問を受ける(L.2312-1条)。具体的には、「企業協定」でそれを調整することが認められるが(L.2312-19条)、優先的に適用される企業別交渉が予定されており(L.2312-8条)、さらに協定が締結されない場合の「補充規定」による事項が定められている(L.2312-22条)。

(d)　一回的な諮問・情報提供

　ここでも「公序」事項(L.2312-8条、経済的事由による解雇など)、「協約」に基づく事項(L.2312-55条)、およびそれが締結されないときの「補充規定」事項(L.2312-57条)が定められている。

(e)　その他

　CSEの社会文化活動については、従来のCEのそれとそのまま変わりない定めがなされている。同様に、警告権についての定めも、従来のCE、CHSCTおよびDPに割り当てられていた規定が、そのまま維持されている。

(3)　権限行使の態様

　以上のように、社会経済委員会(CSE)の権限は、これまで企業委員会(CE)の

---

24)　このことについては、第Ⅱ章第2節2(1)で説明しているので、参照されたい。

有していたフランスの「古典的な」権限行使の方法をそのまま保持している。すなわち第1に、使用者の諸決定の事前に、CSEへの諮問がなされなければならない（L.2312-14条1項）。第2に、CSEは、その諮問的権限の行使のために意見と要望を提出することができる（L.2312-5条1項）。第3に、CSEは、十分な検討の期間を与えられ、使用者の提供する明確な書面の情報を用いることができ、さらに、発した指摘に対しては使用者の理由を付した回答を与えられる（同条2項）。

　これらの骨格は、変わることなく維持されている。その意味では、情報の収受と諮問的権限を中核とする、フランス独自の従業員代表システムは、変わることなく労使関係の基盤となっている。しかしながら、次に検討するように、それらの方式の具体的事項については企業協定に委ねられるなどの規定改正が見られる。ここではその点だけを指摘して、次節でその変容と評価にフォーカスすることにしよう。

第4節　社会経済委員会への統合のもつ意味

　以上のように、3つの従業員代表制度を統合して社会経済委員会（CSE）が設立されたのは、これまで3制度が有していた過度の専門性と不要な相補性から決別するための、組織的な統合の理念による。そこには、より戦略的かつ実効的で、無駄のない制度の構築が目指されている。しかし、これまでの概要説明でも指摘したように、CSEの設立には、様々な局面でこれまでの3制度に対する変更が紛れ込んでいる。このことから、学説では、これを従業員代表制度の権限低下や弱体化であると指摘する声が強い。[25]

　以下では、それらの指摘を取り上げ、CSEによって従業員代表制のコンセプトが変わり新たな法秩序へ進展した点、および、新制度がその機能において「弱体化」とされる点を、この国の二元的代表システムの変容として検討しよ

---

25)　CSE制度の全体的な批評・批判については、Jean-Yves KERBOURC'H, *La refonte des institutions représentatives du personnel*, JCP S 2017 17; Georges BORENFREUND, *La fusion des institutions représentatives du personnel : Appauvrissement et confusion dans la représentation*, RDT 2017 608. Grégoire LOISEAU, *Le comité social et économique*, Droit social 2017 1044.を参照。

206 第Ⅴ章 社会経済委員会の設置

[26]
う。

1 従業員代表システムのコンセプトの変化

CSE はそれまでの従業員代表制度を合併させるものであったが、それは
2015年に制度化された統一従業員代表制度(DUP)による任意的・選択的な合併
とは異なり、3制度の合併を2019年末までに強制する点で大きなインパクトを
もつものであった。

しかしながら、制度強制の反面として、その内容や実施の面においてはこれ
までにない自由度が認められている。それは、第1に、組織や会合について合
理化や簡素化を認める点、第2に、その運営方法を企業交渉・協定に委ねる部
分が多く、その意味で当該企業の必要に対応する制度設計を認める点である。

(1) 従業員代表制度の合理化

CSE はこれまでの3つの従業員代表組織のもつ権限を承継する組織である
が、権限を一組織に集中させるものである以上、そこには種々の合理化が必要
となる。つまり、CSE の権限は、これまでの3つの組織の総和となるもので
はなく、一つの組織が多元的な権能(polycompétent)をもつことが期待されてい
[27]
る。例えば、労働者の健康・安全の問題は、従来は3つの組織のいずれもが関
与しており、CE は経済的側面、CHSCT では健康や労働条件への影響問題、
DP は苦情の申立という法的側面を担当していた。しかし、これにより、問題
の二重の取扱い(二重諮問)が生じやすく、一本化することが合理的と考えられ
た。

このことから、CSE では、組織内の専門部会の方式が必須となり、これに
問題を集中的に管理させる組織構成となった。安全や健康面では、特に上述の
安全健康労働条件専門部会(CSSCT)が重要であり、その組織・運用上の問題に
ついては、後述のとおりである。

---

26) 本項目での問題点の整理は、特に、G. LOISEAU, op.cit.に示唆を得ている。
27) G. LOISEAU, op.cit は、この点につき、CSE は「1 + 1 + 1 = 1」の制度であると比喩している。
　また、Jean-Yves KERBOURC'H, op.cit.は、そもそも CSE への「合併」ということ自体が、「だまし
　絵」だと述べている。

他方、組織の「垂直的」合理化として、企業と事業所との関係も簡明にした。すなわち、企業とその一部である事業所は、同じ基準で CSE の設置義務が課され、それにより複数の事業所の CSE が設置されたときには、中央 CSE で調整を図るという方式である。これは、制度が統一されたことでなし得た成果である。ただし、事業所 CSE と中央 CSE との権限の配分は、次に見るように、労働協約（企業協定）による調整がなされうる。

(2) 「会社仕様」の制度設計

新しい制度では、CSE の活動内容について、当該企業で締結される企業協定の役割が、重要となった。

第1に、CSE は上に見たように、その実務を専門部会に委ねることで、自らは多元的な機能を果たす建て前になっており、その意味で、部会の設置は重要である。しかし、先に見たように、専門部会の設置とその内容については、労働組合組織との企業協定によるところが大きい。特に重要な安全健康労働条件専門部会(CSSCT)については、労働者300人以上の企業・事業所等で設置が義務づけられているが、その委員数（3人以上）、当該企業で CSE から付託される任務、運営方法、委員研修など具体的な内容は、すべて企業協定で定めるのが原則である。そして、協定が締結されないときには、使用者と CSE の間で定める内規で決定される。その意味で、CSSCT の制度および機能は、従来のCHSCT とは異質で独自なものになっており、前者が後者の後継組織であるとはとうてい言えないのである。

また、300人以上の企業では、CSSCT 以外の上記の専門部会が設置されうるが、これらを設置するか否か自体は企業協定で定められる。各制度の内容や運用も、企業協定で決定するのが原則である。

このように、CSE の活動の最前線である各種の専門部会について、その活動内容の全般について(CSSCT の場合)、またはその設置そのものについてさえも（それ以外の委員会の場合）、企業協定に委ねられている。さらに、300人未満の企業では、原則として企業に専門部会の設置義務はないから、やはり企業協定で法定外の専門部会を設置するしかない。

第2に、上述のように、CSE の活動の中核であるべき、企業情報の収受と

諮問の内容についても、やはり企業交渉に開かれている。上述のように、定例会議において、CSE が情報を収受する企業の社会的・経済的な基礎データ、そのテーマ、構成、内容および利用方法も、企業協定で決定することとされ、協定が締結されないときに限り、労働法典の補足規範が適用される。一回的な臨時会議の場合でも、その情報提供および諮問の内容の多くは、企業協定で決定されることになり、それがないときに限り補足規範による。

　以上のように、CSE の活動の多くが、実は企業協定で決定されることになり、その結果、活動内容の多くが当該企業の必要に応じた、また当該企業にカスタマイズされた内容として編成されうる。その意味で、CSE は注文建築の建造物のように、「会社仕様」の制度設計が予定されていることになる。こうした方式は、上述のように制度の重複を避け、企業にとって必ずしも必要でない活動を排除しうる点では有効である。しかし、そのことが従業員代表システムの、団体交渉・協約システムと区別される固有の意義の縮小をもたらし、ひいては弱体化につながることが懸念されている。

2　従業員代表制度の弱体化

　次に指摘されるのは、CSE 制度による従業員代表制度の全体的な弱体化の兆候である。

　これには、２つの局面がある。第１に、活動権限の部分的な喪失であり、特に労働者の健康・安全の問題領域にその傾向が強い。第２に、その活動手段の縮小であり、特に会合への専門家の招聘や費用負担の問題が指摘される。

(1)　活動権限の喪失

　この点でなにより注目されるべきは、労働者11〜49人の企業に設置される CSE の場合であろう。ここでは、社会経済委員会(CSE)という名称は与えられるとしても、法人格はないし、健康安全の促進や労災職業の調査のための独自の財政基盤もない。委員会とは名ばかりであり、実際には委員個人の行う苦情処理活動そのものである。

---

28)　G. Loiseau, op. cit.は、これを、« adaption *intuit firmae* »と表現している。

また、この規模の企業のCSEは、それまでCHSCTに認められていた権限である、人格権、心身の健康、企業内での個人的自由への侵害に対する警告権を保障されなくなった。この権利は、改正後は、50人以上の企業におけるCSEにしか認められないのである（L.2312-59条）。この権利は、例えば各種の差別、ハラスメント、メンタルヘルスなど、人権にかかわる重要な権利侵害の事案について、使用者に調査を課し、重大な状況について企業の内外に告発する権利であり、さらには、使用者に対して、その後の適切な是正措置を課す権利である。また、それらの措置を怠るならば、委員は独自に裁判所への提訴権を有するものとされる。こうした権利の保障の必要性が、11〜49人の中小企業で乏しくなったとは解しえない。最も批判の集中するところである。

他方、労働者50人以上の企業においては、いわば構造的な活動権限の喪失または衰退が見られる。なにより、その活動が各種の専門部会に下位区分された点であり、のみならずその設置義務は、300人以上の企業に限られる。また、その活動権限は、企業協定で決定されるものとされ、CSEが独自に決定するものではない。

また、専門部会が設置されないCSEでは、組織的な専門体制のない中で、これまで3組織が担当していた広い権限を、単独で行使するしかない。これまでの3組織はたしかに過度の専門性と権限重複が問題とされていた。しかし、それらを単独の組織に集中させることは、組織能力として限界が生じるであろう。

(2) 活動手段の後退

CSEの委員数は、これまでの3組織の委員数の合計と比べると、やや減少している。にもかかわらず、多種の権限を付与されることから、委員の研修が必要かつ重要になる。上述のように初任者には上限5労働日の研修が保障されているが、それで十分であるかは疑問とされている。また、このように多分野の専門性が必要になると、実際には特定の経験豊富な委員がプロフェッショナ

---

29) 法文上も、50人未満については「CSEの従業員代表は、個人的に(individuellement)本節の定めにより社会経済委員会に承認された権限を行使する」と定められている(L.2315-19条)。

ル化しがちである。しかし、そうした委員は、現場からの遊離の可能性も生じることから、上記のように、委員の任期の回数は3回が限度とされて、常連委員の発生を抑止している。

また、活動手段という側面でも、安全健康の専門部会であるCSSCTの活動の限界が指摘される。統合前のCHSCTでは、独自の法人格を得て、固有の資産も保有していたことから、職業危険などを指摘して専門家の鑑定等を求めることができた。そのことにより、CHSCTによる健康・安全面での問題指摘が活発であり、法解釈上も権限拡大が図られてきた[30]。

ところが、CSSCTにおいては、法人格もなく独自財源ももたないことから、その活動は制約されざるをえない。また、上記のように、予防的な問題についての専門家の鑑定費用については、CSEが20％を負担することになり、小規模の企業のCSEにとっては少なくない負担とされる[31]。

第5節　むすびに代えて

以上、マクロン・オルドナンスにより設立された、企業における新たな従業員代表制度である、社会経済委員会（CSE）について、その概要と指摘される問題点を検討してきた。この制度が完全に義務となるのは2020年1月からであるから、移行期である現段階では、その展開の実情や制度としての成功の有無を見極めることはできない。そこで、さしあたり本章では、最初に問題提起したように、この国の70年にわたる従業員代表制度の歴史の中で、新たな制度がいかなるインパクトをもつかという視点から、3点についてまとめの指摘をしておこう。

第1に指摘されるのは、本改革は、CSEの新設という歴史的な制度改革を実現したものであるが、この国の従業員代表制度を特徴づける、〈情報収受権⇒諮問的意見表明権⇒使用者の応答義務⇒制度へのフィードバック〉という、

---

30) このことにつき、邦語文献として、笠木・前掲注18）論文を参照。

31) この点を指摘するものとして、J.-Y. KERBOURCH, , op.cit., p.25. また、この問題についての、実務家の立場からの発言として、Jean-Vincent KOSTER, *Le co-financement de l'expertise: une entrave aux instances élues ?*: Droit ouvrier 2018 157.

諮問システムについては、完全に維持されていることである。従業員代表制度による「参加」のシステムを、こうした情報収受と諮問の実施を意味するものとして捉えることは、この国の労使関係の伝統に由来して、制度上および法理上の骨格をなす。

このことは、企業の管理方針や労働条件の決定権限という別な角度から見るならば、使用者がそれらの一方的決定の権限を堅守しており、労使の共同決定という方式を忌避していることを意味する。しかし、その反面では、次のようにもいえよう。そこには使用者の一方的決定権の奪取という方法をとらなくても、諮問的な参加方式であれ使用者の一方的決定を牽制しうるという実績の裏付けがある。マクロン・オルドナンスによる CSE の導入は、「社会的対話」の促進を意味しており、その背景には、従業員代表制度の発展を通じて獲得された、労働側のそうした実質的な牽制力がある。

ところで、この同じオルドナンスは、CSE とは別に、企業審議会（Conseil d'entreprise）という、新たな従業員代表組織を創設している（詳しくは、第Ⅲ章第4節2）。これは、いわば CSE と企業の組合代表委員とを、さらに合併させる代表組織であり、企業協定（またはそれができないときには拡張適用される部門協定）に基づき設立しうる。それは、特定のテーマごとに、使用者と企業交渉を行い、企業協定を締結することを基本ミッションとしており、その意味で同テーマについて、従業員代表組織でありながら、協定締結への拒否権（veto）をもつことになる（ただし、審議会の方からの発議権は認められていないから、共同決定とまではいえない）。同制度については、ドイツの事業所委員会のもつ共同決定理念の将来的な導入の前触れと解されており[32]、今後の発展いかんでは、「諮問」中心のフランス的従業員代表システムの改変につながる。

第2に、これもフランス的特色といいえた、二元的代表システムの質的変化を挙げることができる。この代表システムは、すでに述べたように、ほぼ1950年代～1960年代の2年間では、産業部門での労働組合代表と企業レベルの従業員代表という意味での二元的棲み分けであった。しかし、1970年代から次第に

---

32) この検討をなすものとして、Patrick RÉMY, *Le conseil d'entreprise: un premier pas ver le conseil d'établissement allemend ?*, Droit social 2017 1050.

その位相が変化し、同じ企業レベルにおいて企業内労働組合代表と従業員代表とが同居しつつ棲み分けるという、新たな二元的代表に成り代わり、今日に至っていた。この流れの中で、新たな CSE のシステムでは、従業員代表制度の設計と運用の多くが、当該企業の必要に応じて当該企業の企業協定により決定されるという、「会社仕様」の制度へと変わっている。それは、二元的代表システムであっても、企業協定（協約）優位のシステムであるといいうる。ところが、その企業協定にしても、第Ⅲ章第３節で示したように、企業協定のための交渉に CSE の委員を交渉相手とすることが認められ、また、特に中小零細企業においては、使用者の主導のもとで労働組合の関与なしに締結することが認められている。とすれば、CSE のシステムのもとでは、二元的代表システムは形は維持されているものの、両代表制度の関係は実質的に相互牽制的なものではなくなっている。

　第３に、CSE への改革は、制度の簡素化を目的とするものであることを考慮するとしても、従業員代表制度の弱体化の兆候は、やはり否定できないであろう。それは、上述のように、特に健康・安全面およびハラスメントにおける権限と機能低下において顕著である。この国の法制は、1989年の EC 指令を期に、職業危険に対する「予防」を中核とした規制を開始し、1991年の法律でCHSCT を設置してその役割を付託するとともに、同委員会の警告権や個別労働者の退去権などの発展を遂げている。その延長上でこうした権限の後退を見るとすれば、制度の変節を感じないわけにはいかない。

　ただ、CSE における制度上の後退にもかかわらず、企業における「社会的対話」による制度の充実が期待されないわけではない。マクロン・オルドナンスは、「会社仕様」、すなわち当該企業の規模や実情に応じて、生産・営業の現場での労使間の対話により、機動力を備えた危険予防の措置を講じようとしており、そのために企業協定の仕組みを活用しているからである（終章第２節**2**(1)の自動車製造業の発言要旨を参照）。さしあたりそのように理解して、今後の動向を観測したい。

第 Ⅵ 章

労働契約法の改革
── 労働関係の「確実化」

第1節　労働法改革の労働契約へのインパクト

1　労働法の改革と労働契約

　労働契約の成立、展開および終了についての規準(労働契約法)は、一方で労働者の職業生活ひいては人生そのものに深く関与し、他方で企業の人事政策を左右する。それ故、労働法において真に「改革」を企てるならば、労働契約法に目を向けるのが必然であろう。

　本章で検討するのは、「規範の逆転」がこの労働契約分野に波及したことにより、新たに成立した様々な施策である。改めて2頁の［図］(第Ⅰ章の［図Ⅰ-3］参照)を参照していただき、基底部の［労働契約・適用規範］の部分に注目されたい。第Ⅲ章・第Ⅳ章で見たように、労働契約の内容決定は、本来の意思自治から遊離して、企業協定から強く押しつけられるようになった。労働契約は、これによりどのような姿に変えられることになるだろうか。マクロン・オルドナンスの示したその中核となる理念は、労働関係における「確実化(sécurisation)」または「予測可能性(prévisibilité)」である。

　ここでも日本の労働法の規制緩和策において、同様の動きが想起されるので一言しておきたい。特に思い出されるのは、2013年国家戦略特区ワーキンググループの発足に始まる、「雇用特区構想」の議論である。この構想は、紆余曲折の議論の末、国家戦略特別区域法37条(「個別労働関係紛争の未然防止等のための

事業主に対する援助」）の規定に結実した。同条に基づき、国は個別労働関係紛争の未然防止のために、特区内の新規事業主や外国会社の事業主に対して、厚労省が別に定める「雇用指針」に基づき、情報の提供、相談、助言等の援助を行うものとされた。そして、この「雇用指針」の目的は、グローバル事業等を始めようとする企業が「我が国の雇用ルールを的確に理解し、予見可能性を高める」ことにある。その背景には、日本の労働契約の法制度が、事業主にとって予測困難で、不確実で、紛争を防止することができないという、使用者サイドの不満があったからである。[1] 文脈は異なるとしても、両国は同じように、「予測可能性」、「紛争の防止」、「確実化」を重視した労働契約の制度を推し進めようとしている。このことを、問題意識として押さえておこう。

　さて、すでに2016年8月エル・コームリ法は、第Ⅰ章で見たように大幅な規制改革を実現し、労働協約・協定規範を、公序を除き立法に優先させ、かつ企業協定を職業部門の労働協約に優先させることで、規範における連結関係を逆転させ、かつそれに伴う団体交渉システムや労働時間等に関する法制の改革をなして、労働法典を大きく塗り替えていた。しかし、この段階では、労働契約の分野については、他の分野に比べると、それほど大きな改革はなされていなかった。特に解雇法制の改革の中核部分については、後述のように、法案の段階で世論の激しい批判に見舞われたため、法律の審議に入る前に早々に関係条文案の撤回を余儀なくされていた。

　その後1年足らずで、2017年5月14日に政権に躍り出たエマニュエル・マクロン大統領は、就任直後に取り組むべき優先的な政策の1つとして労働法典の改革を取り上げた。そして、本書の序章第2節2で取り上げたように、短期間のうちにマクロン・オルドナンス案を策定して、それは9月22日の閣議で一部修正の上裁可され、その後に議会の一括承認により成立が確認された。その成立の過程は、エル・コームリ法案で反対論の盛り上がりを招いてしまったことを踏まえてか、驚くほどの迅速さであった。そこにはエル・コームリ法案の構想のさらに先を行く、労働関係の「確実化」のための種々の方策が装置されていたのである。

---

1)　詳しくは、野田進「雇用特区と労働契約」法律時報87巻2号（2015年）48頁。

マクロン・オルドナンスとして成立した5つのオルドナンスのうち、労働契約に関わる改革の中心となるのは、「労働関係の予測可能性と確実化に関するオルドナンス第2017-1387号[2]」である。その内容は、第1編「予測可能性を強化し、および、労働関係または使用者と労働者にかかるその破棄の効果を確実にする」（1条〜17条）、第2編「経済的事由による解雇に関する規定」（18条〜23条）、第3編「いくつかの特別の労働形態を実施するに際しての原則の変更」（24条〜38条）、第4編「労働審判管轄の強化」（38条〜44条）から構成されている。これらにより、労働者の職業移動（雇用流動化）を促進するために、労働関係または解雇を「確実に実施する」ための方策が推進される。

これらのうち、本章では、まず第2節で、解雇法制の重要論点として残されていた、不当解雇に対する補償手当の「表記」に焦点を当てて、このオルドナンスにいう「労働関係の予測可能性と確実化」の意味を確認することにする。第3節では、解雇の「確実化」のための一連の改革として、ここだけはエル・コームリ法による経済的解雇の定義の確実化、その他の解雇の確実化のための措置を紹介する。そして、第4節では、解雇に代わる「確実な」労働契約終了の促進策として、工事・オペレーション契約、集団的約定解約を紹介する。

2　労働契約をめぐるエル・コームリ法とマクロン・オルドナンス

これらを検討するにあたって、フランス労働契約立法の改革の動きについての、筆者なりの視点をここで確認しておきたい[3]。

2016年エル・コームリ法は、当時の社会党政権下で成立したものであるが、その基本的なコンセプトは、第一義的には、労働法の規制体系を、団体交渉（労働協約）を中心に再構築すること、および団体交渉の内部でも企業レベルでの交渉に優先的効力を与えること（企業協定の優先）にあった。それにともない労働時間・休息・休暇の領域で法律の枠組みが、改変された。しかし、それに

---

2)　Ordonnance n° 2017-1387 relative à la prévisibilité et la sécurisation des relations de travail.

3)　ここで記載する理解は、筆者が2017年9月12日にパリで行った、Antoine Lyon-Caen パリ・ウエスト・ナンテール大学名誉教授（国務院・破毀院顧問弁護士）および Gérard Couturier パリ第1大学名誉教授へのインタビューにおいて、ご教示いただいた内容に依るところが大きい。両先生には、記して感謝申し上げたい。

加えて、エル・コームリ法は、グローバリゼーションによる経済環境の変化の中で苦戦する中小企業に底入れを図り、迅速な組織変更による雇用変動を確実に行う政策（雇用の「確実化」）が組み込まれていた。この政策については、法案段階で予定されていた規定が削除され、その主要部分は後退し、経済的解雇の意義の明確化による「経済的解雇の確実化」策だけが導入された。本章の第3節1で検討する確実化策は、エル・コームリ法において成立したものである。

　そこで問題になるのは、労働契約をめぐる2016年エル・コームリ法と2017年オルドナンスとの関係である。これについては、さしあたり、以下のように考えることができるのであり、これを仮説として本章の分析視角に据えようと思う。

　第1に、両立法はいずれも、フランスの置かれた、EU中心の政治経済の中で危機的ともいいうる状況[4]に対処するために、労働立法のシステムを改変しようとするものであり、その点において相違はない。マクロン・オルドナンスは、エル・コームリ法が設定した構想の延長上にあり、その趣旨を徹底させようとしており、この点において、両者の間に矛盾はない。

　しかし、第2に、マクロン政権は、フランス経済のダイナミズムを追求し、企業のパフォーマンスの向上をめざす点に特色があり、こうした観点からは、エル・コームリ法は不十分であり、曖昧さを残すものであった[5]。したがって、エル・コームリ法とマクロン・オルドナンスとの間には、政策の継続性は見られるものの、それは相対的なものにとどまる。

　第3に、マクロン・オルドナンスにおいて前面に打ち出された政策原理は、「労働関係の確実化」政策であり、これを強調することで、新機軸の改革を次々と打ち出している。これにより、中小企業を中心に、不安のない確実な雇用施策を保障することで、雇用流動化策を通じて企業競争力を高める意図が明確に表現されている。なお、ここにいう sécuriser という用語は、一般的には

---

4)　ヨーロッパ共同体、とりわけ統一通貨の維持のための困難については、最近の啓発的な文献として、遠藤乾『欧州複合危機――苦悶するEU、揺れる世界』（中央公論新社、2016年）を参照。

5)　マクロン現大統領は、前政権では経済担当大臣であったのであり、2015年にいわゆる「マクロン法」を成立させたが、後述のように、労働立法に関しては改革の一部が頓挫したという経緯があった。

安心させる、確実にするという意味であり、本来は労使双方にとって、確実な雇用という意味である。しかし、マクロン・オルドナンスでは多くの文脈において、使用者にとっての確実さであり、確実に雇用し、確実に解雇できるという意味の「確実化」である。

本章が取り上げようとする、マクロン・オルドナンスにおける労働契約に関する規制改革は、企業に雇用や解雇の「確実化」を通じて競争力を高めるという政策原理が前面に表れている。そして、そこでは優先適用される企業協定の強力な規制力（第Ⅲ章、第Ⅳ章参照）が組み入れられており、協約と契約の両方向での政策が巧みに調合される。我々はそのことを随所で確認することになろう。

第2節 「真実かつ重大な理由」を欠く解雇の補償手当

1 「表記」方式

(1) 不当解雇の補償手当

最初に取り上げるのは、一連の労働法改革のうち、フランスの世論や労働運動において、最も大きな関心事とされてきた問題、すなわち、「真実かつ重大な理由」を欠いた解雇がなされた場合の金銭賠償の金額算定に関する改革の問題である。まずは、フランス労働法典におけるこの規定の意義を知るために、これまでの規定の概略を説明しておこう[6]。

(a) 真実かつ重大な解雇理由

すべての解雇、すなわち人的な理由による解雇も経済的事由による解雇も、真実かつ重大な理由(les causes réelles et sérieuses)により正当化されるものでなければならない（人的解雇について L.1232-1条、経済的解雇に関して L.1233-2条）。「真実の理由」とは、客観的に確認されるものであり、加えて、それが存在し(existant)、かつ正確な(exact)理由であることを意味する。また「重大な理由」とは、一定の程度以上の重要性を有し、企業に損害を与えることなく雇用を継続することを不可能にする程度の理由であることを意味する。次に、「裁判所

---

6) 邦語文献は多いが、さしあたり、初期文献として、野田進『労働契約の変更と解雇——フランスと日本』（信山社、1997年）を参照。

は、……使用者の援用する解雇事由の真実かつ重大性を評価するに当たって、両当事者の提供する諸事実により、また必要に応じてすべての証拠調べを行った後に、その確信を形成する」（L.1235-1条3項）。すなわち、解雇理由の第一次的援用者は使用者であるが、裁判所は両当事者の立証する事実により積極的に証拠調べ（本人尋問、証人尋問、書証・鑑定等の証拠の利用）を行い、確信を形成する。その上で、「疑いの残るときには、労働者の利益に帰する（il profite au salarié.）」（同条第5項）。

(b)　真実かつ重大な理由を欠く解雇の諸帰結[7]

　真実かつ重大な理由により正当化されない解雇であると判断される場合、法律はその帰結について次の定めを設けている。

　まず、労働者が11人未満の企業に属しまたは同一企業に2年未満の在職年数しかもたない労働者は、以下に見る労働法典 L.1235-3条の規定の適用を除外される。これらの労働者は、真実かつ重大な理由のない解雇が原因で生じた現実の損害を立証して、賠償を請求する（L.1235-5条2号）。その損害の算定範囲に法定基準はなく、次に見る失業保険機関への償還も適用されない。

　上記を除く労働者については、3種の法的効果が予定される。第1に、裁判所は、労働者の既得利益を維持した復職を「提案することができる」。しかし、裁判所には、復職を提案する義務があるわけではないし、提案しても現実には労使の一方または双方の拒否により復職が実現するのはまれである。第2に、裁判所は、使用者に対して、「賃金6カ月分に相当する額以上の補償手当（indemnité）」を労働者に支払うように命じる。この補償手当の法的性質はハイブリッドなものであると説明される。すなわち、それは解雇後に同等の再就職先が直ちに見つかるなど、損害がほとんどないときにも、6カ月分の支払いを命じうる点では、制裁的な意味をもち、一種の民事罰である。しかし、この6カ月は最低額にすぎず、労働者が不当解雇によるより重大な損害（例えば長期失業、特段の精神的損害）を被り、これを立証したときには、賠償額は6カ月分を大幅に超えることがありうる。その意味では、損害賠償そのものである。第3に、

---

7)　2017年8月当時での概説として、Gilles AUZERO, Dirk BAUGARD, Emmanuel DOCKÈS, *Droit du Travail*, 31ᵉ éd.(2018), p.569 et suiv.

使用者は不当解雇に対して支払われた失業手当金の償還をなさねばならず、裁判所は使用者に対して、失業保険の管掌機関に、解雇通知の日から判決言い渡しの日までに被解雇者に支払われた失業手当相当額を償還することを命じる。その額は失業手当6カ月分を上限とする(L.1235-4条)。これは、被解雇労働者に支払われるものではないが、いわば労働者「集団」に対する賠償であると説明される[8]。

(c)　補償手当の金額の実情

　それでは、実際には、補償手当はどの程度の金額で命じられていただろうか。2015年公表の司法統計として、次の実態が紹介されている[9]。「司法省が、全国の控訴院における401件の判決について調査したところによれば、真実かつ重大な理由を欠いた解雇に対する補償手当の金額は、平均すると、24,089ユーロにのぼり、賃金支給額の約10カ月分に相当する。10人を超える企業だけで見ると、平均金額は29,044ユーロ、10人未満の企業だと11,138ユーロである。判決の80％では、労働審判〔通常の解雇紛争における第1審裁判所〕における補償手当は、賃金支給額の6カ月分を超えている。……賃金月数で見ると、2年の在職年数を有する者は、平均7.7カ月分、20年の在職年数を有する者は、平均15.1カ月分の賃金相当額を得ている。」

(d)　解雇の無効

　「真実かつ重大な理由」を欠いた解雇は、以上のように金銭賠償を原則としている。一方、不当解雇について解雇の無効という効果が生じうるのは、法律(労働法典)に定められる、労働者の基本権や公的自由を侵害した解雇の場合に限られる。マクロン・オルドナンスでは、この解雇の無効の場合の帰結についても、金銭解決を可能とする方式を導入した。この改革については、本節4で説明する。

---

8)　この考え方は、フランスの失業保険制度が、1958年の全国規模の職業部門を超えた労使協定(全国職際協定)により創設され、労使のナショナルセンターの代表者の組織する運営団体(全国商工業雇用連合会、UNEDIC)によって管理されてきたことと関係している。ただし、この組織は2008年に廃止され、国の就職支援機構と統合された。詳しくは、矢野昌浩「フランスの失業保険制度」労働法律旬報1684号(2008年)18頁。

9)　Thierry KIRAT, *Les procès économiques des conseils de prud'hommes*, Droit ouvrier, 2017 p.655.

220　第Ⅵ章　労働契約法の改革──労働関係の「確実化」

（2）　2017年オルドナンスによる「表記」方式

（a）　解雇手当の表記

　上記の、不当解雇の救済方式、特に「真実かつ重大な理由」を欠いた解雇の救済方式は、かつて半世紀近く前にフランス解雇法制を一新した、「期間の定めのない労働契約の解約に関する1973年7月13日の法律」において創設されたものであった。同法は、解雇予定者の呼び出し⇒使用者との面談⇒書面での解雇通知という、解雇手続のルールとともに、「真実かつ重大な理由」という解雇理由の要件とこれに反する解雇の帰結（救済方式）を定めた。以来、この解雇制限法制は部分修正を加えられながらも45年にわたり維持され、この国の労働契約関係の基盤となっていた。

　ところが、2017年マクロン・オルドナンスは、「真実かつ重大な理由」を欠いた解雇に対する制裁としての補償手当について、「賃金6カ月以上の補償手当」という基準を改めて、「表記(barémisation)[10]」といわれる方式を労働法典に導入した（労働法典 L.1235-3条）。その要旨と「表」を以下に示しておこう。

　①解雇が「真実かつ重大な理由」によらないと判断される場合、裁判所は、当事者の一方または双方が復職を拒否するときには、労働者に対して使用者の負担により補償手当を付与するものとし、その額は次の［**表Ⅵ-1**］の最低額と最高額の間の額とする。

　②通常11人未満の労働者を雇用する企業では、補償手当の最低額は［**表Ⅵ-2**］による。

　③補償手当の金額を決定するにあたって、裁判所は、必要と認めるときは、契約破棄の際に支給される解雇手当を「考慮に入れることができる」。

　④この補償手当は、上記の上限額の範囲内で、経済的解雇の手続不遵守の場合の補償手当（L.1235-12条）、再雇用優先権の保障の不遵守の場合の補償手当（L.1235-13条）、および経済的解雇の手続の際に企業委員会、従業員代表委員が設置されていない場合の補償手当（L.1235-15条）と併給することができる。

10）　ここにいう「表記」という訳語は、表にして示すという意味であり、「表記」の通常の日本語の意味とは異なるが、他に適当な訳語がないので、この言葉を用いる。

第2節 「真実かつ重大な理由」を欠く解雇の補償手当　221

[表VI-1]

労働者の当該企業 での在職年数 （満年数）	最低補償手当額 （支払総額の月数）	最高補償手当額 （支払総額の月数）
0	制限なし	1
1	1	2
2	3	3
3	3	4
4	3	5
5	3	6
6	3	7
7	3	8
8	3	8
9	3	9
10	3	10
11	3	10.5
12	3	11
13	3	11.5
14	3	12
15	3	13
16	3	13.5
17	3	14
18	3	14.5
19	3	15
20	3	15.5
21	3	16
22	3	16.5
23	3	17
24	3	17.5
26	3	18.5
27	3	19
28	3	19.5
29	3	20
30以上	3	20

[表VI-2]

労働者の当該企業 での在職年数 （満年数）	最低補償手当額 （支払総額の月数）
0	制限なし
1	0.5
2	0.5
3	1
4	1
5	1.5
6	1.5
7	2
8	2
9	2.5
10	2.5

222　第Ⅵ章　労働契約法の改革──労働関係の「確実化」

(b)　若干のコメント

この「表記」方式への変更の意義については後に検討するとして、ここでは旧規定から新規定への変更点だけを確認しておく。

第1に、不当解雇の補償手当として、これまで賃金の「6カ月以上」として最低月数だけが定められ、最高額の定めがなかったのに対して、新方式ではその上限の賃金月数が定められた。

第2に、最高月数は、当該企業における在職年数に応じて、1カ月から20カ月の範囲で定められることになった。

第3に、一方で、最低月数は、2年以上の場合は「3カ月以上」となり、最低補償額は改正前の6カ月分相当の賃金から半減することになった。

第4に、これまでの適用除外がなくなり、通常11人未満の労働者を雇用する企業においても、また在職年数が2年未満の労働者にも補償手当が適用されることになった。とりわけ、中小零細企業にも適用が及ぶようになったことを、ここでは注意喚起しておきたい。

第5に、上記③にいう「解雇手当(indemnité de licenciement)」とは、本条にいう不当解雇の場合の「補償手当」と異なり、解雇が適法な場合にもそれが労働者の「重い非行」によるものでない限り、8カ月以上の在職期間を有する労働者のすべての解雇に支払われる手当である(L.1234-9条)[11]。そして、③にいう「考慮に入れることができる」とは、不当解雇の補償手当の算定に当たって、解雇手当相当額を算入する(ということは、その分を補償手当から減額する)可能性を認めるものである。

第6に、これに対して、④は経済的解雇における手続懈怠による補償手当との関係をいうものであり、ここで「併給する(cumuler)ことができる」というのは、③の場合と異なり、解雇手当の中に算入しない(ということは、加算する)ことを認める趣旨であるが、それでも合計額が「表」に定める上限の範囲内に

---

11)　この解雇手当の算定に関するL.1234-9条も、2017年オルドナンスにより改正されており、従前は2年以上の在職期間が要件であったが、8カ月に短縮された。その算定方法は規則で定められており、在職期間10年未満については同期間1年につき1カ月の賃金の4分の1以上、および、在職期間10年を超える期間については、同期間1年につき1カ月の賃金の3分の1以上の額である(R. 1234-2条)。

あることが求められている。

2 「表記」方式とその展開

(1) はじめに──「表記」方式の立法化への歩み

「真実かつ重大な理由」を欠いた解雇についての「表記」方式は、このように ほぼ半世紀ぶりになされた大胆な制度変更であるが、実は2017年マクロン・ オルドナンスで突如として現れた規定ではない。1973年に定められて以降、長 年にわたり安定的に維持されてきた解雇規制の制度には、近年には多様な角度 から批判が寄せられるようになり、その現れの1つとして、不当解雇の補償手 当についても、改革の動きが繰り返し生じていたのである。以下では、解雇手 当の「表記」をめぐる立法上の展開についてその経過をたどってみよう。

(2) 調停的解決の「一括払い手当」と判決の「参考資料」

(a) 2013年全国職際協定

解雇の補償手当について、このように金額の表を定めるという方法が初めて 考案されたのは、2013年1月10日の「雇用の確実化に関する全国職際協定 (案)」第24条の定めであった。この全国職際協定(案)の定めは、翌日にタイト ルを変更して正式締結された、「企業の競争力のための新しい経済的社会的モ デルならびに雇用および労働者の職業行程の確実化に関する2013年1月11日の 全国職際協定[12]」において、その「第V編 裁判紛争の手続の合理化」の中の 「第25条 労働審判所における調停の促進」という条項に改められており、そ の「一括払い手当(indemnité forfaitaire)」は、[表Ⅵ-3]のように定められてい る[13]。

---

12) Accord national interprofessionnel du 11 janvier 2013 pour un nouveau modèle économique et social au service de la compétitivité des entreprises et de la sécurisation de l'emploi et des parcours professionnels des salariés.
　この2013年全国職際協定の制定経緯を紹介する邦語文献として、柴田洋二郎「フランスにおける 2013年雇用安定化法──フランス型フレキシセキュリティ」季刊労働法247号(2014年)47頁を参照。
13) 協定案から正式協定の間には手当金の月数に修正が見られ、[表Ⅵ-3]引用中のカッコ内の数字 は協定案で提示されていたものである。

224　第Ⅵ章　労働契約法の改革──労働関係の「確実化」

[表Ⅵ-3]

> 第Ⅴ編　裁判紛争の手続の合理化
> 第25条-労働審判上の和解の促進
> 　解雇紛争に関する裁判訴訟の場合において、両当事者は、調停部における聴聞の際に、被告が原告に対して、原告の在職年数に応じて算定され、社会的および税制上には損害賠償という性格を帯びた、一括払い手当の支払いをなすことの対価として、対立する紛争を終局的に終結させることを選択することができる。この一括払い手当は、労働契約の破棄に関連した損害全体の賠償に相当するものであり、その額を次のように定める。
> 　　──在職年数1年から2年：2月分の賃金
> 　　──在職年数2年から8年：4月分の賃金
> 　　──在職年数8年から15年：8（6）月分の賃金
> 　　──在職年数15年から25年：10（8）月分の賃金
> 　　──在職年数25年を超える：14(12)月分の賃金
> 　この方式により成立した調停は、紛争の当事者の間において、終局的な既判力を有する。
> 　労働審判所になされた請求はすべて、それが書記局に預託されたときから2カ月以内に、調停部の事件目録に登録される。
> 　調停が成立しないときには、事件は判定部に移送され、判定部は両当事者の提供する諸事実を調査の上、確信を形成しなければならず、また、原告の被った損害の補償について言い渡すべき判断の金額につき理由を挙げて説明しなければならない。

(b)　雇用確実化法による立法化

　この職際協定の条項は、時を経ずして、2013年6月14日に制定された雇用確実化法21条により立法化され、労働法典L.1235-1条が改正された。同条では、労働審判所における調停手続[14]の際に、労使の合意または調停部のなす調停勧試により紛争を終了させる合意が成立したときには、一括払いの手当を定めることとし、それは「労働者の在職年数に応じて命令（デクレ）で定める『表（barème）』を参考にする」ものと定められた。

　これを受けて、同年8月3日に定められたデクレにより、労働法典旧D.1235-21条に［表Ⅵ-4］が定められた。

---

14)　フランスの労働審判所の手続は、調停部（bureau de conciliation）と判定部（bureau de jugement）の手続に分かれており、調停が成立しなかったときにのみ判決部に移行するという、調停前置主義がとられている。制度とその実情については、邦語文献としては、野田進『労働紛争解決ファイル』（労働開発研究会、2011年）182頁「フランスにおける個別労働紛争の調整的解決最前線」を参照。

［表Ⅵ−4］

旧 D.1235-21条
　L.1235-1条にいう表を、次のように定める。
　―労働者が使用者のもとで2年未満の在職年数を証明するときは、2月分の賃金
　―労働者が使用者のもとで2年以上8年未満の在職年数を証明するときは、4月分の
　　賃金
　―労働者が使用者のもとで8年以上15年未満の在職年数を証明するときは、8月分の
　　賃金
　―労働者が使用者のもとで15年以上25年未満の在職年数を証明するときは、10月分の
　　賃金
　―労働者が使用者のもとで25年以上の在職年数を証明するときは、14月分の賃金

（d）　目安的表記

　このように、解雇に際して労働者が受け取る一括払い手当を表で定める方式は、2013年の雇用確実化法に向けての全国職際協定と、同協定をもとに定められた同年の雇用確実化法で着手された。同法に基づく定めは、現行労働法典でも維持されている。[15)]

　しかしながら、この一括払い手当の表は、解雇の補償手当の「表記」という点では先駆けといいえたが、2017年オルドナンスのそれとは、基本的に異なるものである。何より、この表記は労働審判所の調停部における調停手続に際して用いられるものであって、この賃金月数を、当事者が「合意することができ」、または調停員が「提示することができる」賃金月数にすぎない。

　したがって、第1に、この数字には何ら義務的な要素はなく、関係者に対する参照的な（référenciel）または目安的な（indicatif）意味しかもたない。むしろ、そのような金額の任意性が保障されていないならば、労働審判所の調停という調整的解決のメリットを妨げてしまうであろう。[16)] また、そのような意味にすぎないからこそ、この表では、労働者に支払うべき賃金月数は、上限も下限も設

---

15)　ただし、現行法の D.1235-21条は、2016年に改正されており、在職期間の刻みが9段階になって細かくなる一方で、例えば10年の在職年数であると10カ月分の賃金相当額とされるなど、やや増額となっている。

16)　Cyril WOLMARK, *Réparer la perte d'emploi, À propos des indemnités de licenciement*, Droit ouvrier 2015 p.450.

226　第Ⅵ章　労働契約法の改革——労働関係の「確実化」

定されない一律の数字になっている。

　第2に、それでも、この目安表の存在は、調停員が解雇紛争を調停により解決するための目安として、実務上大いに有益であると考えられるのであり、これにより調停を促進することが可能になる。

　第3に、この表は、労働審判において判決を言い渡す判定部では用いられることはない[17]。しかし、「それでもなお、この表は、手当の額をあらかじめ知りまたは評価しようとする、当事者の心の中に取り込まれるのである。」[18]

(3)　補償手当の表記化と違憲判断(2015年)

(a)　マクロン法による「表記」の試み

　不当解雇の補償手当について、裁判所の判断を拘束する表記が初めて試みられるのは、その2年後の2015年のことである。

　この時期、マクロン大統領は、当時は社会党政権のもとで経済担当省(経済・産業・デジタル省)の大臣であった。そのマクロン大臣の主導により成立した法律が、「経済的な成長、活動および機会の平等に関する2015年8月6日の法律」[19](マクロン法と通称されることが多く、本書でもその用語にしたがう)である。この法律は、全体としては、多岐にわたる経済活動領域で規制緩和措置を講じることを主旨とする法律である。その一部に、労働法関連でもいくつかの規制緩和の改正が見られ、中でも日曜休日制の緩和がよく知られている[20]。そして、このマクロン法は解雇に関して、「真実かつ重大な理由」を欠く解雇の補償手当を「表記化」する規定を取り入れたのである。

---

17)　全国の労働審判における受理件数のうち、約95％が労働契約の破棄に関する紛争である。ただ、労働審判の手続の中では、調停部で解決する件数は近年では受理件数のうち10％を切る程度に減少している(野田・前掲注14)『労働紛争解決ファイル』184頁)。その意味では、調停手続に限定した補償手当額の表記は、実際的な重要性が乏しいといわざるをえない。

18)　Cyril WOLMARK, op.cit.

19)　LOI n° 2015-990 du 6 août 2015 pour la croissance, l'activité et l'égalité des chances économiques.

20)　日曜休日制(repos dominique)は、この国では宗教的伝統もあって強固な原則であり、生活上不可欠な業務に限り例外的に許容されるのが原則である。そして、食料品店以外の小売事業では、市町村長の許可を得て年に5日まで認められていたが、マクロン法は、これを年に12日まで認めることとし(L.3132-26条)、また国際的観光地域の小売事業では年間を通じて日曜休日の交替付与を認める(L.3132-24条)等の改正を行った。

［表Ⅵ-5］

		企業の従業員数		
		労働者20人未満	労働者20人以上 299人以下	労働者300人以上
企業における 労働者の在職 期間	2年未満	最高3カ月	最高4カ月	最高4カ月
	2年以上 10年未満	最低2カ月 最高6カ月	最低4カ月 最高10カ月	最低6カ月 最高12カ月
	10年以上	最低2カ月 最高12カ月	最低4カ月 最高20カ月	最低6カ月 最高27カ月

　すなわち、同法案87D 条は、不当解雇の法的帰結を定める労働法典 L. 1235-3条を、次のように改正していた。

　①当事者の一方または他方が、裁判所の提案した復職を拒否するときには、裁判所は使用者の負担において、［表Ⅵ-5］のように賃金の月数で表示して定められた、最高限および最低限の範囲内で決定される、補償手当を支給する。

　②この補償手当は、別に法律、協約および契約に基づく補償手当があるときには、その支払いを妨げるものではない。

　以上のように、マクロン法では、その時期までは調停において参照にされるべき解雇手当の「表記」であったものを、ここでは労働審判の裁判官を拘束する規範として定めている。特に、これらの最低月数と最高月数の設定は、次の点で大きな意味をもつ。

　第1に、最低月数についていえば、労働法典の被改正条文では、上記のように、在職期間が2年未満または従業員数11人未満の企業の場合を除き、「真実かつ重大な理由」を欠く解雇については、「6カ月以上の」補償手当の支払いが義務づけられていた。ところが、マクロン法では、解雇手当の適用が拡大されたものの、最低月数は「2カ月」とされ大幅な減額となった。最低6カ月が確保されるのは、労働者300人以上の企業で2年以上勤務した労働者だけである。

　第2に、補償手当の最高額の上限を定めたことの意味はさらに大きい。それまでの補償手当の規定では、最高額の定めがないために、解雇が「真実かつ重大な理由」によらないと判断された場合の手当の額が予測困難で安定性を欠き、

それが期間の定めのない労働契約の締結を回避させる傾向を生み出すと理解されていた。その意味で、最高額の定めはむしろ期間の定めのない労働契約による雇用の促進効果をもつと考えられた。

第3に、マクロン法による解雇手当「表記」の特色として、「企業の従業員数」に応じて手当額が変動する仕組みがとられている。中小零細企業での負担を軽減して競争力を高めようとする、同法の基本理念が表現されていると言いうる。[21] しかし、実はこの点が、次に見る憲法院の決定による違憲判断を招くことになる。

(b) 憲法院による違憲判断

フランスで、法律の違憲審査権を有するのが憲法院(Conseil constitutionnel)であり、1958年憲法において設立された[22](56条以下)。違憲審査は、組織立法等に関する義務的な審査とそれ以外の任意的審査がある。後者は、本来は、通常の法律等について審書前の期間(法律が議会で議決されて内容が確定した後、大統領が署名(審書)して執行力を付与するまで)に、大統領、首相、国民議会議長、元老院議長が合憲性の審査を求める制度であった。しかし、①1974年に、提訴権者について、国民議会または元老院の議員の60名の連名をもって提訴をなしうることとされ(同61条2項)、②2008年には審書期間中だけでなく、その後の事後申請についても、通常の立法について、破毀院(司法裁判の上級審)またはコンセイユ・デタ(行政裁判の上級審)が憲法判断の必要ありと認めたときは、優先的に憲法院の判断が求められることとなった(61条の1)。こうした事情もあって、労働立法についても、違憲審査が数多く実施されるようになったのであり、2015年8月5日に発せられたマクロン法の違憲審査決定は、この憲法61条2項の手続により、実施されたものである。[23]

この決定の中から、上記の補償手当の「表記」を定める規定(成立した法律の

---

21) 中小企業の規制緩和による活性化や景気浮揚策は、マクロン法およびマクロン・オルドナンスにおける共通の特色であり、中小零細企業における解雇の補償手当における規制緩和は、団体交渉を通じた規制緩和の促進策と通底している。後者については、第Ⅲ章第2節・第3節を参照。

22) 憲法院は、任命制の委員と当然の終身委員とからなり、前者は9名で、大統領、国民議会議長、元老院議長が各3名を任命する(任期9年)。後者は、元大統領が当然の任務として就任する(憲法56条)。憲法院の概説として、邦語文献では、山口俊夫『概説フランス法(上)』(東京大学出版会、1978年)193頁以下、滝沢正『フランス法〔第4版〕』(三省堂、2010年)212頁以下を参照。

266条）について違憲判断がなされた理由部分を、以下に抜き書きしておこう（下線は筆者）。

> 150　思うに、この〔違憲審査を〕申請した代議士らは、これらの規定は、法の下の平等の原則の無理解により、真実かつ重大な理由で解雇された労働者の間で、企業の規模によって、不当な取扱いの格差を作り出すものであることを、主張している。
>
> 151　思うに、真実かつ重大な理由を欠いた解雇の場合に裁判官の認める手当の最低額と最高額が、企業の従業員数を増加関数とすると定めることにより、立法者は、企業の責任が課されうる条件を調整するにあたって、より大きな法的安定を保障し、採用へのブレーキを取り除くことで雇用を促進することを望んだのである。そして、それは一般利益という目標を追求している。
>
> 152　しかしながら、思うに、たとえ立法者がこれらの目的のために、真実かつ重大な理由なくして解雇された労働者に支払うべき手当に上限を付すことができるとしても、立法者は、労働者が被った損害との関連を示す基準を確定しなければならなかった。そして、企業における在職期間の基準は、法律の目的と合致しているとしても、企業の従業員数の基準については、そのように言うことができない。それゆえに、異議の出されたこの規定によりもたらされる処遇の格差は、法の下の平等の原則を見誤るものである。
>
> 153　よって思うに、第266条第1パラグラフの結果として作成された範囲において、労働法典 L.1235-3条は、憲法に違反する。また、その結果として、第266条の同規定とは不可分の同条の他の規定もまた、同様とする。

　こうして、2015年のマクロン法による「表記」は、憲法院の決定により、法の下平等に反するものとして違憲の判断が下され、規定そのものが失効した。しかし、憲法院の立場は、こうした表記化そのものについては否定的なわけではないように見える。

　すなわち、第1に、憲法院決定は、「真実かつ重大な理由」を欠いた不当解雇の補償手当について、最高額と最低額を定める「表記」自体を否定しているわけではない。[24] 第2に、むしろ憲法院は、企業の従業員数に応じてそれらの額が変動する調整方法についても、それは法的安定を保障し採用を促進するもの

---

23)　Conseil constitutionnel, Décision n° 2015-715 DC du 5 août 2015, Loi pour la croissance, l'activité et l'égalité des chances économiques.　決定文には、同項に基づき違憲審査を申請した多数の国民議会議員の名前がずらりと掲載されている。

24)　Jean MOULY, *Le plafonnement des indemnités de licenciement injustifié devant le Comité européen des droits sociaux*, Droit social, 2017 745.

と述べ、のみならず「一般利益」という目標を追求しているとさえ評価している。第3に、それでもなお、憲法院は、「補償手当の額と労働者が被った損害との関係」という観点からは、企業の従業員数という基準が法の下の平等に違反すると判断する。

このように見ると、マクロン法における補償手当の「表記」について、憲法院は企業規模（従業員数）という基準だけを問題にしているであって、それ以外の点では問題はなかった。そして、課題となるのは、損害と補償手当の額との関係という点である。こうした観点から、表記への努力はさらに続けられる。

（c）　判決のための「目安表」

一方、マクロン法は、労働審判制度に関する同法第258条において、以上の表記化そのものとは別に、不当解雇の補償手当に関する「目安表」というべき、注目すべき定めも設けていた。

すなわち、労働審判所の裁判官は、判決を下すにあたって、「高等労働審判所の意見を得た上で、……デクレで定められた、指示的目安（référentiel indicatif）を、考慮に入れることができる」（L.1235-1条旧5項）。「この目安表は、特に、請求者の在職年数、年齢、地位を考慮して支給される補償額を決定する」ものであり（同6項）、また、「当事者が共同してその申請をなすときには、補償手当は、この目安表の適用のみによって定められる」（同条5項〜7項〔後にマクロン・オルドナンスにより廃棄〕）。そして、この規定を受けた命令（デクレ）として、2016年11月23日のデクレ第2016-1581号が制定され、そこには次のような、独自の「表記」が設けられた（旧R.1235-22、後に、2017年12月18日に廃棄）。

このR.1235-22条の趣旨を、要点ごとにまとめておこう。

①労働法典に不当解雇の補償手当の最低額を定める規定があることを前提に、労働法典L.1235-1条第5項にいう指示的目安を、［表Ⅵ-6］のように定める。

②この目安表に示された賃金月数については、請求者の年齢が解雇の時点において50歳以上であったときには、1カ月分を増額する。

③請求者が、地方的水準または関係活動部門における労働市場の状況にかんがみ、また本人の個人的事情および職業資格の水準から、雇用への復帰が特に困難であるときには、1カ月分を増額する。

以上のように、この目安表は、2013年に作成された、労働審判所の調停手続

[表Ⅵ-6]

在職期間 (満年数)	補償手当 (賃金の月数)	在職期間 (満年数)	補償手当 (賃金の月数)
0	1	22	14.5
1	2	23	15
2	3	24	15.5
3	4	25	16
4	5	26	16.5
5	6	27	17
6	6.5	28	17.5
7	7	29	18
8	7.5	30	18.25
9	8	31	18.5
10	8.5	32	18.75
11	9	33	19
12	9.5	34	19.25
13	10	35	19.5
14	10.5	36	19.75
15	11	37	20
16	11.5	38	20.25
17	12	39	20.5
18	12.5	40	20.75
19	13	41	21
20	13.5	42	21.25
21	14	43以上	21.5

の際に用いられる表とは異なり、判定手続すなわち裁判で用いられる表である。しかし、それ自体は規範的な意味をもつことはなく、裁判官はこの目安の表を「考慮に入れることができる」にすぎない。ただ、当事者が、共同でこの表の「適用」を申請するときには、この表によることになる。なお、この表の、他に見られない特色は、補償手当は、表では在職年数のみを第一次的な基準にしているものの、表以外に、年齢(50歳以上)、地方水準、業種、職業資格などの再就職困難な事情等が組み入れられる点である。[25]

232　第Ⅵ章　労働契約法の改革──労働関係の「確実化」

(4)　2016年エル・コームリ法案における「表記」とその破綻

(a)　エル・コームリ法案での「表記」

　エル・コームリ法は2016年 8 月 8 日に成立したが、同法の法律案の原案は、同年 3 月 9 日に提出された「企業およびその推進者のための新しい自由と新しい保護を設置することを目的とする法律案」（エル・コームリ法案）であった。この法案全体の概要や、この法案が公表された後、一部の労働組合や青年層の激しい反対闘争の標的となったことは、すでに紹介したところである。[26] 政府は、法案の中で、特に反対の強かった部分を修正・削除し、かつ憲法49条 3 文に基づく隘路による「みなし可決」の方法で、かろうじて同法を成立させたのであった。そして、この反対闘争の標的とされたのが、まさにこの不当解雇の補償手当の「表記」の規定であった。

　まず、エル・コームリ法案で定められていた、補償手当の「表記」の内容を示しておこう。それは、同法案が議会に提出される前に閣議に提出されたオリジナル案[27]において、「第 4 編　雇用を促進する」のうちの「第 4 章　企業への支援（appui）」というタイトルのもとで定められた、第30条Ⅰ項 2 号の以下に見る規定の表（[表Ⅵ-7]）である。

［表Ⅵ-7］

法案30条Ⅰ項 2 号

〔労働法典〕L.1235-3条第 2 項は、以下に定める 8 の項目に置き換える

　当事者の一方または他方が、この〔裁判所の提案による〕復職を拒否するときには、裁判所は、使用者の負担による補償手当を支給するものとし、その額は次の月額を超過してはならない。

　①企業内における労働者の在職期間が 2 年未満であるとき：3 カ月分の賃金
　②企業内における労働者の在職期間が 2 年以上 5 年未満であるとき：6 カ月分の賃金
　③企業内における労働者の在職期間が 5 年以上10年未満であるとき：9 カ月分の賃金
　④企業内における労働者の在職期間が10年以上20年未満であるとき：12カ月分の賃金

---

25)　この指摘については、Sophie GUENIER-LEFEVRE et Marie-Noëlle ROUSPIDE-KATCHADOURIAN, *Les conséquences de la rupture du contrat de travail*, Droit ouvrier 2017 p.500.

26)　序章第 2 節 1 (2)を参照。

27)　この閣議提出法案は、約 2 週間後の同年 3 月25日付けで議会に提出された法案とは、内容が異なる。後注29)を参照。

⑤企業内における労働者の在職期間が20年以上であるとき：15カ月分の賃金
　この補償手当は、別に法律、協約および契約に基づく補償手当があるときには、その支払いを妨げるものであってはならない。
　この補償手当は、事情に応じて、本条に定める上限額の限度の範囲内で、L.1235-12条、L.1235-13条およびL.1235-15条の定めによる手当と併給することができる。

　この法案の条文は、次の点で社会の耳目を集めることとなった。

　第1に、この表では、マクロン法による表記と異なり、賃金月数を決定するのは、当該労働者の在職期間だけであって、企業の規模は基準に組み入れられていない。その意味で、憲法院による上記決定に抵触することはない。

　しかし、第2に、注目されるのは、この表では、「その額は次の賃金月額を超過してはならない」と定めるのみであり、最高額だけを定めているが最低額の定めがないことである。この点は、上記のように、同条がそれまでは「賃金6カ月分に相当する額以上の補償手当」として最低額だけを定めていたのであるから、真っ向から逆の定めに変更されたことになる。

　のみならず、第3に、この表で、在職期間2年以上5年未満の労働者を見ると、その補償手当の「最高額」の賃金月数（＝6カ月分以下）は、それまでの同じ労働者の定めの「最低額」の賃金月数（6カ月以上）と比べると、最低額と最高額が逆転している。

　以上のように急激で大幅な引き下げをもたらしたことに対して、特に在職期間が短い若年労働者層の反発を買うのは必至であったろう。

(b)　エル・コームリ法案による「表記」の撤回

　このエル・コームリ法案30条は、実はごく短命（「栄光の短期間」[28]）に終わった。上述のように、この案が閣議に提出されたのは2016年3月9日付けであるが、同月24日付けで国民議会に提出された逐条の法案提出理由を付した法律案では、この規定は完全に削除されている[29]。

---

28)　Gwenola BARGAIN et Tatiana SACHS, *La tentation du barème*, RDT 2016 251.は、論文の冒頭で、皮肉を込めて「著名な第30条の栄光に満ちた束の間の時間」と述べている。

29)　議会提出法案のタイトルは原案（注27）と同じであるが、この案は、"PROJET 3600" という名称で知られている。しかし、「表記」の規定は、同法案では削除されたために、提出法案に添付された立法理由書では、この「表記」の趣旨は明らかにされていない。

234　第Ⅵ章　労働契約法の改革——労働関係の「確実化」

　このように、大きな変更をもたらそうとした背後の理由は、同条の位置して
いる章のタイトル（上記「雇用を容易にする」、「企業への支援」）からすでに明らか
である。それは、補償手当の最低補償額をなくすことにより、企業とりわけ中
小零細企業への「支援」を図り、さらに上限額を設定することにより、解雇を
「確実化」つまり安全なものにすることに他ならない。

　しかし、この規定は雇用上の弱者保護という理念からほど遠く、世論は、こ
の規定がもたらす不公平さに対して強い嫌悪感を表明したのであり、その反対
のために政府は早々に撤回を余儀なくされた。加えて、この法案の規定は、不
当解雇の補償のコストに枠をはめることのもつ強圧的な性質が、法律家の内部
だけでなく、社会一般（世論）において嫌悪されることを暴露することにもなっ
たのである。[30]

(5)　「表記」方式の完成

　これまで見た長い経過をふまえて、本章の第2節1(2)(a)で述べた、マクロ
ン・オルドナンスによる、新たな「表記」が2017年9月に完成された。あらた
めて、221頁の［表Ⅵ-1］および［表Ⅵ-2］をご覧いただきたい。この表に
よる金銭賠償は、不当解雇の補償手当を「6カ月以上」とだけ規定していた改
正前の規制からすると、大きな隔たりがあるのは明らかである。しかし、これ
に到達するまでの背景には、これまで見た2013年以来の紆余曲折の展開があっ
た。すなわち、①最初は労使間合意（全国職際協定）による、労働審判の調停に
おける目安としての表記、②それを微修正して法律に定められた表記、次いで、
③マクロン法による労働審判の判定を拘束する表記（と、その違憲判断）、④労働
審判の判定部の「指示的目安」としての表記、⑤エル・コームリ法案（原案）に
おける最高額のみの限度を定める表記（と、その撤回）という変遷であった。

　これらの経過は、不当解雇の金銭解決において、その金額の枠付けを決定す
ることがいかに難しいかを示すものであるが、逆から見れば、それにもかかわ
らず政権がその枠付けにたゆまざる熱心さを示していたことの証ともいいうる。
マクロン・オルドナンスは、国会での単独過半数の与党の支持を背景にこれを

---

30)　Gwenola BARGAIN et Tatiana SACHS, op.cit.の説明による。

なしえたが、これまでの数度の蹉跌を踏まえた完成版でもあった。すなわち、第1に、新たな表記は、目安的なものではなく、その数字が裁判官を拘束する「規範」である。第2に、その判断基準に企業規模は加えられず、11人未満の零細企業は別表で定められているから、企業の従業員数が基準になっているとまでは（ぎりぎり）いえず、「法の下の平等に反する」との違憲判断は免れることができる。第3に、最高額だけでなく最低額も示しているから、労働者側の利益もいちおう配慮されているといいうる。

しかし、この最後の点については、これが発表された当初（2017年8月末段階）から、激烈な批判も見られた。9月1日付ル・モンド紙では、E. Dockès 教授による「労働法の新たなる破壊における陳腐性と急進性」と題する論説記事[31]の中で、この表記について次のような批判がなされている。「不当解雇についての補償手当の表が採用されるであろうこと、それにより理由のない解雇をリスク無しで実施できるようになることは、始めから予想がついていた。しかし、その手当の最低額が半減することまでは予測できなかった（2年の在職年数の者について、6カ月が3カ月になるとは）。また、最高額がこのように低額になることも予想できなかった（勤続10年以上の者で、不当解雇なのに10カ月分とは）。」「オルドナンスは、われわれがこの10数年降りてきた階段を引き延ばすために整えられた、さらなる一段である。相変わらずの同じ歴史である。最悪なことは、一撃で起こることはない。悪事はより広がることにより、平凡なものとなる。それは、一歩一歩、執拗さをもって、進んでいる。」

3 「表の誘惑」

不当解雇に対する金銭補償の額について、2つの政権がともに「表記」にかくも熱心なのはなぜだったろうか。さらにいえば、そもそも「表記」とは何だろうか。

これについては、この表記の問題に関してしばしば引用される、A. Lyon-Caen 教授の「表記の複雑さ」と題する短い論考[32]が有益である。同論文は、賠

---

31) Emmanuel, DOCKÈS, *Banalité et radicalité d'une nouvelle destruction du droit du travail*, Le Monde, 1 Sep.2017.

償額の表記がもつ多様な意味づけを要約する。すなわち、それは補償手当において当然備わるべきものと考えられてきた、「損害の完全賠償の原則」に、深い割れ目を持ち込む。また、表の仕組みが用いられるのは、「企業の便益」のためである。「賠償金の表記載の義務化は、どのような態様のものであれ、計算の道を開く。表がもたらす計算は、見かけだけは、取るに足らないものでしかない。しかし、実際には、この表は、違法性が生み出す不都合のコストがいくらなのかの計算を可能にし、したがって、普通の理屈として、もし法違反のコストが法律を遵守した場合ほど大きくないのであれば、法を犯そうという気持ちにさせるであろう。」しかし、「それでもなお、現代社会において、法律の実質的な違反の可能性は氾濫しており、〔表記は〕その氾濫に対してダムが設置される好機にもなりうる。」

　同論考のいうように、たしかにその意義は複合的である。それは完全賠償原理からますます遊離して真の補償から遠くなる。しかし、それは使用者の無期労働契約を回避する気持ちを抑制できるかもしれないし、現実には、何の補償もなく、あるいはわずかな補償で、企業を去らざるをえない多くの労働者に対して、定型的ながら最低補償をもたらしうるかもしれない。しかし、それらが真に「確実化」を意味するか。「結局のところ、法律によって設定された表は、それを要求した者に、いかなる明確さも与えることはできないし、与えないに違いない。」という悲観的な見通しが、同論考の結論である。

　他方、表記の技術と機能につき着目する論考もある。「表の誘惑」と題するその論考によれば、「表記」は政権の「抑えることのできない誘惑に属する」。その機能は、大別すると2つあり、その1つは、「賠償の標準化の技術」である。すなわち、「表記」とは、生じた状況（不当解雇）とその解決（金額の算定）の

32）　Antoine LYON-CAEN, *Complexité du barème*, RDT février 2016, p.65.　なお、この論考は、マクロン法による表が憲法院で否定されて数カ月後の時期のものである。

33）　Principe de réparation intégrale du préjudice.　それによれば、不当解雇の補償手当においても、「賠償額は、労働者が被った損害を完全に反映していなければならない」のが原則である。これについては、Sophie GUENIER-LEFEVRE et Marie-Noëlle ROUSPIDE-KATCHADOURIAN, op. cit. p.500.; M. KELLER, *Les principes du droit civil de la réparation de l'entier préjudice appliqués aux rapports de travail*, Droit ouvrier 2011 p.234.

34）　Gwenola BARGAIN et Tatiana SACHS, op.cit.

関係を、出来事の分類に結び付けることで標準化された決定を導く技術である。この技術は、「裁判所の決定を支援する道具」、および「当事者の決定（合意）を支援する道具」として作用する。もう1つは、「上限設定の技術」であり、ほんらいは何の基準もなく拡大しかねない損害に上限額を設定する機能である。この機能は、「使用者の結果予測を尊重する機能」をもたらし、そのことがひいては「労働市場の法のテクノロジー」につながってゆく。

　「表記」は、その機能においても、まさしく複合的である。

4　無効な解雇の場合の補償手当

(1)　解雇の無効

　これまで見たように、「真実かつ重大な理由」を欠いた解雇には、「表記」された最低額と最高額の範囲で、補償手当が算定される。これに対して、解雇が種々の理由により無効と判断されるときには、この表は適用されない（L.1235-3-1条）。まずは、解雇の無効ということの意味であるが、これには日本から見た場合、少し説明が必要である。

　フランス労働法では、不当な（すなわち、真実かつ重大な理由を欠いた）解雇についても、解雇を無効としないのが原則であり、解雇の無効という効果が生じうるのは、法律（労働法典）にその旨が定められる場合（後述(2)）に限られる。なお、例外的に、法律に明文の定めがないときにも、労働者の基本権や基本的自由の侵害が認められる場合に、裁判所は解雇の無効判断をなす場合がある[35]。

　また、解雇が無効であるときにも、その法的効果は金銭補償が原則であり、復職は原則として認められない。復職が認められるのは、例えば従業員代表制度の選出代表に対する許可を得ない解雇のように、法律で定める場合に限られる（L.2422-1条）。しかし、これについても、裁判所は復職させないことが回復できない権利侵害になる場合には、例外的に復職を命じることがある。

---

35)　詳細は、野田・前掲注6）書441頁以下を参照。また、G.Auzero, D.Baugard, E. Dockès, *Droit du travail*, 32ᵉ éd., Dalloz,2019, p.590 et suiv. も参照。

238　第Ⅵ章　労働契約法の改革──労働関係の「確実化」

(2)　無効な解雇の場合の補償手当

　マクロン・オルドナンスは、無効な解雇の金銭補償について、以下の定めを設けた。無効な解雇の場合で、労働者が労働契約の存続を望まず、または労働者の復職が不可能なときは、裁判所は、使用者に対して、最低額が6カ月分の賃金相当額の補償手当(上限なし)の支払いを命じる(L.1235-3-1条)。この補償手当は、企業の規模にかかわらず適用される。

　金額でいえば、この最低6カ月以上という水準は、改正前の「真実かつ重大な理由」を欠いた解雇と同じ水準であるから、無効な解雇の補償手当の水準がそれだけ引き下げられたことを意味する。使用者にとっては金銭補償の見通しが立ちやすく、かつ補償手当が引き下げられたことが、解雇の「確実化」を意味する。ただ、例えば育児休業期間の解雇禁止に反して解雇がなされた場合には、労働者はこの休業期間に得たであろう賃金を請求しうるところ、補償手当はその賃金を損なうことなく(すなわち、減額することなく)支払わなければならない(同条)。

　この規定が適用される解雇の無効はリストアップされているが(同条)、ほぼすべての解雇無効の規定をカバーしている。次のとおりである。

　第1に、基本的自由の侵害であり、例えば「ストライキ権の正常な行使」を理由とする解雇の無効(L.1132-2条)、裁判を受ける権利、証人、陪審員等になる権利を侵害する解雇の無効(L.1132-4条)などがこれにあたる。

　第2に、セクシュアル・ハラスメントやモラル・ハラスメントにあたる解雇、およびこれについて証言したことを理由とする解雇の無効である(L.1153-4条、L.1152-3条)。

　第3に、差別[36)]にあたる解雇(L.1132-4条)、および差別にかかわる裁判をしたことを理由とする解雇(L.1134-4条)の無効である。

　第4に、男女の平等取扱いに関する訴訟提起を理由とする解雇の無効である

---

36)　「出生、性別、習俗、性的志向もしくは性同一性、年齢、家族状況もしくは妊娠、遺伝的特徴、明らかなもしくは当人の知るところによる経済状況に由来する特別の脆弱性、民族、国家もしくは人種への真のもしくは仮定された所属、政治的意見、組合活動もしくは共済活動、宗教的確信、身体的概観、家族の名前、居住地もしくは手形支払の指定地、健康状態もしくは障害、または、フランス語以外の表現能力」を、直接または間接に理由とする解雇は禁止される(L.1132-1条)。

（L.1144-3条）。

　その他、従業員代表制度の選出代表に対する許可なしの解雇禁止（L.2411-1条、L.2412-1条）、出産休暇または育児休業期間の解雇禁止（L.1225-71条）、労災・職業病の療養期間の解雇禁止に違反してなされた解雇の無効（L.1226-13条）などである（L.1235-31条）。

第3節　解雇の「確実化」のための諸方策

1　経済的解雇の定義の「確実化」

（1）　経済的事由の定義に関する規定改正

　経済的解雇の定義をより明確にする措置は、エル・コームリ法が実施した「確実化」の手法である。同法は、解雇の分野の規制改革として、法案の段階では、いくつかの重要な改正を予定していたが、実現して改正の運びになったのは、この経済的事由の定義に関するL.1233-3条の改正である。

　同条は経済的解雇の定義を定める規定であり、この規定は「経済的事由による解雇に関する1975年1月3日の法律」に定められて以降、経済的解雇の規制の起点となる規定として、一部修正を受けながらも長らく維持されてきた。[37]

　同条の改正前の規定は、次のとおりである。「経済的事由による解雇とは、特に経済的困難または技術変革に引き続きなされた、雇用の廃止もしくは変動、または労働者により拒絶された労働契約の本質的変更の結果としての、労働者の人的領域に属さない1または数個の事由により、使用者が実施する解雇をいう。」（下線引用者。以下も同じ）

　エル・コームリ法により、同条は、上記の下線部分をめぐり、以下のように改正された。[38]

　　「経済的事由による解雇とは、次の各号に掲げる事項に引き続きなされた、雇用の廃止もしくは変動、または労働者により拒絶された労働契約の本質的要素の変更の結果としての、労働者の人的領域に属さない1または数個の事由により、使

37）　経済的解雇の定義については、野田・前掲注6）書268頁以下。

38）　その後、2018年3月29日の法律によって改正された内容を組み入れて表記している。

用者が実施する解雇をいう。

①経済的困難であって、少なくとも注文または取引高の低下、経営赤字、資金繰りや経営上の総黒字の低下のような経済指標に示される動向によって、あるいは、これらの困難を証明することのできる他の要素によって特徴付けられるもの。

このうち、注文または取引高の有意な低下とは、この低下の期間が、前年の同じ期間との比較において次の期間を上回ることをいう。

　　a)　11人未満の企業においては1四半期
　　b)　11人以上50人未満の企業においては2四半期
　　c)　50人以上300人未満の企業においては3四半期
　　d)　300人以上の企業においては4四半期

②技術変革

③その競争力を保持するために必要な企業の再編

④企業活動の中断

雇用の廃止もしくは変動、または労働契約の本質的要素の変更の事情は、企業のレベルで評価される。〔以下略〕」

　なお、2016年エル・コームリ法の国会提出法案の段階では、この規定についても、「公序」「協約領域」「補充規定」の三層構造で定められ、部門協約において注文または取引高の低下の期間を定めることとされていた(同法案30bis条)。これは、第Ⅰ章第2節で見た、労働法規範の三階層システムを、この経済的事由の定義の場面でも適用する趣旨によるものであった(ただし、協約規範は企業協定ではなく部門協定のみが受け持つ)。しかし、成立した法律ではこれは削除されているから、通常の公序規範(強行法規)として効力を有することになる。

(2)　改正の意味

　以上のように、本条の改正では、第1に、従来の定義のうち、経済的解雇の原因となる事象である「特に経済的困難または技術変革」(下線部)の文言を、「次に掲げる事項」に置き換え、その事項について具体的に1号から4号を列挙している。第2に、その1号では、経済的困難の判断について、これを「注文または取引高の低下」を表す数値(低下期間)を企業規模別で表現したことが注目される。そして、第3に、3号と4号はこれまでになかった基準が、新た

に付け加えられたものである。

　このうち、3号の追加については、法案の趣旨説明[39]では1995年破毀院のビデオカラー事件判決を掲げて、競争力保持のための解雇は判例上確立したものであることを強調している。この事件は、電気製品製造の世界企業が、コスト高を理由にリヨン工場を閉鎖してフランス国内の別工場とブラジル工場に拠点を移したため、全従業員が解雇されたという事件であり、同判決は「企業が経済的困難または技術変動に直面していないときであっても、<u>企業の再編は、その事業部における競争力を保持するために実施する場合に限り、経済的事由を構成するということができる</u>」と判断して、経済的解雇としてその正当性を認めた。[40] 3号はこの判例を確認したものにすぎないとされる。

　さらに、1号において、注文や取引高の有意な低下についての参照期間（企業規模別）を明示したのは、中小企業等のための解雇基準の明確化にある。法案の趣旨説明によれば、「この法典化の目的は、中小企業あるいは法的アドバイスや人材サービスを受けることのできない経営者が、経済的事由が正当であるか否かを知るための判断基準にアクセスできるようにすることにある」とされる。中小企業や外国企業にとって、経済的事由を明確化することを通じて、解雇を「確実化」するものといえよう。

　しかし、この規定については、解釈上の疑問が数多く呈せられている。第1に、本条では、考慮されるべき「四半期」の時期が明示されておらず、解雇のなされた日に先行する期間なのか、それとも解雇後の期間も裁判所は考慮できるのかが明らかでない。第2に、軽微な売り上げの回復の期間があるときは、どのように評価されるか。第3に、注文または取引高の「有意な」低下という限定が加えられており、そのために裁判所に評価権限を残すことになり、解雇理由を自動承認する効果が薄れるのではないか。

---

39)　Exposé des motifs, *op.cit.*, p.22 et suiv.

40)　Soc. 5 avril 1955, Dr. soc.. 1995 487. ビデオカラー事件判決およびその背景の工場移転（délocalisation）に伴う法的問題については、野田進「第4章　フランス労働法」浜田冨士郎ほか編『グローバリゼーションと労働法の行方』（勁草書房、2003年）135頁を参照。

(3) 経済的事由の客観化と確実化

(a) 経済的事由の客観化

本条の趣旨については、経済的事由の「会計的アプローチ」という理解[41]がなされている。すなわち、改正前の規定においては、判例は経済的解雇の各指標についてそれぞれ判断を積み上げており、破毀院社会部は、経済的困難の重さを判断するために複数の重なり合った経済的指標を用いる、「指標の束」という手法を確立していた。しかし、かかる手法は法的不安定の要因となるものであり、解雇事由の正当性についての予測可能性を阻害する。本条は、これを取引高の低下に集約させ、判例による「指標の束」という判断方式を終わらせ、会計的指標による単一方式を採用することになったのである。

(b) 雇用創出への期待

立法趣旨説明によれば、このように経済的事由を客観化することは、「募集を躊躇している中小企業の社長に対して、採用へのブレーキを取り除くことになる。その目標は、また、経営悪化の場合に、労働契約の破棄という困難を避けるために、有期労働契約が最も確実化された方法として用いられ増加していくことを防ぐことにある[42]。」要するに、解雇を確実に実施できることが、使用者の採用意欲を高め、期間の定めのない労働契約による採用を確実化するというものである。いうまでもなく、ここにいう「確実化」とは、「あらかじめ労働契約を破棄しうる可能性を知っておくことで、期間の定めのない労働契約で採用しようとするという、使用者にとっての確実さである[43]。」

(c) 労働審判所への不信

経済的事由の客観化・定型化への期待の裏には、経済的事由を評価する裁判所のシステムや能力に対する不信がある。特に、解雇紛争の第1審を担当する労働審判所（原則として労使選出のしろうと審判官が組織）に対して、審判官の経済についての知識に不信がもたれているといえよう。重大な問題ではあるが、しかし、「裁判官は経済を知らない、とある者が主張するとき、彼が問題にして

---

41) Yasmine TARASEWICZ, Estelle COULOMBEL, Tatiana SACHS, *Les juges doivent-ils plier devant la définition comptable du motif économique de licenciement ?*, RDT 2016 p.662.

42) Exposé des motifs, op.cit., p.22 et suiv.

43) BONNECHÈRE, op.cit., p.326 et suiv.

いるのは裁判官ではなく、裁判官を通じた、法のある理念とその価値なのである」との反批判がある[44]。

2 解雇通知文書における「確実化」

労働関係の確実化という政策理念は、特に中小企業に対して、労働者を期間の定めのない契約で雇用することに対するブレーキを取り除くという目的をもっている。中小企業の使用者は、解雇の通知文書を始めとして解雇手続に不備が多く、このために不利益を被りかねない。経済的解雇に関する使用者の義務にも、不確定な部分が多い。そこで、解雇の「確実化」を図るために、種々の規制緩和措置が講じられており、そのうちの主なものを紹介しておく。

(1) 解雇通知文書における理由明示

(a) 解雇通知文書のモデル様式の創設

まず、解雇通知文書における使用者の記載漏れや間違いを減らし、紛争の危険を減らすために、解雇通知文書のモデル様式が定められた。様式は、人的理由による解雇と経済的解雇の場合とに分けて、多様なケースに対応できるように書き分けられており、通知文書における記載事項に遺漏がないように定められている（L.1232-6条およびL.1233-42条）。

(b) 使用者の「間違える権利」

これまでの判例では、使用者が解雇通知文書で明確な事由を援用していないことは、解雇理由の欠如を意味し、解雇の真実かつ重大な理由を欠いているとの判断が確立している。また、解雇手続において、いったん解雇理由を表明すると、それを後で変更することはできず、最初に表明された解雇理由だけで「真実かつ重大」であるかを判断すべきであると解されている。さらに、裁判所は解雇理由を解雇通知書の記載だけで判断すべきであり、それ以外の事由により判断することはできないとされている。言い換えると、使用者が援用した解雇事由は、紛争の法的状況を固定するのであり、使用者は裁判所の前で、解雇通知書に書いたものと異なる事由を、たとえそれが解雇を正当化するもので

---

44) Frédéric GÉA, *Comprendre...ou pas, art.30bis de l'avant-projet de Loi Travail*, RDT 2016, p.170.

244 第Ⅵ章 労働契約法の改革——労働関係の「確実化」

あっても、援用することはできない。

　以上の状況に対して、次のような改正がなされた。解雇通知文書に書かれている解雇理由は、使用者自身により、あるいは労働者の申出により、解雇の通知以後に詳細説明（préciser）をすることができる。解雇理由を確定して紛争の範囲が確実になるのは、この詳細説明が要求されたときには、その明示の後になってからである（L.1235-2条）。その意味で、使用者は理由提示の「セカンドチャンス」の権利をもつことになる。

　具体的には、労働者は、解雇理由通知を受けてから15日以内に、文書で解雇通知書に記載された事由について詳細説明（précisions）を求め、使用者は、必要と考えるならば、申出書の受領のときから、15日以内に詳細説明を行うことができる。また、使用者の方からも、解雇通知から15日以内に、みずから解雇事由を詳細説明することができる。

　その効果として、次の点が重要である。解雇を通告された労働者が、解雇理由を詳細説明することを要求してなかった場合、その後の裁判において、裁判官が解雇通知書の理由記載の不十分さを認定したとしても、解雇はそれだけで真実かつ重大な理由のないものと判断されない。その場合には、単に手続違反の解雇として、賃金１カ月分を超えない損害賠償の権利をもたらすにとどまる（L.1235-2条）。

(2)　経済的解雇における考慮範囲
(a)　経済的事由の評価の範囲

　経済的事由による解雇についても、これまで曖昧だった部分、特に中小企業も含めた企業活動の国際化の中で、経済的事由をどのエリアで見るかについて、より明確な定めが試みられている。

　すなわち、経済的解雇の場合の経済的事由（定義は本節１(1)を参照）が「真実かつ重大」であるかの判断をなす場合、その真実性の要件をいかなるエリアで判断するかについて、規定が設けられた。それによれば、①企業がグループに属していないときには、経済的事由の真実性は、国内の企業単体のレベルで評価される。②企業が国内の企業グループに属しているときには、そのグループ全体で評価される。③企業が国際的な企業グループに属しているフランスの子

会社であるときには、経済的事由の真実性はフランス領土の内部のグループ企業で評価される（L.1233-3条）。

　これは、企業活動のグローバリゼーションの中で考える必要がある。例えば、世界的な企業グループにおいて、採算性の観点からフランスの子会社のリヨン工場を閉鎖して、別子会社の工場をブラジルに設置したとする。この場合に、リヨンの工場閉鎖による従業員全員の解雇が、経済的解雇の要件である「雇用の廃止」等の経済的困難に該当するかは、フランスの子会社の国内エリアで判断すべしとするのが新規定の趣旨であることになる。

　実は、この問題は、旧来の破毀院判決を引き継ぐものであった。1995年の著名な前掲ビデオカラー事件では、この事案において、控訴院がリヨン工場の雇用はブラジルの工場に引き継がれたのであるから雇用は廃止されていない（＝経済的解雇に当たらない）と判断したのに対して、破毀院判決は、その評価には企業における従業員の移動可能性を組織的・地理的に考慮すべきであるとして、控訴院判決を破棄したのである[45]。

　この定めにより、外国の親会社やグループ全体の経営問題という困難な判断を、事実審裁判所（＝労働審判所）に委ねる必要がなくなる。この点で「労働関係の確実化」に寄与しうる。もっとも、この地理的限定に対する主な批判として、雇用の削減という目的に照らして、グループ内のフランス企業に対して「経済的困難を人工的に生み出すのではないか」という点があった。このために、オルドナンスの原案では評価範囲を国内と定めるに当たって、「脱法行為なく」という文言があった。この文言は、最終的には削除されたが、解釈上留意すべき要素と判断されている。

　その他、経済的解雇については、使用者の再就職（reclassement）の検討義務の範囲、使用者のとるべき措置のオプション等について定めを置いた。いずれも、経済的解雇について使用者の予測可能性を高めるという意味で、「確実化」の措置である。

45）　Soc. 5 avr.1995, Droit social 1995 487.　両判決の判断の詳細は、邦語文献として、野田・前掲注40）「第4章　フランス労働法」浜田ほか編133頁を参照されたい。

246　第Ⅵ章　労働契約法の改革──労働関係の「確実化」

第4節　労働関係の確実化と多様な労働契約破棄

1　緒説──緩和的取り組みと代替的取り組み

　グローバリゼーションの進行の中、先進諸国の労働立法や判例は、雇用や労働契約上の課題に対して、共通し通底する法的対応に取り組んでいることが多い。私は、日本企業の「低成果」労働者に対する労働契約にかかわる人事対応として、2つの方式を分析したことがある。1つは、解雇基準の緩和的適用に向けた対応である「緩和的取り組み」であり、低成果労働者に対して、能力開発、職種変更、降格等の人事措置に積極的に取り組んだ上で解雇することで、権利濫用でない解雇として評価されようとする。もう1つは、解雇そのものを避けて、異なる方法で雇用終了を図ろうとする対応である「代替的取り組み」であり、特に退職勧奨や、早期退職などの措置が講じられる[46]。これらは労働契約終了の「確実化」を図る人事処遇に他ならず、マクロン・オルドナンスが導入した新しい労働契約の制度は、これら2つの取り組みを表現している。

　前者に相当するのが、「工事・オペレーション契約」という新たな契約類型であり、この契約における契約破棄は、経済的解雇の扱いを受けることなく、「真実かつ重大な理由」によるものとみなされる。後者に相当するのが、「集団的約定解約」と称されるものであり、2008年に導入された法定の合意解約である「約定解約」に、集団的合意を組み込んだ新制度である。

　これらは、いずれも労働契約の破棄に当たって、解雇という手法をそのまま用いることを避けることで、予測可能性や確実性を高めようとするものである。以下では、こうした視角から、これらの新制度を検討する。

2　工事・オペレーション契約

(1)　工事・オペレーション契約の意義

　マクロン・オルドナンス第2017-1387号の第33条・34条は、労働法典の中に、

---

46)　野田進「労働契約終了の理論課題──『攻撃的』雇用終了という視角」日本労働法学会誌131号（2018年）3頁。

期間の定めのない労働契約の新しい類型を導入した。「期間の定めのない工事またはオペレーション契約(contrat de chantier ou d'opération)」といわれるものである(L.1236-8条)。これは、期間の定めのない労働契約、期間の定めのある労働契約、および派遣労働契約と並ぶ、第4の新しい契約類型として位置づけられることになった。この工事・オペレーション契約とは、期間の定めのない労働契約ではあるが、例えば建設土木のセクターで、特定の工事現場で工事が完成し、あるいは特定のプロジェクトが終了すると、それにより労働契約が終了するというものである。

こうした考え方は、フランスでは決して目新しいものではない。旧規定(旧L.1236-8条)では、工事現場の終了にあたり、職業慣行に基づき適正になされる解雇は、特別の解雇理由として位置づけられ、経済的解雇ではなく人的解雇の類型として捉えられていた。その意味で、無期契約としての工事契約の存在は、契約類型として法律上は正規に定められていたわけではないが、特別な解雇事由として存在していたのである。

この法律状況に対して、上記マクロン・オルドナンスは、次のような改革を行った。

第1に、適用範囲の拡張である。この契約を、特別な解雇理由として捉えるに止まらず、新たな期間の定めのない労働契約の新類型として正面から位置づけることとした。すなわち、労働法典において労働契約類型の1つのタイトルとして、正式に「工事またはオペレーション契約」という項目を設けることで、労働契約類型として位置づけ、さらに、建築土木の工事現場(chantier)だけではなく「オペレーション契約(contrat d'opération)」も組み入れ、「工事またはオペレーション」として定めることで、工事以外のプロジェクト(例えば、研究、造船、エンジニアリング、IT技術の顧問)にも応用されるようにして適用範囲を拡張することとした。

第2に、新たな要件の設定である。すなわち、その導入に当たって、拡張適用される部門の労働協約または団体協定が締結されることを第一義的な要件とし、この協定がないときも当該セクターに同契約の実績があることを要件とした。

こうした改革がなされた目的は、「これらの契約利用の仕組みについて、そ

248　第Ⅵ章　労働契約法の改革──労働関係の「確実化」

れを促進し、かつ確実化するための法的枠組みを与えることである。[47]」つまり、この契約の適用エリアを多様なセクターに拡張し、かつその利用を当該セクターでの部門の協約システムにより基礎づけることで、この無期契約類型を促進し確実なものとすることに他ならない。以下では、上記の2つの側面をさらに掘り下げて検討した上で、制度の問題点や課題を取り上げよう。

(2)　適用範囲の拡張

　上記のように、旧規定では、「工事の終了」を理由とする解雇の特別規制が定められているだけであり、その適用範囲は土木建築セクター(bâtiment et travaux publics、BTP)に限られていた。しかし、現実には、この旧規定をテコに、慣行として建築土木以外のセクターにおいても同様の契約が普及していた(その例として、船舶補修、航空産業、機械製造等の部門があった)。そして、破毀院判例もまた、古くより同条を建築土木以外の広い範囲にも適用しうることを承認していた。すなわち、1989年の破毀院判決は、地球物理学に基づく物理探鉱の業務に従事していた労働者に工事現場終了後の解雇を言い渡した事件で、一般の期間の定めのない契約の解約ではなく、上述の旧規定を適用すべきであると判断したのである。[48]この判断は今日まで維持されており、したがって、契約の適用範囲については、事実上の拡張が認められていた。

　これを前提に、新規定は、「工事またはオペレーション」の無期契約という範疇を定め、これによりオペレーション契約という新しい呼称を加えることで、両分野についての法制度の輪郭を定めている。その結果、新たな法的枠組みに収まるすべてのセクターとして、特に、化学、自動車、銀行、ファッション業

---

47)　Antoine LYON-CAEN (présenté par), *Ordonnances Macron, Commentaires pratiques et nouvelles dispositions du code du travail,* 2017, p.357 et suiv.

48)　Soc. 5 déc. 1989, n°87-40.747. 地球物理学関連の企業で物理探鉱の業務に従事し、2つの現場作業に従事した後に健康上の理由で新たな工事現場への移動を拒否した労働者が、そのために解雇された。労働者の提訴を受けたグルノーブル控訴院は、これを一般の労働契約の破棄として関係規定に基づき不当解雇と判断したため、会社側が上告。破毀院は、控訴院が工事の終了による契約破棄が認められるのを、「もっぱら建設および土木の業務に限定し、会社がそのカテゴリーに属していないことだけをもって」、一般の解雇規定を適用して、解雇を不当と判断すべきでないとして、破棄差戻の判決を下した。

界等に拡張することができたといわれている。[49]

このように適用対象の拡張の主旨は、「オルドナンス第2017-1387号に関する共和国大統領への報告」[50]によれば、「一定の分野の企業に、期間の定めのない労働契約で労働者を採用することについて、重要な法的確実性をもたせることにあり」、それにより情勢適応と弾力化の必要に応えるものとされる。すなわち、労働者が従事する工事またはオペレーションのミッションの満了とともに終了するという点で、工事・オペレーション契約は、使用者に対して、契約の存続期間をプロジェクトの必要に応じ調整することを可能にし、また場合によりプロジェクトに生じうる不測の事態にも対応可能となる。また、これによって、その利用が制限的で、終了時には不安定手当(indemnité de précarité)の支払いを課される有期労働契約を利用せずにすませることが可能となる。

労働者側から見ても、適用対象の拡大によって、従来は有期労働契約を締結するか、または独立事業主として特定工事・オペレーションに加担するしかなかった労働者の一部に、期間の定めのない労働契約を締結する可能性を開いたことはたしかであろう。労働者は、いわば「終了が計画化された、期間の定めのない労働契約」に位置することになる。しかし、期間の定めのない契約であることにより、有期労働契約では通常認められることのない多くの利益を享受しうることになる。[51]そして、使用者が契約を破棄することができるのは、契約上定められた目的の実現であるから、契約の破棄事由も明確になる。

(3) 部門協約等の要件

工事・オペレーション契約の実施に当たっては、これに関する部門協約の締結という要件が原則的に課された。すなわち、この契約の実施のために、第一義的には、「拡張適用される部門の労働協約または団体協定は、期間の定めな

---

49) 以上につき、Antoine LYON-CAEN (présenté par), op. cit., p.357.

50) Rapport au Président de la République relatif à l'ordonnance n° 2017-1387 du 22 septembre 2017 relative à la prévisibilité et la sécurisation des relations de travail, JORF n° 0223 du 23 septembre 2017, texte n° 32

51) Caroline DECHRISTÉ, *Le contrat de chantier ou d'opération : le grand retour ?*, RDT 2017 633.を参照。同論文は、期間の定めのない労働契約のみが享受しうる利益として、社内貯蓄、利益参加、教育訓練、共済組合への加入などを挙げている。

くして締結される工事またはオペレーション契約を用いることのできる条件を定める」ことが必要である。しかし、この協約・協定が締結されない場合でも、「この契約が通常利用されていて、2017年1月1日時点でこれを実施しており、それが職業の適正な運用に合致している」場合には、利用することができる（L.1223-8条）。

このように、この新規定は、①その契約の利用の旨を定めた、拡張適用の手続をした部門（産別）の労働協約（企業協定ではない）の締結[52]、②そのような協約がなくても、既にそれを正規に利用し続けていた実績のある部門であることを要件として、工事・オペレーション契約の実施を認めている。後者に当たる活動部門として、建設土木、不動産開発、景観業、鉄道運送などがあるといわれる[53]。なお、使用者が、そのような通常の利用や適正運用の実績を立証しなければならないのは、①の労働協約を欠いているときだけである。

一方、労働法典の新規定では、この部門協定で定めなければならない必要記載事項を列挙して、交渉に枠をはめている。すなわち、部門協約・協定には、「特に次の各号にいう事項を定める」とされ、それは、①関係企業の規模、②関係する活動、③その契約の性質についての労働者への情報提供措置、④労働者に認められる報酬面での対価および解雇手当、⑤関係労働者に対する教育訓練面での保障、⑥この契約で約束された工事またはオペレーションが達成されることができず、または予想外の態様で終了する場合に、同契約を破棄するために適応される方式、である（L.1223-9条）。

これらの事項は、「特に」という文言から明らかなように、限定列挙ではない。実際、現在の協約例でも、これら以外に、工事やオペレーションの最低期間の保障、これらのミッション終了の場合の再雇用優先権、解雇として支払わ

---

52) 2016年エル・コームリ法は、部門の労働協約と企業協定との関係について、後者を優先させる原則を確認した（第Ⅰ章）。そして、2017年マクロン・オルドナンスでは、その原則を維持しつつも、前者と後者の関係を事項別に3領域に分け、部門協約が当然に優先適用される事項（ブロック1＝13事項）、部門協約が企業協定を禁止したときに優先適用される事項（ブロック2＝4事項）、企業協定が優先適用される事項（ブロック3＝上記以外のすべての事項）に整理した。工事・オペレーション契約に関する部門協約は、ブロック1の13事項の1つである（L.2253-1条第8号）。以上については、第Ⅲ章第2節**2**を参照。

53) Antoine LYON-CAEN (présenté par), op. cit., p.358.

れる解雇手当とは別の解約手当の支払、法定の解雇手当額の2倍の解雇手当等の協約例が見られるといわれる。

　しかし、この義務的記載事項の中には、「工事またはオペレーション」を必要とするプロジェクトの定義が定められていない。ある論考によれば、この協約または団体協定の締結の段階では、プロジェクトの概要を定義することはできず、たえず変転する可能性がある。これについては、上記の③のように、契約の性質についての情報提供措置だけが義務づけられているにすぎず、このことが法的紛争の潜在的な原因となることが懸念されている。[54]

(4)　工事・オペレーション契約における破棄

　工事が完成しまたは約束したオペレーションが実現すると、それにより使用者が行う、工事・オペレーション契約の破棄(解雇)は、真実かつ重大な理由に基づくものとされる。また、この解雇は経済的解雇ではなく、人的解雇の手続と効果(労働者の呼出、面談、解雇通知、解雇予告、解雇手当等)により実施される(L.1236-8条)。上述のように、この法的帰結自体は、改正前の規定(旧L.1236-8条)でも定められていたところである。

　契約の破棄に関して紛争が生じうるのは、工事の完成またはオペレーションの実現の意味である。契約では、この完成や実現を明らかにする客観的な事実を明示しておく必要がある。また、一般論としては、G. Couturier 教授のかつての指摘にも見られるように、「プロジェクトの実現は必ずしもその成功を意味するわけではない。契約の終了が可能になるには、その目標が成功して終わることは必要ない」。[55]

　他方、約束した工事またはオペレーションが、予想に反して達成することができず、または達成しないままに終了するときには、使用者は本条により契約を破棄することはできない。上述のように、協約ではそのような場合の方式を定めておくことになっているが、多くの場合は経済的解雇の手続きに従うことになろう。

---

54)　Caroline DECHRISTÉ, op. cit.

55)　Gérard Couturier, *Le contrat de projet*, Dr. soc. 2008 300.

(5) 工事・オペレーション契約の評価

　以上見たように、工事・オペレーション契約の仕組みとは、これまで制度上曖昧なまま存在していた解雇規制緩和の措置を、第1に、労働法典上の特別の労働契約類型として位置づけ、第2に、「オペレーション」契約を組み入れることでその適用範囲を拡張し、第3に、新たに導入する場合には拡張適用される部門協約の締結を義務づけることで、労使の自治的対応を促すことにした、というものである。

　工事・オペレーション契約は、使用者側からすれば、「突然のように現れたものではないとしても、期間の定めのない労働契約の弱化という、使用者の一般的な要望に応えるものである。」これに対して、労働者の側から見れば、期間の定めのない労働契約であることが重要であり、一部の専門職に従事する者に対して、独立・自営企業の地位でいるか、それとも労働契約の破棄における解雇制限や保護、社会的保護や能力開発等において多くの利益を享受しうる期間の定めのない労働契約の当事者となるかについて、選択の可能性を提供したものともいいうるのである。[56]

3　集団的約定解約

(1)　約定解約の背景

　フランスでは、「労働市場の現代化に関する2008年1月11日の全国職際協定」第12条の内容を、2008年6月25日の法律で法典化することで、「約定解約（rupture conventionnelle）」という、労働契約の破棄方式が法律上の制度となった（L. 1237-11条以下）。[57]これは、解雇や辞職と異なり、労使の合意で労働契約を解約するものであるが、伝統的な合意解約とも異なり、特別の法定手続（①事前面談、

---

56)　Caroline DECHRISTÉ, op. cit.

57)　これについては、野田進「雇用調整方式とその法的対応——フランスの『破棄確認』および『約定による解約』ルール」西谷敏先生古稀記念論集『労働法と現代法の理論（下）』（日本評論社、2013年）305頁。奥田香子「フランスの合意解約制度——紛争予防メカニズムの模索」同書339頁。同「フランスにおける『合意解約制度』の展開——破毀院判決にみる解釈論的課題」近畿大学法科大学院論集13号（2017年）25頁、古賀修平「フランスにおける合意解約法制化の意義」日本労働法学会誌130号（2017年）170頁などを参照。なお筆者は、その訳語を、従来「約定による解約」としていたが、本書では「約定解約」と訳している。

②解約証書の作成、③撤回権の行使期間の保障、④行政官庁の認可）により実施される。また、その法的効果も合意解約とは異なり、①労働者への「解約手当」の支払い、②失業手当の受給権の保障という独自の利益が認められる。こうして、同制度は、労働者の利益確保と職業転換の促進とを同時に促進する、フレキシセキュリティ政策を体現するものとして支持を集め、制度発足後は雇用終了方式の重要な一角を占めるようになっており、解雇に代わる役割を果たしてきた。

　また、この国の経済的解雇に対する規制の諸制度は、解雇以外の終了事由、すなわち経済的事由（＝経営上の理由）による辞職および合意解約等に対しても適用されるのが原則であるが、「約定解約」についてはこれが適用されない旨定められた（L.1233-3条）。このため、経済的解雇に対する規制の適用を免れるための脱法的な回避策として、約定解約を利用する事態が生じるようになった。特に、経済的解雇の手続のうち、継続30日間に10人以上の解雇をなす場合に義務づけられる「雇用保護プラン（plan de sauvegarde de l'emploi, PSE）」の作成（L. 1233-61条）に組み入れるべき者を、この約定解除を利用することで作成しなかったことが問題となった。例えば、経営困難から15人の雇用削減をするときに、これを個別の約定解除に解体して（バラして）実施し、雇用保護プランを作成することなく解約する場合などである。上記の行政庁の認可にあたって、その審査を試みる動きがあったものの、十分な効果を挙げていなかったようである。

　こうした背景のもとに、集団的約定解約の制度が発足したのである。

(2)　集団的約定解約の導入と意義

　労働法典に新たに規定された新たな解約方式は、「集団的約定解約（rupture conventionnelle collective）にかかる労働協約の枠組みによる合意解約」というものである（L.1237-19条以下）。その概要は次のとおり。

　従業員数や経済的状況のいかんにかかわらず、企業レベルの労使はすべて、雇用の削減という目的に達するために、労働者の自由な意思による離職を可能とするための枠組みについて企業内で交渉することができる。この交渉により合意された、集団的約定解約に関する協定が関係の労働者に効力を及ぼし、合

---

58)　この経済的解雇の規制と適用除外の仕組みについては、野田・前掲注57)論文を参照。

意による労働契約の解約という効果をもたらすためには、行政官庁(具体的には、企業・競争・労働・雇用地方局。DIRECCTEと呼ばれる)[59]による承認を受けなければならない。この集団的約定解約の方式は、労働法典に定義する経済的事由によらない人員削減の場合でも利用することができる。このように、解雇ではない雇用削減方式である点が要点であり、過剰人員の企業や雇用量の変動性の高い領域(emploi sensible)での人員削減が容易になる。

実はこの新制度について、閣議に提出されて成立したオルドナンス(2017年9月22日)第10条でも、さらに翌日付け官報掲載の趣旨説明報告でも、「集団的約定解約」の用語は使われておらず、「自発的退職プラン(plans de départs volontaires, PDV)」という用語が使われていた。この「自発的退職プラン」とは、労働者が経済的事由を背景に合意により退職するとき、経済的解雇の手続の適用により本来は上記「雇用保護プラン」に組み入れられるべきであるが、合意による退職あるいは辞職であることによる独自プランの必要から慣行上認められてきた雇用計画である[60]。この用語を用いることは、経済的事由による解雇における上記の「雇用保護プラン」との対比を明らかにして、この制度が経済的解雇の手続とは区別されることを明確にするものであった。このように、経済的解雇と区別されることこそが、この制度の要諦であったからである。にもかかわらず、労働法典への組み入れの段階で「集団的約定解約」という用語になったのは、自発的退職プランという用語が「雇用保護プラン」と混同されやすいと考えられたことによるといわれる[61]。

また、上述のように、この解約方式のための協定は、解雇を排除しつつ、雇用削減の目標数に到達するために締結しうるものである。したがって、労働者には「自発的に」退職するか、あるいは退職しないで場合によっては解雇されるかについて、完全な選択権が残されていなければならない。例えば工場閉鎖

---

59) Directions régionales des entreprises, de la concurrence, de la consommation, du travail et de l'emploi の略称である。

60) 「自発的退職プラン」については、Gilles AUZERO, Dirk BAUGARD, Emmanuel DOCKÈS, *Droit du Travail*, op.cit.,p.598 et suiv.

61) Antoine LYON-CAEN (présenté par), op. cit., p.308. 同書は、「自発的退職プラン」の用語の方が、本質を捉えていることを指摘している。

が予定されているとき、あるいは雇用のすべてが消滅するような場合には、自発的な選択ができないから、集団的約定解約は成り立たない。かかる場合の解約は、使用者は経済的事由による解雇の規制を回避したとして、違法な解雇と判断されることになる。また、例えば、集団的約定解約で予定していた労働者の候補者数が達成されない場合には解雇を実施することを前提にした場合にも、労働者の自発性を失わせる（合意を余儀なくされる）ことから、むしろ違法な解雇と判断される。[62]

(3) 集団的約定解約の手続

(a) 企業協定の締結

集団的約定解約の条件を定めこれを確実に行う（sécuriser）ために、使用者は企業レベルの団体協定を締結しなければならない。なお、この協定は、第Ⅲ章第3節で検討した、企業交渉の新たな方式（特に50人未満の中小企業において新機軸）により実施される。

協定事項は、第1に、計画しておく（programmer）ものとして、①予定退職者の上限数、②雇用削減数、③集団的約定解約の実施期間がある。第2に、決定しておく（fixer）ものとして、①労働者が約定解約を利用するための条件、②候補者の中からの選定基準、③候補者の推薦や試験の方法、④労働者の書面合意の通知方法等である。第3に、定義しておく（définir）ものとして、解約手当の算定方法（法定の解雇手当額以上でなければならない）、そして、第4に、予定しておく（prévoir）ものとして、①約定解約の後に労働者が企業外の同等雇用へ再就職できるようにする措置（職業訓練、既得経験知の再評価など）、②実効的な実施状況の検査である（L.1237-19-1条）。

(b) 社会経済委員会への通知

協定では、社会経済委員会（その設立については第Ⅴ章第3節）への通知の方式と条件も定めなければならない（同条）。もっとも、社会経済委員会は、協定を通知されるだけであって、その内容について諮問を受けて意見を述べるわけではない。ただ、同委員会は、協約の施行後に同契約が実効的になされているの

---

62) Antoine Lyon-Caen (présenté par), op. cit., p.309.

かの事後審査をするときに、その検査が適法かつ詳細に行われているか否かについては、諮問を受ける（L.1237-19-7条）。

(c)　行政官庁の承認

協定が締結されると、その効力付与（validation）のために、行政官庁である所轄の DIRECCTE に届け出なければならない。効力付与の要件として、行政官庁は、①協定で示された人員削減目標に到達するまでは解雇という方法を用いないこと、②解約手当についての合意があること、③社会経済委員会への通知手続が守られていることを確認する（L.1237-9-3条）。

行政官庁は、15日以内に、理由を付して決定結果を使用者、社会経済委員会、および協定の署名組合に通知する（L.1237-19-4条）。その通知が期間内になされないときには、効力付与を認めたものとみなされる。効力付与が否定されたときには、使用者は、再交渉により、指摘された部分に必要な修正をして、再申請をすることができる。効力付与の決定は掲示その他の方法で労働者に通知される。

(4)　退職候補と契約終了

上記のように、協定では、労働者の、集団的約定解約に対する合意（書面による）の通知方法が明示される。それによりなされた通知は労働者の退職候補への表明となり、これに対する使用者の承諾（acceptation）が、当事者の合意による労働契約の約定解約をもたらす（L.1237-19-2条）。

この解約は、辞職でも解雇でもなく、また経済的事由による解雇の規制に服することもない。したがってまた、これまでの「個別的」約定解約の場合と同様に、これによる労働契約の解約については、意思表示に問題がある場合を除きその成立を争うことはできない。なお、解雇について特別の保護を受ける労働者（従業員の選出代表や組合委員）も、集団的約定解約の対象となるが、その場合には通常の解雇の場合と同様、行政官庁の許可を受けることで効力が生じる。

労働者は、これも「個別的」約定解約の場合と同様に、「解約手当」を受ける権利を有し、その額は上述のように協定の定めるところによるが、法定の解雇手当の額を下回ってはならない。また、経済的解雇のあらゆる保護規定とは切り離されるから、再雇用措置や雇用保護計画などの諸制度の適用はない。他

方で、「個別的」約定解約の場合と同様に、労働者は失業保険の給付を求めることができる(L.1542-1条)。

最後に、これも「個別的」約定解約の場合と同様に、集団的約定解約についての紛争の管轄も、行政裁判と司法裁判とに分けられる。前者は、行政官庁の効力付与の決定に関わる紛争であり、主として企業協定の内容に関わる紛争として行政裁判管轄に属する。後者は、この協定の適用による、個別労働契約の終了に関する紛争であり、意思表示の成立問題を中心に労働審判所を第1審とする管轄となる。

(5)　集団的約定解約の法制度の意義

以上をトータルに見ると、マクロン・オルドナンスが導入した集団的約定解約の法制度とは、経済的解雇の手続を用いることなく、余剰人員を削減することに道筋を付けた制度ということに尽きる。これまではこうした方法がなく、上記のように「個別的」約定解約の方式が、経済的解雇の手続(特に、雇用保護計画の策定)を免れる脱法的な方法として利用されていた。そこで、真に「自発性」を担保された「集団的約定解約」という独自の方式を設定し、その具体的方法を企業協定に委ね、かつ行政官庁の内容審査の監督下に置くことで、「約定解約」の従来の脱法的利用をノーマライズすることに、新方式の意義は認められる。その意味では、解雇によらない(経済的解雇の規制の及ばない)人員削減方式を、法律上正規に認めたということに他ならない。

そして、その方式は、実は慣行上用いられていた、「自発的退職プラン」の内容を取り入れたものであり、その内容はほとんど異ならないといわれる。したがって、「集団的約定解約とは独自の自発的退職プラン以外の何ものでもないが、ただ経済的解雇の法の領域から完全に脱却させたものである。[63]」

そうであるとしても、実は、この制度を導入したことの実務的な意義は、計り知れないほど大きいとの観測もある。経済的事由による解雇の規制は、実に1978年に始まり、以後幾度もの改革を経過しながら、全体としては判例、全国

---

63)　Paul-Henri ANTONMATTEI, *Réforme du droit du travail : en avant, marche !,* SSL nᵒ 1781 (2017) p.3.

258　第VI章　労働契約法の改革——労働関係の「確実化」

職際協定、立法により、規制強化の方向で発展しており、その保護的規制は重装備のものであった。これに対して、上述の要件を満たした集団的約定解約であるならば、これら経済的解雇の規制を免れうることになり（上述の独自の規制は受けるが）、これまでの経済的解雇の規制の仕組みに、大きな風穴を開けることになる。そして、集団的約定解約の制度も、個別的な約定解約と同様、労使にwin-winの利益をもたらすものとして、大きな支持を集めることが予想されるのである。[64]「集団的約定解約は、フランス労働法の景色において、革命ではないか[65]」というのは、決して誇張ではないかもしれない。

第5節　むすびに代えて——競争的労働法か？

1　保護的労働契約法の解体

　以上のように、本章では、主としてマクロン・オルドナンスの達成した3つの労働契約法改革と、合わせてエル・コームリ法による経済的解雇の定義をめぐる改革を取り上げて、労働契約法の改革の有りようを検討した。

　特にマクロン・オルドナンスによる3つの新制度については、次の共通点を指摘することが許されよう。

　第1に、それらはいずれも、マクロン・オルドナンスにより突如として現出した改革なのではなく、いずれも数年来、立法改革、協約実務、労使慣行の中で発案され、醸成されてきたものの総括であることがわかった。そして、その立法展開の経緯を確認することで、この国の労働契約法の理論基盤の地下マグマの動きを捉えることができたのではないか。

　第2に、その理論基盤であるが、3つの立法展開はいずれも、この国で1970年代から形成されてきた、労働契約の終了および変更の法制度について、その基本構造を解体しようとしている。これまでの労働契約法理に込められていた、

64）　これに対して、この制度は労働組合にとって見るべき対価がないこと、個別労働者にとっても経済的解雇による雇用保護プランを失う不利益が大きいこと、使用者も経済的解雇の自由を放棄しなければならない不利益があることから、実施のメリットは少ないと指摘する論考もある。Raphaël DALMASSO, *La « rupture conventionnelle collective »: une chimiere ?*, Droit ouvrier 2017 649.を参照。

65）　Paul-Henri ANTONMATTEI,op.cit.

労働契約における雇用の安定と解雇規制の理念は、こうして繰り返し、多様なハンマーで切り崩されている。

しかし、それはなぜだろうか。

2 労働市場改革と規制緩和

ここでも A. Lyon-Caen 教授の論考[66]は、賛否はともかく事柄の本質を見抜くために有益である。これを紹介しよう。

それによれば、フランスの（マクロンによる）改革は、「二重の視野の中で、要請され、擁護され、発展すべきものである。」

第1に、「それは、労働市場改革として理解され、その改革が市場にもたらす流動性という物差しにより判断される。」「私たちは、このオルドナンスが、労働へのアクセスの法的形式を多様化することで労働の実施の中の柔軟性を高め、また、労働関係の破棄について適用される権利を再構成することで、そこでの柔軟性をも高めたことを確認することができる。オルドナンスはまた、それに反対するかもしれない労働者の抵抗を調整し、あるいは断念させることで、労働関係の管理における柔軟性を拡大した。」

第2に、「この改革は、労働費用の削減政策の中に、疑いなく組み入れられる。」企業協定に対して承認されたコスト削減の権限が、部門協定の規範とは無関係に認められること、あるいは、解雇法の補償手当の改革も、削減政策の好例である。

「今日、私たちが見ているのは、『競争的労働法』（droit du travail concurrentiel）ではないだろうか？」

---

66)　Antoine Lyon-Caen,. *Réforme 2017,* RDT Octobre 2017, p.571

終章

規範の逆転の向こうに

　本書では、序章でフランス労働法典の改正の経緯を説明し、第Ⅰ章でエル・コームリ法による「規範の逆転」とその実相を検討し、第Ⅱ章で「公序」規範や補充規定と協約規範との関係、第Ⅲ章で部門協約と企業協定との関係、第Ⅳ章で企業協定（集団的成果協定）と労働契約との関係において、規範序列が逆転することのそれぞれの有りようを検討した。また、その延長上の新たな規範として、第Ⅴ章では社会経済委員会の創設について、また第Ⅵ章では労働契約分野における「確実化」のための各種の方策を検討した。そして、これらの検討を通じて、フランス労働法が、企業レベルでの交渉・協定を中核とする規範の体系に大きく書き換えられたことを説明した。

　それでは、本書で「規範の逆転」として説明したこれらの改革は、そもそも、どのような背景と必要性の中から生まれたのであろうか。そして、それは実際に労働法規範のあり方を変えることができただろうか。序章では、改革の経緯については説明したものの、その由来や背景については説明していなかった。そこで、ここ終章では、本書のむすびとして、個別の制度や規定の理解から少し離れて、かくも大がかりな労働法の改革がいかなる必要性から生じたのかを示し（第1節）、これにより労働法の「建築様式」がどのように変わったかを考え（第2節）、全体を総括することにしよう（第3節）。

262　終章　規範の逆転の向こうに

第1節　「規範の逆転」はなぜ必要だったか

1　政治的背景と労働立法の動き

　フランス労働法改革の背景を探るために、本書の扱う労働法改革に対して直接・間接に影響を及ぼした諸事情、特にフランスの政治体制の動きと労働立法その他の立法動向のあらましという視角で、1970年代からの50年間をほぼ10年刻みで整理しておこう。

(1)　グルネル協定の遺産＝企業への注目(1970年代)

　1969年にドゴール大統領が辞任して以降、70年代のフランスの政権は、ポンピドー大統領からジスカールデスタン大統領と、中道右派政権に引き継がれた。そして、この1970年代の労働立法は、先立つ1968年の「5月危機」[1]の後に政府主導で労使団体間の交渉により成立したグルネル協定(確認書)[2]を、着実に立法化する過程として進展した。

　同協定の直後の立法上の成果は、企業内の組合権に関する1968年12月27日の法律であり、これにより企業内組合支部や組合代表委員の制度が確立される。1971年には、企業レベルの団体交渉の義務を促す改革がなされた。一方、1970年には、最低賃金の制度として、それまでのSMIGに代えて全国一律のSMIC(拡大職際最低賃金)の制度が発足した。また、全国職際協定を通じて、時間給労働者の「月給扱い」による収入の安定(1978年法)が図られた。そして、解雇の要件として解雇理由が「真実かつ重大な理由」によることを課す1973年7月13

---

1)　「5月危機」については、日本でも知る人は多いであろう。この時期、学生運動に端を発した反政府運動は、一般労働者や公務員を巻き込み、約10年続いたドゴール体制(国家主導主義的な文化的・政治的保守主義)への潜在的な不満が爆発して、広範なストライキやデモに拡大した。これを労働運動の側面で見ると、この国の労使関係において、部門レベルの安定的な団体交渉を通じて賃金・労働条件の改善を図ってゆくという社会的仕組みが、なお機能していないことの表れでもあった。

2)　「グルネル確認書または協定(Le « Constat » ou les « Accords » de Grenelle)」とは、政府(ポンピドー首相)の主宰のもとで、労働組合の全国組織(6団体)と使用者組合の全国組織(2団体)殿台で実施された団体交渉による締結条項(全国職際協定)であり、その内容は、最低賃金の増額、労働時間の漸進的な短縮、企業内での組合活動と組合支部の設置に向けた立法、その他広範な内容に及ぶものであった。

日の法律、さらには経済的解雇について特別の手続的規制を設ける1975年法などが矢継ぎ早に制定される。

この時代の労働立法では、企業レベルに注目して、団体交渉、組合活動、従業員代表制度が推進されたことがわかる。これらはグルネル協定の成果であったが、それでも企業レベルの安定的な労使関係が確立したとはいえず、なお次代への課題として残された。

(2) ミッテラン政権とオルー法(1980年代)

80年代に至り、1981年の大統領選挙により、ミッテランが第5共和制において初めての社会党政権を率いることになった。同政権は「ミッテランの実験」と呼ばれる諸政策、すなわち、最低賃金、年金などの引き上げや公共セクターでの雇用創出など、大幅な財政出動により国内需要を増加させ、失業者を吸収するという、ケインズ的経済政策と国家主導主義(ディリジスム)を併せ持つような独自の社会政策を推進したと評される[3]。

ミッテラン政権の初期労働立法において重要なのは、オルー法(loi Auroux)と総称される、当時の労働大臣オルーのもとで1982年8月から12月にかけて制定された、3つのオルドナンスによる労働法の改革である。その改正の範囲は広く、法定労働時間の短縮(週40時間から39時間へ)、年休日数の拡大(4週から5週へ)、企業内における労働者の発言権、就業規則および懲戒権の制限、有期労働契約の利用制限、従業員代表制における労働組合の機能強化、安全衛生労働条件委員会(CHSCT)の再編や危険労働からの退却権の承認、団体交渉の改革、集団的労働紛争の調整手続等に及ぶ大改正である[4]。

このオルー法と、その後の80年代労働法は、前政権のもとで企図されていた

---

3) 同じ時期の、英国(サッチャーリズム)やアメリカ合衆国(レーガノミックス)とは、真反対の政策を推進するものであった。邦語文献として、田中素香ほか『現代ヨーロッパ経済〔第5版〕』(有斐閣、2018年)第9章以下、小田中直樹『フランス現代史』(岩波書店、2018年)第5章以下などを参照。

4) オルー法の概説書として、Philippe LAFARGE, *loi Auroux, Commentaires solutions pratiques*, (Les Edititon ESP,1984).を参照。また、邦語文献での紹介記事として、野田進「〈紹介〉フランスの労使関係規制立法における最近の動向(Labour and Society, Vol.10, No. 1, Jan. 1985)」世界の労働35巻9号(1985年)11頁も参照。

264　終章　規範の逆転の向こうに

企業改革の理念の延長上で、労働者の「企業内の市民権」を追求するものもあった。そして、その背後には、分権型の労使関係である「社会的民主主義」を定着させようとする思潮がみられたのである。

しかし、ミッテランの「大きな政府」の実験は失敗に終わり、1983年からは「競争的ディスインフレ(désinflation compétitive)」といわれる、インフレーション抑止と財政均衡を最優先として、規制緩和により企業の合理化を可能とする経済政策に反転する。そして、この頃から、社会経済の構造改革を図るための経済成長を、一国ではなく欧州統合の中で実現しようとする政策が選択されるようになる。

(3)　欧州統合の進展と「労働法の過剰」(1990年代)

経済の停滞の中で迎えた1986年の選挙で、大統領与党は敗北し、首相に共和派のシラクを迎え入れることになり、いわゆるコアビタシオン体制という保革協働内閣の時代が始まる。これにより、国有企業の民営化や規制緩和など、新自由主義的な政策路線がとられたが、国民の支持を得ることはできず、1988年には再び社会党が第1党になる。ここでは中庸的な政策が採られたが、1993年の選挙では野党が勝利し、再びコアビタシオン体制に至る。その一方で、1992年にマーストリヒト条約が締結され、翌年には欧州の単一経済市場が成立する。

1995年には、シラクが大統領選挙で勝利し、政権は当初は緊縮財政と民営化を推進し、増税や公務員賃金凍結等により財政の健全化を図ろうとした。しかし、社会保障改革のプラン(ジュペ・プラン)は労働者層の反発を招くことになり、1997年になされた国民議会選挙では左派陣営に大敗し、3度目のコアビタシオン体制になる。もっとも、引き続くジョスパン左派内閣においても、マーストリヒト条約の枠内では財政出動を伴う抜本的な改革を導入することはできなかった。

その反面で、人権・平等政策において進展がみられた。例えば、1999年には

---

5)　その代表的な調査報告書として、ジスカールデスタン政権下で1975年に提出された、「シュドロー報告(Rapport Sudreau)」がある。Rapport du Comité d'études pour la réforrme de l'entreprise, présidé par Pierre Sudreau, Documentatioin française, 1975.

6)　Jacques Le GOFF, *Les lois Auroux, 20 ans après*, Droit social, 2003, 703.

共同生活をするカップルに性別を問わず一定の範囲で婚姻と同様の権利を認める市民連帯契約法（PACS法）が、また2000年には議会選挙において候補者を男女同数とするいわゆるパリテ法が成立した。労働法の分野では、1998年・2000年にワークシェアリング政策から法定労働時間を週35時間にするオブリ法が成立する。

　コアビタシオン体制は、労働立法のあり方にも変革をもたらした。この体制が数度の保革逆転のもとで継承されたことから、議会のその時々の多数派が新たな労働立法を生み出し、かつ前政権の定めた規定に改正を加えるというプロセスを取るようになり、そのために「労働法の過剰」という状況を生み出した。労働法典の規定内容が複雑で細部にわたるものとなり、著しく長大化したのはこの頃からであり、批判されつつも今日も事態の改善はない。また、コアビタシオンにおける政権維持の不安定は、労働立法の規制の一貫した正統性を、政治ではなく全国の労使団体の合意に求めるようになる。1つの政策テーマについて、労使の代表的なナショナルセンターが締結する「全国職際協定」の協定内容を法律に取り込んで立法化するという、労働立法のパターンが一般化する。

(4)　フランスの「欧州化」と失業の深刻化(2000年代)

　2002年に引き続き成立した第2次シラク政権では、再び財政健全化と雇用問題への取り組みがなされる。社会問題担当相フィヨンは、前者の一環として再び公務員の年金制度の改革に取り組み、労働組合団体からの激しい批判を受けながら、2003年に成立させた。他方で、2004年には労働条件決定における部門協約の規制力を緩和する規制緩和立法(フィヨン法)を成立させる。この立法は、本書の「規範の逆転」の端緒といいうるものであり、その後の展開に重要な意味を与えることになる(第Ⅲ章第1節参照)。他方で、若者の失業問題への対策として、2006年に「新規採用契約」(CNE)と称される立法を成立させたが、学生や労働者の激しい反発を招き、政府はその適用を凍結し、2008年に廃止した。[7]

　2007年の大統領選挙で選出されたサルコジ大統領は、ドイツのメルケル首相

---

7)　新規採用契約の制度概要と経緯については、野田進「限定正社員構想とCNE」労働法律旬報1796号(2013年)4頁を参照。

と共に欧州統合のさらなる深化を志向する一方で、不法移民政策については強硬な立場を採るという独自の立場で特徴づけられる。また、労働立法においては、「もっと働きもっと稼ごう(travailler plus pour gagner plus)」の標語のもとで、2008年に労働時間の集団的調整の方式を簡素化して推進するなどした。また、雇用に関する規制を緩和しつつ労働者の利益を安定的に確保しようとする、フレキシセキュリティー(flexisécurité)の理念が政策として推奨された。2008年に導入された「約定解約(rupture conventionnelle)」(第Ⅵ章第4節 **3** (1)を参照)は、これを体現する施策であり、解雇に代わる労働契約終了の手法として、広く受け入れられるようになる。

(5) 欧州統合の危機と雇用確実化(2010年代)

その幕開けは、2010年のギリシャ危機とユーロ存亡の危機であった。ギリシャという小国のデフォルト危機が、ユーロ体制に打撃を与え、それが世界的不況を再び引き起こすというグローバリゼーションの脅威が激震を与えた。EU全体に、危機再来を厳戒する意識が共有されるようになる。

2012年の大統領選挙では、左派と保守中道および極右正統である国民戦線との接戦の中で、オランド社会党政権が成立する。オランド政権は、その政策のブレの大きさで特徴づけられる。同政権は、発足当初は財政発動型のばらまき政策に取り組んだが、これによる財政の失速や経済の停滞を招いた。このため、2013年には政策を一変させて、ヴァルス首相のもと(その経済・産業・デジタル相がほかならぬマクロンであった)、規制緩和や労働市場改革に着手する。労働立法では、規制緩和とともに安定的な法律関係を作り出すフレキシセキュリティーの方式が引き続き追求され、2015年の「雇用確実化法」に連なる。「労働関係の確実化」の発想がこの時期に生まれる。その延長上に、2016年のエル・コムリ法と2017年のマクロン・オルドナンスによる「規範の逆転」が引き起こされるのである。

---

8) 労働時間に関する標語は、当初は「少なく働き多く稼ぐ(travailler moins gagner plus)」であったのに対して、2000年の週35時間制では「皆が働くために少なく働く」(travailler moin pour travailler tous)」に変わり、サルコジ政権において、本文のように変わった。

2 労働法改革への導因

　以上、1970年代からの政治経済の特色と労働立法の動向を、駆け足で記述した。この半世紀近くの背景事情の変遷から、私たちは、2016年・2017年の労働法改革（規範の逆転）を導いた要因について、さしあたり2つの流れがあることが確認できる。それは、対外的要因としての欧州統合と、内的要因としての雇用・高失業問題である。これらについて整理し直そう。

(1) 欧州統合からの規定要因

　欧州統合は、1950年にフランス外相ロベール・シューマンが発表したシューマン・プランに基づき、1951年にパリ条約に基づき開始された欧州石炭鉄鋼共同体（ECSC）をもとに出発した国際組織である。その後、1957年の欧州原子力共同体（EAEC、Euratom）、ローマ条約による1958年欧州経済共同体（EEC）の結成がなされ、1967年に3機関を統合して欧州共同体（EC）が結成されるに至る。フランスは、これら欧州統合の出発から発展にいたるまでこれを牽引し、中心的役割を果たしてきた。

　その後、1987年の単一議定書や1992年のマーストリヒト条約の締結を経て、欧州連合は、経済だけでなく外交・立法に及ぶ、国家主権に関わる分野での統合に踏み込んだ連合体制となった。フランスでは、同条約を1992年に国民投票に基づき批准しており、これを積極的に容認する立場を国家体制として確認している。

　実際、上記の編年的な流れから分かるように、フランスにおける歴代の大統領は、左右・中道の党派を問わず、あるいは移民政策や経済政策のいかんを問わず、こと欧州統合に対しては、いずれも積極的な立場である点で共通している。フランスのアイデンティティーはヨーロッパにあり、欧州統合はフランスの政策の中枢に位置している。フランス経済を見ても、今日では輸出入のEU域内の比率は約60％にのぼり、また国営企業の民営化とともに大企業の域内外資比率が高まるなど、経済全体がEU依存の中で発展してきたといいうる。

　しかし、その反面で、EUの統一通貨体制（EMS）のための財政規律の枠組みは、フランスの財政や公共支出に対する大きな足かせになってきた。マーストリヒト条約は1999年に統一通貨の導入を定めたが、それに先立つ1997年に、欧

州理事会は統一通貨に参入する条件として、いわゆる「安定・成長協定」を定めた。そして同協定により、加盟国は、国の財政赤字のGDPに対する比率が３％以下、および政府債務のGDP比率が60％以下であることが求められた。フランス経済においては、これらの財政規律は深刻な課題であり、特に財政赤字の限度について、この３％以下の基準を達成することは困難であった。しかし、ギリシャ危機を経験した後には、EUからの基準遵守の要請は厳しくなり、2013年に欧州委員会は、この基準を達成するための期限を2015年までとし、段階的に引き下げることを申し入れた。これは、フランスの財政運営において緊急政策を必要とするものであった。

　EUの要請とは、経済のグローバル化がもたらした要請にほかならない。これに応えるには、多方面の政策を必要とするが、主要なほこ先の一つが雇用政策である。最重要の課題は、失業問題であり、失業対策の財政負担を軽減することが求められた。そのために、使用者の雇用負担を軽減することで、雇用意欲を促進する制度へと組み替える必要がある。そして、その仕組みの構築においては、強行的な国家法や硬直的な職業部門レベルでの労使関係よりは、直接に企業レベルでの労使の意思決定に委ねる方が、迅速かつ効果的な結果を期待できると考えられた。企業レベルでの安定的な労使関係の確立は、上記のように1970年代からこの国の労働関係の重要課題であったところ、2010年代の両政権は、これを規制緩和策と結びつけて取り込んだのである。こうして、企業にターゲットを置いた、労働立法の規制緩和策が最重要課題として進行する。

(2)　労働市場政策からの規定要因

　上述の半世紀、フランスの雇用政策の主要課題は、常に「失業との闘い」であった。失業率はほぼ10％前後で高止まりし、若年者失業率はおおむねその２倍の20％余にのぼるのが常態である。いずれの政権もこの解決に腐心したが、成功しなかった。

　この国の失業保険制度は1958年に創設されるが、労使の代表的組合組織の全国連合体が行う団体交渉により制度を構築してきたという特色を持つ。これとは別に、職業紹介については国の行政機関が独占する仕組みが取られていた。しかし、2008年に両方を統合した新しい全国制度である、「雇用センター(Pôle emploi)」が設立された。これは行政的公施設であるが、伝統を受け継ぎ、公労使の三者構成で運営される。要するに、フランスの雇用問題は公労使が三者で取り組む総合的な課題とされる点が特色であるが、しかしそれでも改善には至らなかった。

他方で、第Ⅵ章で説明したように、この国の経済的事由による解雇においては、使用者は手続面・実体面で多大な要件を課されており、解雇しにくい(解雇できるかが予測しにくい)状況にある。このため、労働市場が硬直化し、使用者は企業に余剰人員が生じたときも、現に雇用する労働者を解雇するよりも、新規雇用を制限し、あるいは新規雇用を期間の定めのある労働契約(CDD)とする傾向が生じてきた。こうした事情が、失業あるいは不安定雇用を増幅したのである。

これらの状況からの脱却は、雇用をめぐる労働立法を規制緩和する動きにつながる。すなわち、使用者に対して、解雇できるか否かの予測、あるいは違法な解雇をした場合の制裁の予測を確実にする方策(確実化)として、規制緩和の措置を講じる必要が生じる。また、その反面で、労働市場政策の側面では、失業保険制度の仕組みを再就職支援に重点化させ、さらに再就職を確実にするために失業者の個人別キャリアの形成に支援を重点化する方策が必要となる。これら雇用の流動性を高める施策を統合的に行うのが、上述の雇用センターにほかならない。さらにまた、このように労働市場のモビリティーを高めるには、産業別の労使よりも、企業レベルでの労使の合意に委ねることの方が効率的と考えられた。

(3) より根底的(ラジカル)な改革へ

以上2つのフランス労働法改革に向けた導因、すなわち、欧州統合からの外的規定要因、および雇用問題からの内的規定要因は、この国の50年間のいずれの政権においても、すなわち、左派・右派(あるいはコアビタシオン)を問わず、

---

9) フランスの雇用法制については、矢野昌浩の系統的な研究がある。矢野昌浩「フランスにおける労働市場政策と法——失業保険制度を中心として」琉大法学80号(2008年)35頁、同「フランスの失業保険制度」労働法律旬報1684号(2008年)18頁、同「フランスの再就職支援制度」季刊労働法240号(2013年)17頁。

受け止めなければならない政策課題であった。

　そして、これらの課題は、時代を追って次第に累積し、ますます深刻で差し迫ったものとなる。にもかかわらず、労働法典の立法規制は、まずまず複雑でぶ厚いものとなって、岩盤を形成している。そうした緊張感の中で解決を図るためには、月並みな方策では不十分であり、より根底的でより大規模な規制緩和の改革が求められる。そうした中で生まれたのが、本書で述べてきたフランス労働法改革であった。

　そこでは、フランス労働法が上記の歴史の中で蓄積してきた雇用に対する保護的体系は忌避されて、イノベーションやテクノロジーの発展の中での雇用流動化こそが追求される。また、企業での安定的な長期雇用の保障よりも、労働者一人ひとりの能力開発により、時代の要請に応じた職業転換こそが期待される。そのためには、これまでの規制緩和策では不十分であり、労働法の規範のあり方そのものが企業中心に覆されなければならない。

　こうして、現状の打破のためには、労働法そのものが障害となる。「社会の進化というダーウィン的文脈で考えるならば、こんにちのヨーロッパにおいては、労働法(droit du travail)は、労働を求める権利(droit au travail)の実現に対する紛れもない障害として、告発されている。[10]」

第2節　労働法はどのように変わったのか

1　労働法と「契約の自由」

　フランス労働法における「規範の逆転」は、本書の各章で検討したように、これまでの労働法の改正の単純な延長ではなく、それと断絶した改革であると考えられる。しかし、それらを総体として把握するとき、そこにいかなる意味づけを与えることができるだろうか。また、各分野に通底するいかなる改革理念を見いだすことができるだろうか。ここでは、法律家にとってより本源的な視点、すなわち労働法および労働契約における「契約の自由」という視角から[11]、

---

10)　Alain SUPIOT, *Le droit du travail*, 7ᵉ éd. PUF, 2019, p.18.

整理をこころみよう。

(1)　労働法のパラダイム変換

　労働法は、労働関係を規律するものである以上、個別的なものであれ集団的なものであれ、私法秩序の中に位置することに変わりはない。したがって、労働法も労働関係もこれまでと同様に、改革の後も、私法秩序の根幹にある「契約の自由」原則に、たとえ修正されたものであるとしても基礎を置いていることは明白である。

　そして、改革前の労働法では、産業資本主義の進展の中で、労使間における労働の法的従属性と労使の構造的な不平等性を所与の前提として承認された。労働契約をフォーディズムに適合させるには、「裸の」自由であることはできず、これを雇用の保護につなげなければならない。そこで、労働法における契約の自由は、公序規範を頂点とする規範の序列の中に位置づけられた。そこでは、公序規範に裏付けられた労働者の保護と、労働者の集団的な権利とが組み込まれ、それらの規範の体系は、「有利原則」により整序がなされていたのであり、労働契約における契約の自由は、その規範序列の中の契約外規範と連結することで、確固たる位置を占めていた。

　ところが、マクロン・オルドナンスは、このように労働法の前提であった労使間の実質的不平等、あるいは労働契約の構造的な非対等性という前提を、軽視し、軽蔑さえしている。グローバリゼーションとITの推進は、企業を組織変動とコスト削減に追い立て、労働の組織もコスト削減と弾力化に支配される。その結果、労働は保護の対象というよりは、取引対象として位置づけられるようになる。労働法は何より企業の競争力の強化に奉仕するものと考えられ、そのためにのみ雇用は支援される。言い換えると、労働法は経済的目的のための道具的な立法として位置づけられる。

　労働契約の役割は、本来、雇用や労働条件の決定において、多様な考慮要素により労使の利益とリスクの均衡点を見いだす機能をもっており、リスク配分

---

11)　この着眼は、Marie-Laure MORIN, *Travail et liberté,contractuelle, une mise en perspective*, Droit ouvrier, 2018 118. による。

の合意ということができる。ところが、マクロン・オルドナンスは、このリスクの多くを労働者側に負担させることで、企業の利益を維持させようとしている。そこには、労働法や労働契約における利益調整の均衡点の追求はみられず、その意味で「契約自由の原則」から離反している。この原則は、個別労働契約の側面でも集団的な側面でも後退する。これを、各章で述べてきたことを復習しながら、確認しておこう。

(2)　個別労働契約に関する新たなリスク分配

(a)　解雇補償手当の「表記」

　まず解雇の規制について見ると、20世紀の初頭に、労働契約の破棄に対するきわめて限定的な範囲で権利の濫用法理が取り入れられるようになり、1928年にはその法制化と事業譲渡の場合の労働契約の規定が設けられた。その後、解雇予告制度や解雇手当など解雇を辞職と区別する法制が浸透し、1973年の法律において、解雇が「真実かつ重大な理由」によることが適法要件であり、これを欠いた場合の「6カ月以上の賃金相当額」の補償手当の支払いの制度が確立した。[12] この補償手当は、最低額の設定がなされた点では民事的制裁の本質をもっていたが、最高額が定められなかった点では、損害に対する「完全な補償」原則を反映しており、その意味で契約責任の本質を保持していた。

　ところが、マクロン・オルドナンスによる「表記」は、補償手当の上限を低い水準で設定し(第Ⅵ章)、このことにより契約責任の原則から逸脱したのである。「表記」のシステムでは、労働法のもつ本質的不平等や労働者の保護については沈黙している。すなわち、使用者は、雇用リスク(解雇できないというリスク)を免れながら、低額の補償を予測できるという、「両取り」の利益に恵まれる。反対に、雇用リスク(解雇されやすいというリスク)を負担し、完全な補償を得られないのは労働者であった。そして、その正当化の論理は、使用者の予測可能性と確実化であった。そこには、契約自由の原則の求める、最適の利益配分の理念は消え失せている。

---

12)　フランスの解雇法理と制度の発展について、詳しくは、野田進『労働契約の変更と解雇──フランスと日本』(信山社、1997年)169頁以下を参照。

第2節　労働法はどのように変わったのか　273

(b)　集団的成果協定

　集団的成果協定(第Ⅳ章)は、正面から「契約自由の原則」の支配を断ち切るものとして規定された制度といえよう。すでに述べたように(第Ⅳ章)、この企業協定が締結されると、使用者は同協定に基づき、労働者の報酬、労働時間、企業内での転勤や職種の変更をなすことができ、拒否した労働者を適法に解雇することが可能である。しかも、その協定は、新しい企業交渉のシステムにより、中小企業等では労働組合の関与なしに締結することができる。

　これにより、長年にわたり形成されてきた労働条件の変更法理、および解雇制限の法理と制度が、いずれも適用外に置かれてしまう。その結果、そこでは労使関係の非対等性がむきだしになり、対象労働者は一方的に雇用リスクを負担せざるをえない。

(3)　団体交渉システムにおけるリスク分配

(a)　部門交渉の地位低下

　企業協定の原則的な優先適用により、部門協約の規制力が弱体化する(第Ⅲ章)。本来、労働協約は、有利原則の支配のもとで、労使の集団的合意と労働契約における契約自由との調和を図る役割を有している。また、その規範設定の機能により、企業間および労働者間の不当な競争を制限する役割を果たしていた。しかし、改正法の仕組みでは、企業レベルの協定が締結されると、法律で定められた留保事項を除き、企業協定が優先的にまた完結的に適用される形で労働条件の設定がなされうる。このとき、企業協定という労働協約は、本来の意味の規範設定を果たすのではなく、企業レベルの労働条件設定の道具にほかならない。そこでは、集団的合意と契約自由との調和という機能は失われている。

(b)　集団的約定解約

　2008年創設の(個別的)約定解約は、これまで経済的事由による契約終了として用いることは認められていなかったところ、企業協定の締結を条件に、経済的事由によっても利用できることになった(第Ⅵ章第4節**3**)。その主眼は、経済的解雇の手続を用いることなく、余剰人員を削減することに道筋を付けた制度ということに尽きる。経済的解雇においては、使用者が直面するのは、雇用

保護計画の策定や再雇用措置を計画する義務であり、この手続が実質的な解雇の濫用を防ぐ保護的規制となっていた。集団的約定解約により、これから解放されることの実質的意味は大きい。使用者は比較的少額の「解約手当」を支払うことで、人員調整を実施することが可能となる。こうして、ここでも解雇の保護的規制のもとで容認されていた契約の自由（解雇の自由）という均衡点は失われ、雇用リスクの負担の多くは労働者にあるといえよう。

（4）　小括

いうまでもなく、契約の自由は、自由主義経済体制における経済活動の要諦である。人は、公の秩序により制限されず、かつ相手方や第三者に損害をもたらすものでない限り自由に契約をなし、また解約することができる。また、契約の自由は、過失によりもたらした損害の完全な補償の確認とともに存在する。このことの確認が、私たちの経済生活の基礎となり、自由な競争により繁栄をもたらす。したがって、契約の自由の実質的機能が損なわれることを、法は許容しないはずである。

マクロン・オルドナンスは、こうした観点からは、労働法と労働契約について、契約の基本原則から逸脱しているように思われる。企業の経済的発展を保障するために、これまで形成された規制を撤廃して、幅広いフリーハンドが保障される。このようにバランスを失したかにみえる新たな法規制を、人々はどう受け止めただろうか。

2　労働法はどう適用されたか
（1）　労働法改革の実務への影響

本書の第Ⅰ章から第Ⅵ章までで説明した「規範の逆転」、すなわち「社会的対話」と「労働関係の確実化」の各方策は、フランス労働法の適用状況をどのように変えたであろうか。

現段階では統計的な把握は十分にできないことから、ここではマクロン・オルドナンスが施行されて1年余りを経た2018年11月21〜22日に、私たちがパリ市内で実施したインタビュー調査[13]の記録を要約して紹介することにしたい。ヒアリングの相手は、労働組合ナショナルセンターであるFOの書記長のB氏、

中小企業の全国使用者団体であるCPME特別顧問のT氏、大手自動車製造企業の人事責任者L氏であり、いずれも労働界に発言力のある方々である。

(a) ヒアリング調査の概要

第1に、企業協定の優先適用についての改革(第Ⅲ章第2節・第3節)については、大企業にとってはほとんど影響がない。なぜなら、大企業における企業協定の定めは、常に部門協約の条項よりも有利な定めである。そうである以上、これまでは有利原則により、今後は新制度のもとで、同じように企業協定が優先適用される。部門協約は重要だが、企業交渉のための1つの指標にすぎないと考えている。新しいルールで変化が生じることはない(L氏)。

第2に、同じく企業協定の優先適用について、中小企業では、今後とも部門協約こそを支持する立場であり、部門協約が存在する事項についてあえて企業独自に交渉をすることは少ない(T氏)。仮に、部門協約の適用から離れて、労働条件の引き下げ交渉を行うとした場合、労働組合が積極的に関与することはありえないし(B氏)、使用者の立場としても組合を蔑ろにするつもりはないが交渉相手にすることを望まない(T氏)。したがって、いわゆる「非典型協定」にあたる新方式によることになるが、そのような複雑な手続をとらなくても、中小企業ではこれまで通り労働者個人から合意を得て、労働契約の変更等をなせば足りる(T氏)。実際にも、レフェランダムの方式がとられるのはまれであるし、それに対しては交渉観測所(第Ⅲ章第4節3)が監視の役割を果たすのではないか(B氏)。

第3に、集団的成果協定(第Ⅳ章)については、まだデータがない(T氏、L氏)。経済状況が悪い現在の状況では、この協定を提案する必要性は一般的に低い(L氏)。これまでの協定が1つにまとまり、迅速な対応ができるようになったことは大きいが、中小企業の使用者が現実に労働組合と交渉することは、彼らの労働法の知識不足等もあって難しい(T氏)。他方、労働組合としては有利原則を支持する立場であり、企業協定が部門協約よりも条件の悪いものにならない限りは反対しない(B氏)。

---

13) このインタビュー調査の設定に当たっては、在フランス日本領事館の國代尚章氏にお世話をいただいた。有益な情報を得ることができたことにつき、御礼申し上げたい。

第4に、社会経済委員会(第V章)については、大企業の立場からすれば制度の簡素化という点で、大いに有益である。現に、新制度により安全衛生の問題に対する迅速化・効率化・現場主義の3つの目標への対応のために活用しており、これは3委員会の分離設置の時代にはできなかった機能である(L氏)。中小企業での警告権が消滅したのは問題だが、もともと中小企業ではあまり実施されていなかった(B氏)。理論的には妥当な改革といえるが、中小企業にとっては制度の簡素化という点以外は、大きな影響はなかった。特に、委員の人数がさほど減少しなかったことは不満である(T氏)。

第5に、解雇の補償手当については、大企業ではすでに労働者にもっと有利な別の目安の「表」をもっているところが多く、法律による影響は少ない(L氏)。しかし、中小企業にとっては、レフェランダムを利用した協定で解雇できることは大きく、補償手当について表があることは有意義であり、現に労働審判事件は15%減少した(T氏)。また、これまで、被解雇者の復職が容易でない場合に、失業期間の収入喪失も考慮して手当の額が定められたのに、上限が設定されたのは問題である。現実に補償手当の額も下がり、解雇についての労働審判申立は15%減少した。さらに、使用者との合意による約定解約が、ますます増加している(B氏)。

(2) 労働法のゴーストタウン化?

以上からすると、計り知れないほど甚大な影響を及ぼすと思われた労働法改革は、実施に移されて約1年後の段階では、概していえば団体交渉や人事処遇の実務において、それほど大きな影響をもたらしたとはいいがたいように見える。筆者には、やや拍子抜けの印象もあった。特に、「規範の逆転」の中枢に位置するはずの企業交渉・企業協定の分野では、労使はともに、なお「有利原則」を尊重するか、または部門協約を信頼することにより、改革前の体制が維持され、構造的な変化は生じていないように見える。すなわち、大企業では、これまでも有利原則を前提に部門協約より遙かに高い水準の労働条件を設定しているから、法改正の影響を受けない。中小企業では、労使ともに部門協約を尊重する点で一致しているから、積極的に企業協定で水準を引き下げようとする状況にはない。

第2節　労働法はどのように変わったのか　277

　これに対して、社会経済委員会については、制度の簡素化を評価しこれを積極的に活用しようとする大企業の立場がある一方で、特に安全衛生面での影響力の低下を指摘する立場も見られた。また、解雇の補償手当の「表記」その他の「確実化」の一連の方策は、直接の制度改革であるだけに、明らかに改革のインパクトが生じているようである。

　結局、総合的に見るならば、フランス労働改革法の労働法実務において、現段階で顕著な影響が生じているのは、補償手当の「表記」、およびその他の「確実化」政策である。それ以外の点では、規制緩和の方策によりかえって問題が複雑になり、現在のところは法律の新しい仕組みは手を付けられない段階であるといえよう。皮肉なことに、「単純化は、複雑なものなのです。Simplification est compliquée.」(T氏)。

　しかしながら、労働法典が書き換えられても、さしあたりは団体交渉の実務に大きな影響をもたらさないということは、それこそが労働法改革の意図した成果と見えなくもない。というのは、マクロン・オルドナンスが促進する「社会的対話」とは、企業レベルで、その企業の労働関係にとって最適の交渉手法と企業協定を、さらには社会経済委員会の形態と活動内容を選択することを奨励する点にある。そうである以上、法律の適用の結果がさしあたり実態変化をもたらさなかったとしても、それもまた企業の「社会的対話」の一つの成果であるといいうるからである。ということは、労使関係の実務は、改正された労働法による企業交渉の仕組みを相手にせず、労働法の規範から離れたところで、現実の労働関係と対話が形成されていることになる。いうならば、人は労働法から去りゆき、労働法は、「ゴーストタウン」[14]と化する。こうした労働法改革の評価は、複雑にして妙である。

　ところで、Le Droit Ouvrier 誌2018年3月号の特集号の表題の1つは、「マクロン・オルドナンスにおける契約の自由：エル・ドラドか。それとも極東か？」というものである。エル・ドラドは地上の黄金郷を意味する。一方、極東とは中国だろうか。まさか日本のことでは？

---

14)　マクロン・オルドナンスに関する Droit Ouvrier 誌2018年3月号の特集の表題。

278　終章　規範の逆転の向こうに

第3節　労働法の「アイデンティティ危機」

1　フランス労働法改革の「世界史的」意義

　古くより、「明晰でないものは、フランス的でない」といわれる。フランス的知性は、「明晰性（clarté）」を有することをもって第一の特色とする[15]。たしかに、本書で検討した、フランス労働法改革においてもこれは当たっているようである。労働法典の大胆な改正は、いまこの国で必要とされている改革の実体を、何も隠すことなく、あいまいな表現をすることもなく、明確かつ公明に表現したことによる。すなわち、「規範の逆転」とは、先進諸国で発展してきた労働法や労使関係法について、歴史的な方向転換を図ることを、明晰さをもって法令上宣言したということができ、その意味で「世界史的」意義をもつ。これを少し説明しておこう。

　フランスの労働法の萌芽は、19世紀後半に始まる。最初の労働保護立法とされるのが、1841年の法律であり、8歳未満の児童労働を禁止し、1日の労働時間を8歳〜12歳未満につき8時間、12歳〜16歳未満につき12時間とする等々の定めをおいた（ほとんど実効性がなかった）。国家が、積極的な介入を始めるのは、1880年代以降であり、この時期には、社会主義の浸透ともに労働運動が活発になり、政府は次第に労働条件の保護に取り組むとともに、労働組合の法的承認に乗り出した（1882年）。そして、20世紀に入ると、労働組合運動の拡大は、国家による保護的立法を促進するとともに、集団的労働関係法の生成を促すことになった。国家法規制と集団的労働関係とはいわば好循環の中で発展を遂げ、それらの進展は、1936年に最初の興隆期を迎えた。第2次世界大戦の終了後には、終戦期の混迷と低迷の後に、1950年代から経済の復興期と成長期を迎え、その中で、労働条件保護のさらなる進展とともに、職業部門を中心にした集団的労使関係が確立される。1960年代までのこの時期は、労働法制のピークといいうる。

---

15)　桑原武夫『フランス的ということ』（岩波書店、1957年）24頁を参照。同箇所では、フランス的特色として、「フランスが徹底した成文法の国であって、あらゆることを明晰な文章にしなければ気がすまぬ」ことが挙げられる。

第3節　労働法の「アイデンティティ危機」　279

　しかし、1970年代初頭から、本書の第Ⅲ章第1節および本章第1節で概略を示したように、失業問題との「闘い」、労働市場改革の推進、部門中心の労使関係の衰退、企業活動を最優先とする改革の必要、国家的公序の「抵触」許容…といったが動きが、不可逆的なものとして強まるようになる。そして、そうした必要性が極限にまで高まったときに、2つの政権は2016年から「規範の逆転」に着手したのである。

　こうして保護的労働法の、およそ1世紀余りの歴史が一つの終わりを迎えようとしている。すなわち、保護的国家法としての労働法は、1950年代から60年代にピークに達し、その後は次第に後退してゆく。そして、ここでは仮説として述べるが、これと同じ経過は多くの先進諸国で基本において共通であり、各国で固有の歴史的経緯により時期的なずれや現象面の差異はあるとしても、同様の経験を積んでいるように思われる[16]。そして、各国とも1世紀余りの保護的労働法や労使関係法の歴史の果てに、共通してそれらの後退局面を迎えているのであり、その事実はもはや不可逆的というしかない。フランス労働法改革は、この事実を「規範の逆転」という明晰さをもって顕示したにすぎない。労働法が世界史的に刻んできた保護的規制の歴史が、ここに明示的に解体されようとしているのを、今われわれは見ている。

2　フランス労働法改革の「普遍的(ユニバーサル)な」意義

　21世紀に入った頃から、この解体の動きを駆動してきたのは、いうまでもなく企業活動のグローバリゼーションと高度技術革新であり、フランスの場合は直接には上述のようにEUと統一貨幣システムからの絶対的な要請であった。これに対処するため、企業活動を世界的な競争に対処する基盤を整備することが第一義的に追求され、労働組織や労使関係は、これをサポートするためのサブシステムとして理解される。さらには、企業現場での「対話」こそが重視され、保護的労働法による強行的規制は後退を余儀なくされる。企業利益(高い投資性向、財政の健全、優れた成果)を支持する規準こそが最大限に尊重され、労

---

16)　こうした仮説に基づき、1950年代以降の各国労使関係法の展開について共同研究を試みた成果として、中窪裕也ほか「戦後労使関係法制の比較法研究——1950年を切り口に」季刊労働法257号(2017年)2頁以下を参照。

働者の雇用はそれに対応すべきものとして位置づけられる。そして、これらの要請に応じるために、これまでの保護的労働法を排斥して「規範の逆転」をもたらした。

A. Lyon-Caen 教授によれば、保護的労働法は失われ、「競争的労働法」に変わろうとしている。A. Supiot 教授によれば、労働法は、むしろ労働権の実現に対する障害になるものとして排除される[17]。

そして、J. Le Goff 教授の労働法史の著作2019年版は、次のように語る[18]。「労働法は、社会的、経済的および政治的環境を鏡のごとく反映して、急速かつ深い改革の渦に巻き込まれ、まさにそのアイデンティティ危機を生み出す動きから、逃れることはなかった。労働法の特性は変質されて弱められ、その顔つきは新たなパラダイムの圧力のもとで一変した。経済的機能を強化しようとする動きは、その前の時期からすでに取りかかられていたとはいえである。今やそれは単に経済領域の寄生的存在であることを止めただけでなく、むしろ汎用力のあるまた自律能動的な規範定立により、経済に積極的に貢献する法に生まれ変わった。経済への従属を語るのではなく、生産性の効率の方向にカーブを切ったことを語るべきである。」

労働法分野におけるこうした企業中心の志向と成果重視への転換は、もちろんフランスだけのものではない。等しくグローバル経済と高度技術革新を課題とする先進諸国で被る、共通のものであろう。その意味で、規範の逆転は先進諸国での「普遍的(ユニバーサル)」な現象といいうる。日本の労働法の近時の動向もこれと通底している。

3 日本を振り返ると

フランス労働法の「明晰性」と対極にあると考えられるのが、日本労働法の

---

17) A. Lyon-Caen の言説については、第Ⅵ章第5節を、A. Supiot のそれについては、本章第1節 **2** (3)を参照。

18) Jacques LE GOFF, *Du silence à la parole*, 4ᵉ éd. 2019, p.597. この定評ある労働法史の書の2019年版 (第4版)では、第5部(595頁以下)「2000年から今日まで」を設け、「消え去る危険にある労働者」、「企業におけるハイパー資本主義と制度との間」、「団体交渉と国家：カードの配り直し」といった章立てで議論を展開している。

「曖昧さ」である。わが国の労働法は、立法過程の特質にもよるのであろうが、細かいところを決めないことをもって本旨としているかに見える。多くの法規定は、抽象的な一般原則を示すのみであり、具体的な規範を示すことがない。このため利益衡量等を根拠に、「言外の意図」を知り「行間を読む」ことが重要となり、裁判所には最大限の解釈の幅が残されている。[19] 解雇（労契法16条）や労働契約の変更（同8条、10条）等の労働契約の分野ではもちろんだが、労働条件の分野でさえ同様である。例えば2018年に法制化された時間外労働の上限の定めは、「過労死ライン」といわれる月に「100時間未満」という長時間なので（労基法36条5項）、固定残業代制を用いるなどして月に80時間や90時間を超えるような時間外労働を命じうるか否かは、やはり裁判所の解釈に委ねられている。できるだけ確定的な定めを置かず、幅のある定めにしておいて、事案に応じて妥当な解釈をすることが適切とされているように見える。

このような曖昧または抽象的な労働法規範をもつ国では、保護的労働法の解体の事実もまたとてもわかりにくいというしかない。言うならば、逆転される規範、解体されるべき規範がそもそも明確な形で存在しないので、その逆転も解体も見えにくいのである。

しかし、繰り返すようだが、保護的労働法の解体を意味する「規範の逆転」は世界史的現実であり、かつ先進諸国において共通の普遍的事象である。日本でも見えにくい形ではあるが、例えば判例における法令の解釈において、法令のガイドラインにおいて、あるいは各種審議会等の報告書において、それは表現されている。[20] 労働法の専門家は、職業的な責務として、それらに潜む規範の逆転の兆しを発見し、見える形に抉り出す必要があろう。なし崩し的な解体の事実を、傍観していてはならない。

---

19) 強行法規の効力さえも裁判所の契約解釈の幅の広さによって左右される。この点につき、新屋敷恵美子「イギリス労働法における賃金からの控除を受けない労働者の権利（2・完）——強行法規の適用における合意（契約解釈）の領分と法規制の領分の一類型」法政研究86巻2号（近刊）。

20) 第Ⅱ章第2節2を参照。

事項索引

あ　行

アラカルト DUP ……………………… 196
アラカルト労働法 …………………… 150
安全衛生労働条件委員会(CHSCT)
……………………… 30, 180, 193, 263
安全健康労働条件専門部会(CSSCT)
……………………… 200, 206, 207
育児休業 ………………………………… 65
違憲審査 ……………………………… 228
意見聴取(諮問) …………………… 191
意向確認 ……………………………… 131
意向確認投票(レフェランダム) …… 52, 128, 169
意思自治 ……………………………… 153
一括払い手当 ………………………… 223
一般利益 ……………………… 56, 91, 230
ヴァイキング事件・ラヴァル事件 …… 123
エル・コームリ法 …………… 7, 11, 24, 154
エル・コームリ法案 …………………… 10
欧州共同体(EC) …………………… 267
欧州経済共同体(EEC) …………… 267
欧州統合 ……………………… 264, 267
公の秩序 ………………………………… 59
オプト・アウト ………………… 69, 85
オブリ第2法 ………………………… 161
オブリ法 ……………………………… 265
重い非行 ……………………………… 222
オランド政権 ………………… 96, 266
オルー法 ……………… 78, 100, 263
オルドナンス　→大統領令

か　行

会計的アプローチ …………………… 242
解雇 ……………………………… 3, 171
　――の金銭解決制度 ………………… 70
　――の無効 ……………… 219, 237
解雇権の濫用 ……………………………… 3
解雇通知文書 ………………………… 243

　――のモデル様式 ………………… 243
解雇手当 ……………… 174, 220, 222
　――の最低月数と最高月数 ……… 227
会社仕様 ……………………………… 207
外部規律説 …………………………… 160
解約手当 ……………………………… 274
確実化 …………………… 213, 217, 269
拡大職際最低賃金(SMIC) ………… 262
拡張適用される部門の労働協約 …… 247
活動部門 ………………………………… 26
過半数代表 ……………………………… 69
カルテル機能 ………………………… 125
幹部職員 ……………………………… 189
緩和的取り組み ……………………… 246
期間の定めのない労働契約 …… 247, 249
企業委員会(CE) …………… 40, 102, 180
企業・競争・労働・雇用地方局(DIRECCTE)
……………………………………… 254
企業協定 ……………………………… 255
　――の正統性 ………………………… 51
　――の優先適用 ………………… 50, 113
企業グループ ……………… 27, 55, 244
企業交渉優先 …………………………… 35
企業際協定 ………………………… 27, 55
企業審議会 …………………… 136, 140, 211
企業内組合支部 ………………………… 99
企業内部での職業的地理的異動 …… 166
企業別組合 ……………………………… 94
企業法 ………………………………… 139
　――のサブシステム ……………… 152
企業利益 ………………………………… 91
危険労働からの退却権 ……………… 263
危険業務手当・汚染業務手当 ……… 117
技術変革 ……………………………… 239
規制緩和(政策) …………… 5, 67, 268
規範序列の逆転 …………… 3, 80, 113
規範的効力 ………………………… 27, 56
規範の序列 ………………………………… 3

ギブ・アンド・テイク交渉・協定……… 103, 177
基本的公序……………………………………34
義務的交渉事項……………………………111
休息…………………………………………43
競業避止義務………………………………65
強行的効力…………………………………56
強行法規……………………………………62
行政裁判管轄………………………………257
競争調整役割………………………………125
競争的ディスインフレ……………………264
競争的労働法………………………… 259, 280
競争力協定…………………………………156
共同決定・共同管理………………………188
協約最低賃金………………………………115
協約の公序…………………………………119
協力員………………………………………199
共和国前進……………………………… 13, 16
拒否権（veto）…………………………… 144, 211
勤務間インターバル………………………43
苦情処理活動………………………………187
組合活動権…………………………………183
組合代表委員…………… 52, 99, 107, 117, 129
グルネル（Grenelle）協定 ………………… 29, 99
　　──の遺産…………………………………262
グローバリゼーション……………………245
グローバル経済……………………………280
警告権…………………………………… 187, 195
経済的解雇の定義の確実化………………239
経済的公序…………………………………62
経済的困難…………………………………239
経済的事由による解雇……………………163
経済的事由による個別（的）解雇
　　………………………………… 163, 164, 165
経済的事由による労働契約の変更………172
継承か、断絶か……………………………96
契約条項の置き換え………………………170
契約の強制力…………………… 153, 160, 178
契約の自由…………………………………270
契約を語る者は、正義を語る…………… 177
欠員調書……………………………………138
決定権限……………………………………191
建築様式…………………………………… 25, 37
憲法院…………………………………… 16, 228

コアビタシオン体制………………………264
攻撃的協定…………………………………155
工事・オペレーション契約…………… 115, 246
　　──の破棄（解雇）…………………………251
公序……………………………………… 33, 59
　　──のグラデーション…………………… 72, 89
　　──の失墜…………………………………90
交渉委任………………………………… 130, 137
交渉観測所（社会的対話および交渉の分析と
　　支援のための観測所）……………… 144
交渉不可能性………………………………34
公序規範……………………………………240
高度技術革新………………………………280
高度プロフェッショナル制度………… 67, 70
５月危機………………………………… 99, 262
国際的な企業グループ……………………244
個人別支援コース…………………………174
個人別職業訓練勘定………………………174
国家主導主義（ディリジスム）…………… 263
国家戦略特別区域法………………………213
固定残業代制…………………………… 65, 281
個別的約定解約……………………………256
コペルニクス的革命（変革）………… 50, 59, 95
雇用維持協定…………………………… 161, 164
雇用確実化法…………………… 163, 164, 224
雇用確保措置………………………………163
雇用関連協定…………………… 156, 169, 170
雇用協定……………………………………156
雇用指針……………………………………214
雇用センター（Pôle emploi）………… 174, 268
雇用創出……………………………………242
雇用特区構想………………………………213
雇用への脅し………………………………150
雇用保護計画…………………………… 143, 163
雇用保護プラン……………………………253
雇用保持発展協定………… 29, 54, 154, 161, 164
　　──の有効期間…………………………………55
雇用リスク…………………………………272
雇用流動化…………………………………15
コンブレクセル委員会……………………10
コンブレクセル報告書…………… 8, 29, 31, 76

さ 行

再構築委員会……………………… 12, 38
再就職……………………………… 245
再就職支援………………………… 269
在職期間…………………………… 233
在職年数手当……………………… 118
最低賃金…………………………… 166
最低賃金スライド制………………… 76
最適労働条件の形成……………… 125
再配置……………………………… 162
作業着の着脱の時間……………… 39
差別………………………………… 238
差別禁止規範……………………… 63
サルコジ大統領…………………… 265
参加システム……………………… 211
産業資本主義……………………… 271
賛成意見…………………………… 130
賛成多数…………………………… 126
産前産後休業……………………… 65
三層構造……………… 31, 37, 82, 111, 240
時間給労働者の月給扱い………… 262
時間定額制………………………… 86
事業所委員会………………… 190, 211
事業所委員会（ドイツ）…………… 144
事実審裁判所……………………… 245
事前面談…………………………… 174
下からの統制（dirigisme）………… 188
失業手当金………………………… 219
失業との闘い……………………… 268
失業保険制度……………………… 269
実働時間…………………………… 39
自発的退職プラン………………… 254
司法裁判…………………………… 257
市民連帯契約法（PACS法）……… 265
諮問的意見表明権………………… 210
諮問を受ける権利…………… 188, 191
社会・文化活動…………………… 192
社会経済委員会（CSE）…… 130, 180, 255
社会的公序………………… 29, 75, 77, 90
社会的対話………………… 14, 182, 211
社会的民主主義…………… 23, 129, 264
社内預金…………………………… 129

週休………………………………… 43
従業員代表委員（DP）……… 40, 102, 180
従業員代表制度の弱体化………… 212
従業員投票………………………… 137
就業規則…………………… 21, 154, 263
集団的成果協定……… 29, 88, 154, 156, 273
集団的約定解約…………… 253, 273
集団と個人………………………… 58
自由な競争………………………… 123
シューマン・プラン………………… 267
出向………………………………… 168
出訴期間の短縮…………………… 147
試用期間…………………… 115, 118
詳細説明…………………………… 244
使用従属関係……………………… 177
情報収受権………………………… 210
情報を与えられる権利…………… 188
錠前条項…………… 104, 106, 114, 116
職業格付け………………………… 167
職業危険の予防…………………… 193
職業訓練専門部会………………… 200
職業上の平等専門部会…………… 200
職業選挙…………………… 100, 186, 198
職業の法…………………………… 27, 98
職業部門…………………………… 99
職際最低賃金……………………… 167
食事時間…………………………… 39
職務分類…………………………… 115
諸手当……………………………… 99, 118
シラク政権………………………… 264
新規採用契約……………………… 265
真実かつ重大な理由……… 88, 172, 217, 251
人的解雇の手続…………………… 251
人的事由による解雇……………… 163
ストライキ………………………… 238
誠実履行義務……………………… 98
成長戦略…………………………… 67, 94
正統性……………………………… 106
セクシュアル・ハラスメント……… 238
絶対的公序………………………… 29, 75
全額払いの原則…………………… 71, 90
選挙前議定書……………………… 186
全国職際協定……………… 26, 223, 265

専従時間‥‥‥‥‥‥‥‥‥‥187, 201
選出代表‥‥‥‥‥‥‥‥‥‥‥137
専門業務配送‥‥‥‥‥‥‥‥‥115
専門部会‥‥‥‥‥‥‥‥‥190, 200
相対的公序‥‥‥‥‥‥‥‥‥‥29
ソーシャルダンピング‥‥‥‥36, 121
ソフトロー‥‥‥‥‥‥‥‥‥‥23
損害の完全賠償‥‥‥‥‥‥‥‥236
損害賠償‥‥‥‥‥‥‥‥‥218, 244

た　行

代替的取り組み‥‥‥‥‥‥‥‥246
代償休日‥‥‥‥‥‥‥‥‥‥‥40
大統領令(オルドナンス)‥‥‥‥‥16
多数派協定‥‥‥‥‥‥10, 105, 141, 169
多数派原理‥‥‥‥‥‥‥‥‥‥126
男女間の職業的平等‥‥‥‥‥‥115
男女間の賃金平等‥‥‥‥‥111, 112
団体交渉義務‥‥‥‥‥‥‥‥‥100
団体交渉権‥‥‥‥‥‥‥‥‥‥99
団体交渉システム‥‥‥‥‥‥‥93
弾力化‥‥‥‥‥‥‥‥‥‥‥‥79
地区代表委員‥‥‥‥‥‥‥‥‥186
中央社会経済委員会‥‥‥‥‥‥143
中小零細企業‥‥‥‥‥‥‥89, 135
超過勤務‥‥‥‥‥‥‥‥‥‥‥87
超過勤務時間‥‥‥‥‥‥‥‥‥40
　――の年間許容時間‥‥‥‥‥78
調停手続‥‥‥‥‥‥‥‥‥‥‥224
賃金上乗せ協定‥‥‥‥‥‥‥‥103
定額制(フォルフェ)‥‥‥‥‥38, 86
抵抗力‥‥‥‥‥‥‥‥‥‥‥‥160
抵触(デロゲーション)‥‥‥30, 60, 73, 77, 79
抵触から補充性(原理)へ‥‥50, 59, 83
抵触協定‥‥‥‥‥‥‥‥‥31, 184
適用規範の序列‥‥‥‥‥‥‥‥29
デロゲーション　→抵触
同一(価値)労働同一賃金‥‥‥‥64, 68
統一従業員代表制度(DUP)‥‥‥185, 196, 206
統一通貨体制(EMS)‥‥‥‥‥267
同等性原則‥‥‥‥‥‥‥‥119, 120
同等の利益保障‥‥‥‥‥‥‥‥119
投票方式‥‥‥‥‥‥‥‥‥‥‥134

特有種の解雇‥‥‥‥‥‥‥‥‥173
特有の解雇事由‥‥‥‥‥‥‥57, 88
独立・自営企業の地位‥‥‥‥‥252
独立事業主‥‥‥‥‥‥‥‥‥‥249
特例協定‥‥‥‥‥‥‥‥‥‥30, 78
土木建築セクター(BTP)‥‥‥‥248

な　行

内部異動協定‥‥‥‥‥‥‥161, 163
内容化体説‥‥‥‥‥‥‥‥‥‥159
二元的代表システム(デュアルシステム)
　‥‥‥‥‥102, 139, 179, 181, 183, 211
日曜休日制‥‥‥‥‥‥‥‥‥‥226
日休‥‥‥‥‥‥‥‥‥‥‥‥‥43
日数定額制‥‥‥‥‥‥‥‥‥86, 148
年間許容時間‥‥‥‥‥‥‥‥‥40
年休(年次有給休暇)‥‥‥‥‥45, 65
　――の取得可能時期‥‥‥‥‥47
　――の分割‥‥‥‥‥‥‥‥‥47
　――の連続取得‥‥‥‥‥‥‥47
年休開始の順番‥‥‥‥‥‥‥‥47
年休手当‥‥‥‥‥‥‥‥‥‥‥49
年休日数‥‥‥‥‥‥‥‥‥46, 263
年末(第13月)手当‥‥‥‥‥‥118
能率給‥‥‥‥‥‥‥‥‥‥‥‥99

は　行

パートタイム労働者‥‥‥‥‥‥111
排他的多数代表‥‥‥‥‥‥‥‥105
配転条項‥‥‥‥‥‥‥‥‥‥‥163
バカンス休暇‥‥‥‥‥‥‥‥‥47
派遣労働契約‥‥‥‥‥‥‥115, 116
働き方改革‥‥‥‥‥‥‥‥‥‥93
バダンテ委員会報告書‥‥‥11, 12, 34
ハラスメント‥‥‥‥‥‥‥‥‥209
パリテ法‥‥‥‥‥‥‥‥‥‥‥265
反対多数‥‥‥‥‥‥‥‥‥‥‥126
反対多数決‥‥‥‥‥‥‥‥‥‥106
ビデオカラー事件‥‥‥‥‥241, 245
非典型協定‥‥‥‥‥100, 107, 130, 184
秘密投票‥‥‥‥‥‥‥‥‥‥‥133
表記‥‥‥‥‥‥‥‥‥‥‥220, 272
平等原則‥‥‥‥‥‥‥‥‥‥‥63

表の誘惑···················235
比例代表···················105
不安定手当················249
フイヨン···················13
フイヨン法···········30, 79, 100, 265
フォーディズム··············271
復職····················218, 237
複数組合主義···············105
不合理な相違の禁止··········69
不当労働行為···············64
普遍適用··················31, 35
　　──の原則···········103, 105
　　──の効力············27, 159
部門····················111
　　──からの解放··········125
　　──の分断············123
　　──への国家介入········122
部門協約··················99
　　──の拡張············123
　　──の合併············122
フランス民法典における公序····73
フランス労働法改革·········7, 270
　　──の世界史的意義······278
　　──の普遍的(ユニバーサル)な意義······279
フレキシセキュリティ·······253, 266
ブロック1〜3··············113
紛争の防止·················214
変形労働時間···············78
片面的強行性···············114
妨害罪····················186
法定労働時間··············40, 87
　　──の短縮············263
法の下の平等···············230
暴利行為··················62
保護的労働法···········279, 280
補充規定··················25, 36
　　──の標準化··········82, 83
補償手当··················218
　　──の最低額と最高額·······220, 233

ま　行

マーストリヒト条約··········264
マクロン・オルドナンス·······7, 13, 82, 154

マクロン法················13, 226
間違える権利···············243
マティニョン協定···········183
ミッテラン政権·············263
民事罰····················218
無効な解雇の補償手当········238
目安的表記·················225
目安表····················230
メンタルヘルス·············209
最も代表的な組合組織········27, 105
モラル・ハラスメント········238

や　行

約定解約··················252
唯一判断者の法理···········102
有期労働契約··········115, 116, 242
有利原則·······28, 54, 56, 77, 104, 153, 159, 271
予測可能性················213, 242

ら　行

リストラ協定···············156
零細企業··················235
レフェランダム　→意向確認投票
レプサマン法···············101
連結····················73, 160
連結関係··················100
労使委員会················69, 182
労使自治··················182
労使対話··················182
労使の話し合い············68, 182
労働基本権·················64
労働協約における適法性の推定····146
労働協約の確実化···········145
労働協約の拡張適用··········27
労働協約の無効の遡及効·······148
労働組合··················133
　　──の組織率··········22, 94
労働契約··················160
　　──の抵抗力··········176, 178
　　──の変更············171
労働時間··················166
　　──の上限············42, 87
労働時間・休息・休暇の分野······82, 84, 113

労働時間短縮協定……………………161
労働時間等設定改善委員会………………182
労働市場改革………………………259
労働市場政策………………………14
労働者代表委員(délégués ouvriers)………185
労働者の自由な意思に基づく承諾……………71
労働者の承諾………………………172
労働者の発言権……………………263
労働条件、労働時間、雇用および賃金に
  関する協定(ACTES)…………………9

労働審判所……………………224, 225, 257
  ——への不信………………………242
労働総同盟(CGT)………………………17
労働法の過剰………………………264

わ　行

ワークシェアリング……………………163
割増賃金………………………………40
割増率…………………………………42

野田　進（のだ・すすむ）

〈略歴〉
1950年　福岡県生まれ
1974年　神戸大学法学部卒業、会社勤務の後、
1981年　東京大学大学院法学政治学研究科博士後期課程単位修得退学
　同年　大阪大学助教授を経て、
1992年　九州大学大学院法学研究院教授
　その後、九州大学法科大学院院長、九州大学副学長に就任の後、
2016年　九州大学を定年退職
現　在　九州大学名誉教授

博士（法学）

〈主要著書〉
『休み方の知恵』（共著、有斐閣、1991年）
『労働契約の変更と解雇——フランスと日本』（信山社、1997年）
『「休暇」労働法の研究』（日本評論社、1999年）
『働き方の知恵』（共著、有斐閣、1999年）
『労働法ロールプレイング』（共著、有斐閣、2000年）
『国立大学法人の労働関係ハンドブック』（共著、商事法務、2004年）
『労働紛争解決ファイル』（労働開発研究会、2011年）
『判例チャートから学ぶ労働法』（共著、法律文化社、2011年）
『解雇と退職の法務』（共編著、商事法務、2012年）
『新基本法コンメンタール労働基準法・労働契約法』（共編、日本評論社、2012年）
『事例判例労働法〔第2版〕』（弘文堂、2013年）
『新・シネマで法学』（共編、有斐閣、2014年）
『判例労働法入門〔第6版〕』（共著、有斐閣、2019年）
『労働法の世界〔第13版〕』（共著、有斐閣、2019年）

規範の逆転
——フランス労働法改革と日本

2019年9月25日　第1版第1刷発行

著　者——野田　進
発行所——株式会社日本評論社
　　　　　〒170-8474　東京都豊島区南大塚3-12-4
　　　　　電話　03-3987-8621（販売）　FAX　03-3987-8590　振替　00100-3-16
印　刷——精文堂印刷株式会社
製　本——株式会社松岳社

Printed in Japan © NODA Susumu 2019　装丁／図工ファイブ　カバー写真：エリゼ宮（著者撮影）
ISBN 978-4-535-52302-9

JCOPY 〈(社) 出版者著作権管理機構 委託出版物〉
本書の無断複写は著作権法上での例外を除き禁じられています。複写される場合は、そのつど事前に、(社) 出版者著作権管理機構（電話 03-5244-5088、FAX 03-5244-5089、e-mail : info@jcopy.or.jp）の許諾を得てください。また、本書を代行業者等の第三者に依頼してスキャニング等の行為によりデジタル化することは、個人の家庭内の利用であっても、一切認められておりません。